육식의 세계

육식의 세계

최한식 지음

좀비들의 출몰

⋮

대자연 유일신 정(精)의 신(神)
깨달은 자 누구인가?
성스러운 자 누구인가?
대자연의 미물들

⋮

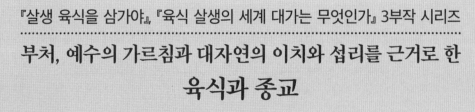

『살생 육식을 삼가야』『육식 살생의 세계 대가는 무엇인가』 3부작 시리즈

부처, 예수의 가르침과 대자연의 이치와 섭리를 근거로 한

육식과 종교

좋은땅

『살생 육식을 삼가야』라는 책에서는 육식과 살생을 해서는 안 되는 이유를 여러 가지 예를 들어 대자연의 이치와 섭리, 부처님 불경, 예수님 성경을 인용하여 설명하고 육식은 인간들의 영혼과 육신을 병들게 하며 가축, 들짐승, 날짐승들을 마구잡이 죽여 그 살을 맛으로 즐기고 양식으로 취하여 그에 따른 죽은 생명들의 저주가 메아리처럼 대기를 덮어 악성 세균, 바이러스들 그리고 인간 좀비들인 마왕, 마귀들이 나타나 사람들을 무차별 공격할 것이라 했습니다. 그리고 전 세계에 국가마다, 부족마다 나름대로 종교를 만들어 믿는다고 하는 것은 모두가 허구요 거짓이며 위선임을 이야기했습니다. 생명들을 죽여 그 살을 양식으로 취하는 잡식성 인간들은 죽임을 당하는 모든 생명들의 눈으로 볼 때 그들을 잡아먹는 사탄이요 마귀들이기 때문입니다.

사람들 모두가 외형 껍데기에만 치중하여 보고 분별하고 판단하고 추구하고 욕망과 탐욕에 빠져 살아가는 인간들에게 천국과 극락은 사치일 뿐임을 이야기했습니다. 대자연의 넓고 깊은 이치를 과학적인 예를 들어 불경, 성경의 내용과 더불어 자세히 설명하였고 만물, 만 생명이 어떻게 탄생되고 변화되며 죽어 사라지면 영원히 없어지는 것이 아님을 설명했습니다.

두 번째 책인『육식 살생의 세계 대가는 무엇인가』라는 책에서는 육식의 육기 짐승들의 호르몬으로 만들어진 오염된 육신과 영혼들이 반야수인 개, 고양이, 쥐, 원숭이, 돼지처럼 잡식성 속성이 그대로 잠재되고 노출되어 탐욕스럽고, 잔인하고 표독해져 마찰, 저주, 충돌, 테러, 폭력, 전쟁이 도처에 일어나 자기 국민, 가족, 형제, 이웃 나라 형제들을 무차별 죽음으로 몰아 인간으로서의 근간이 되는 자비와 사랑은 없어지고 도처에 주검(시체)가 곳곳에 쌓인다 했습니다. 예수, 부처의 가르침은 반야수 잡식성이 된 인간들 그리고 나날이 점점 야수성 육식성 속성으로 변질되어 가는 인간들에게 반드시 파멸의 인과응보가 따를 것이라고 했습니다. 대자연의 양면성법칙과 인과응보의 법칙을 주로 예를 들어 설명했습니다.

두 책 모두 육식과 살생의 후과(後果)와 인간들의 복잡하고 잔인한 속성이 초래하는 원인과 결과를 이야기하였습니다. 일부 그나마 초식성 순수한 동물들 즉 소, 양, 염소, 토끼, 기린, 코끼리 같은 순한 속성의 사람들도 있습니다. 그러나 평소에는 초식성 동물의 순한 속성으로 살아가지만 변화하는 환경에 따라 내재된 잡식성 반야수의 속성이 나타나 가식과 위선으로 포장된 성질이 어느 순간 표출되어 불행한 사건이 생길 수 있으니 항상 상대방을 경계하고 조심하며 자극하지 않도록 조심해야 된다고 했습니다.

이 책에서는 조상 대대로 잡식화되어 있는 인간들이 "성자, 성스럽다.", 누가 성자이며 무엇이 성스러운 것인지, '깨달음'이 무엇이고 누가 어떻게 깨달았는지, 천국과 지옥이 어디에 있으며 누가 갈 수 있는지, 뚜렷한 정의와 개념도 없이 모두가 중구난방으로 각각 형형색색으로 생각하고 형형색색으로 말을 함으로써 무명, 무식, 무지한 사람들이 그릇된 생각을 가지고 혼돈하지 않고 이해할 수 있도록 대자연의 이치, 부처와 예수의 가르침, 특히 반야심경 금강경의 일부를 발췌해서 설명하였고 그리고 책『천국의 열쇠』의 내용을 일부 소개하며 무엇이 거룩한 것인지 설명하였습니다.

잡식화된 인간들이 지구촌을 점거하면서 마귀들인 인간 좀비들과 생물 좀비들인 악성 세균, 악성 바이러스들의 출몰은 피할 수 없는 운명이며,

인간도 대자연의 미물들임을 설명하였고,

천국과 지옥의 이치에 대해 구체적으로 설명하였고,

명상이 어떠한 것인지에 대해서도 자세히 설명하였고,

인간들의 복잡한 속성이 된 이유를 설명하였고.

만 생명과 만물을 창조하는 유일신 정의신에 대해 많이 설명하였습니다. 만 생명의 창조와 환생에 대해서『살생 육식을 삼가야』에서 구체적인 예를 들어 설명하였으나 이 책에서는 좀 더 과학적인 기초에 근거해서 예를 들어 설명하였습니다.

종교란 믿는 것이 아닙니다.

특정 신에게 의지하는 것도 종교가 아닙니다.

종교란 선전하는 매개물도 아닙니다.

종교란 대가를 바라는 상품도 아닙니다.

종교란 직위나 벼슬 권위의 쟁탈 대상도 아닙니다.

종교란 특정인의 점유물도 아닙니다.

부처, 예수가 가르치는 교훈을 후세 사람들이 종교로 만들었다면 모두가 그 가르침을 바로 이해하고 알아야 하지만 오염된 세상에 이미 대중화 세속화되어 버린 종교가 타락되어 껍데기에 치중하는 의미 없는 행사 치례로 변질되어 버렸습니다. 그러니 전 세계 도처에서 종교가 있었음에도 불구하고 잡식성 동물의 속성이 그대로 나타나 각종 사건, 사고가 끊임없이 일어나 역사가 되풀이되듯이 되풀이되고 있습니다.

예수님과 부처님이 예언하신 아래 내용이 있습니다.

【로마서 3장 10절】
『의인은 하나도 없나니 하나도 없으며 깨닫는 자도 없고 하나님을 찾는 자도 없고 선을 행하는 자도 없나니 하나도 없도다』

【정토삼부경】
『가르쳐도 깨우치려 하는 자가 없고 생사는 유전하여 잠시도 그칠 사이가 없느니라』

【저자의 전서】
『진정 알려고 하는 사람도 없고 깨달으려고 하는 사람도 없구나. 한 사람도 없구나. 모두가 무명하니 끊임없이 생로병사, 생전사고사, 생전지옥사를 되풀이하는구나. 살생당한 짐승 살 고기는 잡식성 인간들의 음식문화가 되었으니 당연히 먹고 마시고 즐기고 그리고 서로 죽이고 죽고를 하면서도 종교를 믿는다 하고 하나님을 찾는다 하는구나』

진정 무엇이 성스럽고 큰 깨달음이며 교주의 가르침이 무엇인지 혼란스러운 현실입니다. 성직자란 간판을 걸고 남다른 외형 겉치장을 하며 세속화된 삶을 살고 교리를 그릇되게 해석하고 전달하여 도처에 불행을 만들어 내는 슬픈 현실입니다. 모두가 오탁한 세상에 오염된 영혼으로 6진[1](여섯 가지 입력장치)을 추구하고 7욕[2](7가지 욕망)에 빠져 살아가면서 종교를 믿으면 금세 천국, 극락에 가는 것처럼 무명한 중생들을 혹세무민

---

1) 6진(塵)이란 안(눈). 이(귀). 비(코). 설(혀). 신(몸). 의(의식).이라는 6가지 입력장치입니다. 6근(根)이라고도 합니다.

2) 7가지 욕망 = 물욕, 금전욕, 성욕, 식욕, 소유욕, 명예욕, 오래 살겠다, 오래 집권을 하겠다는 장수욕.

하고 있습니다.

☞ 6진(塵)은 대자연의 이치와 섭리에 따라 자연 태어날 때부터 생긴 것이고 7욕7정은 인간이 전생으로부터 가지고 온 본능으로 대자연의 지배를 받고 살아가는 인류는 절대 벗어날 수 없는 원초적 본능입니다.

『저자의 호소』

오늘날 모두가 저자 3권의 책을 읽으시고 거듭 거듭 생각해 주시고 현실을 직시하시고 현실에 최선을 다하며 타인을 배려하며 나누고 베풀어 화합하고 상생하는 세상으로 종교를 떠나 바르게 살도록 노력해 주시기 바랍니다.

위선과 가식, 종교에 대한 환상과 착각, 살면서 부질없는 지나친 욕망과 탐욕을 버리고 가능하면 채식을 주로 하여 영혼을 순화시키고 욕망을 줄이며 생명에 대한 애정을 키워야 인류는 각종 재앙으로부터 구원을 받을 수 있습니다. 육식으로 인한 가축과 4족 짐승들, 생명들의 살생을 줄여야 하고 절대 가리지 않고 마구잡이식 식생활을 해서는 안 됩니다.

☞ 오재팔난(五災 八難)의 재앙은 대부분이 육식에서 비롯됩니다.

모두가 3무인 "무명, 무식, 무지" 가운데 하나에 속하여 살아가면서 스스로 알지 못하게 악업을 짓고 쌓으면서 일생을 살아가고 있습니다. 무엇이든 항상 원인에 따른 결과는 후일 반드시 후과(後果)로 나타나게 됩니다. 인과응보라는 대자연의 법칙입니다.

☞ 이 책은 거룩함이 무엇이며 깨달음이 무엇이고 충돌 전쟁의 역사가 되풀이되듯이 끊임없이 약육강식의 세계에서 일어나는 인간 좀비들의 출몰과 생물 좀비들인 악성 바이러스, 악성 세균들의 출몰 그리고 종교의 잘못된 점에 대해서 많이 다루었습니다. 특히 대자연 유일신 정의신 우주 정기에 대해서 자세히 논했습니다. 이 책은 바깥 종교가 아니라 내 영혼 속의 종교를 찾아야 하는 취지에서 쓴 것입니다.

이 책을 읽고 이해하기 위해서 중고등 수학, 물리, 화학의 기초가 있어야 쉽게 이해할 수 있으나 몰라도 누구나 이해할 수 있도록 자세히 설명하였습니다.

목차

대자연의 미물들

대자연의 무한한 공간 속에서 각종 생명들이 음양의 이치로 자연히 이루어지고 탄생됩니다. 대자연의 공간에는 생명들이 숨을 쉴 수 있는 공기와 땅에는 각종 생명들이 육신을 탄생시키고 성장시킬 수 있는 영양소와 미네랄들이 무한히 존재하여 만 생명을 탄생시키는 대자연의 에너지원들입니다. 대자연이 부여한 에너지를 이용하여 모든 중생들이 일생을 살아갑니다. 인간이나 모든 여타 생명들이 똑같이 대자연의 지배를 받으며 나고 살고 죽고 하는 대자연의 자식들이며 미물들입니다.

모든 생명이 살아가는 데 필요한 대자연 에너지의 일부만 사라져도 모든 생명은 지구상에서 사라지게 됩니다. 대기권 속의 허공은 기(氣)가 가득 차 있습니다. 어떤 사람은 백두산의 정기를 받아 태어나 백두산 혈통이라고 합니다. 대자연 기는 대자연의 에너지입니다. 우리가 호흡하는 공기도 에너지를 가진 기의 일부입니다. 우주의 기와 연관된 영혼의 기를 정(精)의 기(氣) 즉 정기(精氣)라고 합니다. 정의 기는 보이지 않는 우주의 광대한 에너지입니다.

대기(大氣)의 기는 무게가 있어 기의 압력 즉 기압이라고 하여 가늠자를 만들어 측량을 할 수 있습니다. 과학에서 kg/㎠, bar, pascal, Mpa, mmH2O 등 단위를 만들어 기의 무게 즉 압력을 측정합니다. 그러나 우주의 기는 동서남북 허공을 측량할 수 없듯이 측량할 수 없는 무한하고 방대하고 신비한 것으로 우주의 정기라고 합니다. 이 우주정기는 우주 만 생명의 씨앗을 포함한 삼라만상에 그 방대하고 신비한 기를 벗치고 있습니다.

그래서 생명들도 우주정기와 연결된 기를 받아 태어나고 살아가고 있습니다. 기운은 기 에너지의 집합입니다. 지구촌 습 기운들은 지표면이 가장 강하고 지표면 위와 가까운 허공일수록 강하여 모든 생명들이 이 습 기운 속에서 생사윤회를 하고 있습니다. 죽으면 다시 영혼은 대기권 지표면에 가까운 허공에 습 기운으로 남게 됩니다. 우주정기는 습 기운이 아닌 무한한 신의 에너지입니다.

중학생이면 모두가 학교에서 배우듯이 대기에는 $1kg/cm^2$이라는 대기압이 지표면에 작용하고 있습니다. $1kg/cm^2$라는 기압은 10미터 높이에 해당하는 큰 기압이요 무게에 해당하는 위치에너지입니다. 누가 10미터 높이 즉 아파트 3층에서 떨어진다고 한다면 살 수 없거나 큰 치명상을 입을 그러한 기압의 세기입니다. 그런데 우리는 살아가면서 이러한 기압 속에 놀리어 살고 있음을 알지 못하고 느끼지도 못하고 있습니다. 지구가 공전, 자전하여도 느끼지 못하고 사는 것과 같은 이치입니다. 호흡을 할 때도 이 기압이 존재하지 않는다면 들숨을 쉬는 데 문제가 되어 모든 생명들은 살아갈 수 없게 되고 존재하지 않게 될 것입니다.

☞ 왜 지표면에 이러한 기압이 즉 기의 압력이 존재하게 되는지 생각해 본 사람이 있을까요?

과학자는 이러한 기압이 대기권을 누르고 있다는 것을 발견하였습니다. 과학적인 이론을 떠나 명상에 들어가 대자연의 이치와 섭리를 생각해서 왜 지표면에 이러한 세기의 기압이 누르고 있게 되는지 생각해 보세요. 『살생과 육식을 삼가야』와 이 책에서 이미 설명해 두었습니다.

지구의 지표면인 땅에서는 모든 생명들이 호흡하기 쉬워 들숨 날숨을 잘 쉬면서 생명을 유지하고 있습니다. 그런데 고산(高山)에 올라가면 공기층이 희박하여 호흡이 어려워진다고 저서『육식 살생의 세계 대가는 무엇인가』에서 설명하였습니다. 높이 올라갈수록 기압이 엷어지게 됩니다. 더 높은 곳 허공으로 올라가면 더욱더 대기압이 엷어지고 공기층이 희박해지며 계속 올라가 대기권을 벗어나면 공기가 없는 진공계로 진입하게 된다는 사실을 모두가 배워서 알 것입니다. 지구촌 대기권 습 기운은 지구촌 습 생명을 이루게 하는 작은 에너지이며 대기권을 벗어난 기운과 진공계에 존재하는 기운은 우주의 기운이며 강력한 양의 에너지로 우주의 생명을 유지시키는 대(大) 기운입니다.

지표면 위 공기층은 각종 습 기운으로 매우 무겁고 두텁습니다. 그 무게가 바로 1키로 대기압 즉 대기 압력으로 작용하게 됩니다. 우리가 달릴 때 공기의 저항을 받게 됩니다. 비행기가 날 때 공기의 저항을 받는 것도 마찬가지입니다. 바로 무거운 습공기층 때문입니다. 무거운 공기층을 마하의 무서운 속도로 날면 금속은 저항 때문에 마찰열이 발생하여 가열되고 녹아 버리게 됩니다.

지구 표면 위 대기권 속에는 죽은 모든 생명들의 혼 기운을 포함하여 잡다한 습 기운들이 가득합니다. 잡다한 기운에 대해서는 이미『살생 육식을 삼가야』에서 상세히 설명하였습니다.

　무거운 대지 위의 습 기운들이 대기압에 눌려 우리 몸속으로 한없이 들어옵니다. 음의 습 기운과 습기에 포함된 양의 기운들입니다. 사람들이 상대방에게 나쁜 기를 받았다면 무거운 음의 습 기운들이 코나 입을 통해 가득히 들어옵니다. 들숨(들이키는 숨)은 아주 쉽게 됩니다. 날숨(내뱉는 숨)은 들숨보다 쉽게 빠지지 않습니다. 그러므로 마음이 무겁게 되고 답답하게 될 때는 날숨인 한숨(크고 긴 숨)을 크게 내뱉게 되는 이치입니다. 사람의 마음이 답답해지면 가슴에 힘을 주어 크게 한숨을 쉬게 되는 것입니다.

　제트 비행기나 초고속열차가 매우 빠른 속도로 달릴 때 공기와 부딪쳐 열이 나게 됩니다. 공기 분자와 충돌하여 과열이 되면 기체나 차체 외면이 녹아 버릴 것입니다. 그래서 과학자는 이에 견디는 초전도, 내열 금속을 개발하여 음속의 10배 즉 마하 10의 속도에도 견딜 수 있게 합니다. 영악하고 복잡한 심성을 가진 인간들은 무엇이든 점점 더 형제들을 빠르게 많이 죽이려고 흉물을 경쟁적으로 개발하는 데도 사용하지요. 육식을 주로 하는 약육강식의 야수, 반야수 인류이기 때문입니다.

　대자연의 무한한 공간인 허공을 배경으로 토양의 에너지인 각종 영양소 및 미네랄을 음식으로 만들어 먹고 체내에서 화학 작용을 일으켜 흡수시켜 육신을 유지하고 음양의 이치로 발생되는 전자기파와 외적 작용의 영향을 받아 남자와 여자, 암수가 서로 자연히 이끌리고 화합하여 새로운 육신을 탄생시키는 반복 사이클이 일어나는 현상들은 인간과 개미, 벌레, 곤충, 기타 미물들처럼 모두 똑같이 대자연 하나님의 보이지 않는 손길 즉 기 에너지가 적용됩니다.

인간들을 위시하여 생태계 피라미드 아래의 모든 생명들은 대자연의 지배를 받는 미물들임을 깨달아야 합니다. "나는 잘났다, 똑똑하다, 위대하다, 깨달았다." 하고 "나는 천국을 갈 것이다, 신이 나를 보살필 것이다." 는 등의 착각과 환상은 버려야 합니다. 우주 무한한 은하계에서 볼 때 콩 알보다 작은 크기의 지구 대기권 두꺼운 습한 공기층 아래에서 모든 생명 들이 바글거리고 살아가는 대자연의 자식인 미물들입니다.

☞ "무식, 무지, 무명"한 중생들이 대자연 하나님이 광활하게 펼쳐놓은 우 주 은하계의 이법(理法)과 사법(事法)을 알 수도 없고 알지 못합니다.

마음에 그리는 형상을 가진 신이 어디에 있는지, 천국이 어디에 있는지 손가락으로 가리켜 보실 수 있을까요? 사람들이 흔히 상상해서 용을 그리 듯이 상상의 용(龍)은 존재하지 않습니다. 용이란 실체가 될 수 있는 인이 없기 때문입니다. 그처럼 사람들이 상상해서 그리는 "인간 모습을 한 신" 은 어디에도 존재하지 않습니다. 지구가 멸망할 때까지 나타나지도 않으 며 그 누구도 볼 수 없습니다. 오늘날 로켓으로 달나라나 화성 등 은하계 를 탐사합니다. 우주인들이 어디에서 천국을 보았다, 하나님을 보았다는 말은 우시게 소리일 뿐입니다. 신과 천국이라는 것들은 형상과 정해진 장 소가 있는 것이 아닙니다. "신이 있다, 천국에 가까웠다, 예수를 믿어라, 염 불을 하라, 보살 부처가 되어 극락왕생하라."는 등의 말도 모두 허상에 집 착하는 말들입니다. 그것들은 모두 형이상학적인 말들일 뿐입니다. 어떤 것에도 허상을 두고 찾으려고 망상을 해서는 안 됩니다.

이 지구 대기권 안에 형상을 갖추고 나타나는 것들은 모두 허공이나 토양에 그 인들이 에너지를 가지고 존재하기 때문입니다. 인들이 존재하지 않는 것은 아무리 백천만겁을 지나도 현상으로 나타나지 않습니다. 존재하는 인들은 내부에너지를 가지고 환경조건이 맞거나 외적 작용을 받으면 어느 순간 현상(現像 = realization)으로 형상(manifestation)을 갖추어 나타나게 되며 일시적으로 존재할 뿐 에너지가 소멸되면 모두가 다시 사라지는 것들로 영원한 것은 없게 됩니다. 나타났다 사라지고를 반복하는 "에너지 생성 소멸 법칙"인 윤회의 법칙을 따릅니다.

지구 대기권 토양과 허공에 한없이 많이 존재하는 생명의 인들과 물질의 인들은 화학적 물리적 반응이란 에너지 작용으로 실체화됩니다. 에너지 작용을 화합 작용이라 합니다. 눈에 보이지 않는 인들이 실체화되어 나타나면 사람들은 그때서야 무엇인가 있음을 알게 됩니다. 예를 들어 『전파』가 눈에 보이지 않습니다. 그런데 스마트폰이 울리고 상대방의 말이 들리면 전파가 있다는 것을 알게 됩니다.

『전류』가 눈에 보이지 않습니다. 그런데 전깃불을 켜면 불이 온다는 것을 보고 전류가 흐른다는 것을 알게 됩니다.

『공기』가 눈에 보이지 않습니다. 그런데 공기를 마시지 못하면 가슴이 답답해지고 죽는다는 것을 알고 그때서야 공기가 있음을 알게 됩니다.

『코로나 바이러스』가 눈에 보이지 않습니다. 그런데 바이러스에 감염되어 증상이 나타나면 바이러스가 있음을 알게 됩니다.

『감기나 독감 바이러스』가 눈에 보이지 않습니다. 그런데 감기나 독감이 걸려서야 감기, 독감 바이러스가 있나 보다 하고 알게 됩니다.

『세균』들이 눈에 보이지 않습니다. 그런데 벌레가 생기거나 음식물이 부패되거나 하면 세균이 우글거리고 있다는 것을 알게 됩니다.

『이빨 세균』이 눈에 보이지 않습니다. 그런데 충치가 생기면 이빨에 벌레가 있다는 것을 알게 됩니다.

『암세포』가 눈에 보이지 않습니다. 그런데 암 덩어리가 생기면 암세포가 있다는 것을 들어 알게 됩니다.

이처럼 이 세상에 눈에 보이지 않는 인들이 형형색색 무한히 존재하여 조건이 맞으면 화합 작용으로 일어나 형상으로 나타나게 되고 존재하게 됩니다.

화학에서 배워 알다시피 원자, 분자의 반응 작용, 촉매 작용, 분열 작용, 결합 작용 등 모든 인들 즉 원소들이 이러한 에너지 작용을 통하여 새로운 물질로 탄생된다는 것을 배웠을 것입니다. 이 세상 모든 삼라만상 물건, 물질들이 이러한 원리로 만들어져 나와 우리들이 일상생활에서 사용되고 있습니다. 눈에 보이지 않고 지식들이 없으니 알지 못하고 있을 뿐입니다.

스마트폰을 사용하면서 그 원리와 이치를 모르고
압력밥솥은 사용하면서 그 원리와 이치를 모르고
자동차를 타고 다니면서 그 원리와 이치를 모르고
에어컨 냉장고를 사용하면서 그 원리와 이치를 모르고
TV를 보면서 그 원리와 이치를 모르고
전기를 사용하면서 그 원리와 이치를 모르고 모두가 사용만 할 뿐입니다.

깊고 넓고 신비한 과학적 원리와 이치는 대자연의 이치요 섭리 그대로입니다. 사람이 살아 움직이면서 그 오장 육부의 원리와 이치를 모르고 살아가는 것이나 같습니다. 겨우 설명을 듣고 배워서 조금 아는 정도일 뿐입니다. 오장 육부를 전공한 의사들도 내과의사가 척추 관절계통, 신경계통, 혈관계통, 비뇨기계통, 이비인후과 계통 기타 계통 등의 개요를 조금 공부해서 알고 있는 것과 같은 맥락입니다.

　사람의 형상을 닮은 하나님, 하느님, 천주님, 옥황상제, 주님, 각종 신이라 부르는 에너지를 가진 생명의 인(因)은 어디에도 존재하지 않습니다. 조상들이 죽은 귀신의 인들도 존재하는 것이 아닙니다. 신과 귀신들이 사람이나 습한 생명들처럼 형상을 갖추어 나타나서 나고 죽고 하는 에너지 작용을 하지 않습니다. 나타났다가 사라졌다가 하는 것들은 에너지현상이요 자연현상들입니다. 죽은 생명들의 혼백들은 대기의 기 즉 습 기운으로 바람처럼 연기처럼 흩어져 떠돌아닐 뿐입니다. 기독교인들이 제사를 우상숭배라고 하고 제삿밥을 귀신이 먹던 밥이라고 먹지 않는다고 하는 말은 3무(無) 즉 "무식, 무지, 무명"에서 나오는 근거 없는 소리입니다. 죽은 귀신을 누가 우상(優相 = 우러러보는 상)으로 생각하고 숭배하겠습니까. 죽은 조상은 우상의 대상이 될 수 없습니다. 죽은 조상들의 훌륭한 희생 봉사정신은 우상(優相)으로 생각하고 후대가 본받아야 합니다. 7욕의 욕구본능을 가진 인간들이 추구하고 갈구하는 우상(愚相 = 7욕의 욕망에 해당하는 대상)의 대상들은 따로 있습니다. 그것을 쫓아 광분하는 것이 우상숭배(偶像崇拜)입니다. 성직자들을 포함한 모든 사람들이 예외 없이 우상숭배자입니다. 모두가 습한 욕망 욕구를 가진 자들입니다.

　초등학생이 선생 말이라면 그대로 믿고
　교회 신자가 목사 말이라면 아멘, 할렐루야 하고 그대로 믿고
　불교 신도가 스님 말이라면 그대로 받아들여 믿고
　독재자가 국민들에게 사상교육으로 세뇌를 시키면 그대로 믿고

불법 다단계 업자들이 제품에 세뇌 교육을 시키면 그대로 믿고

하는 것들은 스스로 평가하고 판단할 수 있는 능력 즉 지식과 생각할 수 있는 사고력이 없으며 면전에서 반박할 용기가 없는 것입니다. 말하는 사람들이나 듣는 사람들 모두가 3무(3無)입니다.

"인간은 생각하는 동물이다."라고 해서 각자가 생각의 날개를 펴고 여기저기 날아다니다가 나름대로 결론을 내어 말하는 것이 마치 새가 날개를 펴고 여기저기 날아다니다가 아무 나무에나 앉는 것과 같은 이치입니다. 근거 없이 형형색색의 생각으로 중구난방으로 이야기합니다.

사람들의 영혼 속에는 우주정기(精氣)로 창조된 신비한 기운이 내재되어 있듯이 그러한 영적 능력이 우주정기와 연결되어 저변에 잠재되어 있습니다. 대자연의 이치법(理致法)과 사물법(事物法)이란 에너지 원리입니다. 이치법은 혼 기운 즉 사람, 동물, 미물들의 영혼에 해당하는 우주정기가 이법(理法)이고 사물법은 몸 기운 즉 육신에 해당하는 사법(事法)으로 우주본체입니다.

우주 천체(天體) 행성들은 이치법과 사물법에 따라 자체로 신비하고 방대한 에너지를 가지고 있습니다. 그래서 사람을 포함한 동물, 미물, 기타 원소, 우주 삼라만물(森羅萬物) 씨앗들도 신비한 우주정기의 영향을 일부받게 됩니다. 그 에너지는 사람, 동물, 기타 생물, 미물들, 물질들마다 형형색색 모두 차이가 있고 레벨이 다릅니다. 내부에너지가 있으면 외부에너지도 있습니다. 내부에너지는 자체로 잠재된 에너지이며 잠재력이라고 하고 외부에너지는 외부로 나타나거나 혹은 외부로부터 영향을 받는 외력이라고 합니다. 냉동 공학에서는 내부에너지를 잠열(潛熱 = 내부에 잠

재된 열)이라 하고 외부에 나타나는 열을 현열(顯熱 = 나타나는 열)이라고 합니다. 잠열이란 내부에너지가 외부 기와 반응하여 냉동온도를 만들어 내는 에어컨, 냉동기의 원리가 됩니다. 이 모든 에너지들을 하나로『정(精)의 기운』이라고 합니다. 이들 기운은 무엇인가 화학적 반응 작용, 물리적 작용반작용으로 화합 시에 힘을 발휘하니『정(精)의 에너지 즉 정기(精氣)』가 됩니다.

내부에너지는 내적인 기운이요 외부에너지는 외적으로 나타나는 외부기운입니다. 육신의 에너지처럼 이치법에 해당하는 영혼도 정(精)의 내부에너지를 대자연의 이치에 영향을 받아 가지고 있습니다. 이것을 "정의신 즉 정신(精神)"이라고 합니다. 이 에너지가 없다면 이 세상에 어떤 생명도 물질도 존재할 수 없습니다. 정의 에너지가 없는 씨앗은 사람의 씨앗이든, 동물, 미물, 식물의 씨앗이든 죽은 것입니다.

사람을 포함한 모든 생물, 미물, 원소인 인들이 가진 자체 에너지를 위치에너지라고 할 수 있으며 반응, 화합 등으로 결합, 분열할 시에 나타나는 에너지를 운동에너지라고 물리학에서 부릅니다. 어떤 원소가 결합하거나 분해될 때는 그 자체의 위치에너지가 시간에 따른 속도를 가진 운동에너지로 바뀌면서 주울(Joule)열이 발생합니다. 전기 전자 물질 생명도 모두 마찬가지입니다.

사람도, 동물도, 미물도 결합하거나 분해될 때에는 내부에너지가 발산되어 운동에너지에 의한 열이 발생하게 되는 것과 똑같은 이치요 섭리입니다. 성인이 되어 살면서도 필요한 열량을 섭취하여야 내부에너지를 가지고 살아갈 수 있고 활동할 수 있습니다. 삼라만상 모든 것들이 이와 같습니다.

우주의 신묘한 기운은 정(精)의 기운인 에너지가 모인 것으로『정(精)의 신(神)』이라고 합니다. 인간들은 대자연의 섭리를 그대로 받아 만들어져 이치법에 따른 정의신이 영혼 깊숙이 자리 잡고 있습니다. 우리가 어떤 분야에 오랜 세월에 걸쳐 내부에너지를 모아 정신(精神)을 집중하고 갈고닦아 최선을 다할 때(魂神의 힘) 그 대자연의 기와 어느 순간 내부 외부 에너지가 합일이 되어 초인의 능력 즉 초능력의 정기를 발휘하게 됩니다. 정신일도 하사불성(精神一道 何事不成)이란 말입니다.

사람들은 "신의 경지다, 신의 가호다, 신이 나를 도우셨다, 신의 뜻이다, 부처님 혹은 예수님 덕분이다." 등등의 표현을 합니다. 그렇지만 그것은 신이나 예수님, 부처님이 도운 것이 아니라 대자연 신비한 정(精)의 기운 즉 정기(精氣)와 나의 정기가 서로 동화되고 합일이 되는 현상입니다.

인간의 영혼에서 나오는 기를 정기(精氣)라고 하고 이것을 정신(精神)이라고 합니다. 대자연에 존재하는 기의 일부이기 때문입니다. 정(精)은 만 생명의 근간이며 만물 창조의 기본이 됩니다. 정은 에너지입니다. 정은 말로써 표현할 수 없는 보이지 않는 우주의 균형과 조화를 이루게 하는 신비한 기운입니다.

대자연 에너지 정(精)은 신과 같아 이를 정신이라고 합니다. 좋은 기운이 모여 사방에 퍼지면 양의 정기가 일고, 나쁜 기운이 모여 뭉쳐지면 저주의 음산한 음의 정기가 돌아 각종 사건과 사고가 생기게 됩니다. 음기의 정이 한곳에 모이게 되면 음신(陰神)이 되고 음신은 곧 귀신 마귀의 기운이 됩니다.

사람들은 흔히 "정신을 차려라." 합니다. 이 말은 "정신 차렷"이란 기합이 들어간 말로 "정신을 다른 곳에 두지 말고 너 본래의 모습을 찾아라."란 뜻입니다. 정은 우주 대자연의 강력한 기운으로 신과 같아 정(精)의 신을 한곳으로 모으면 우주의 기운과 합일 즉 기합이 되는 것입니다. 흔히 사람들은 "정신없는 사람 혹은 정신 빠진 녀석 혹은 정신 나간 ×" 등등 표현을 씁니다. 정신이 없다는 것은 정신의 근간이 되는 영혼이 없다는 말과 같은 것으로 술독에 빠져 만취된 사람처럼 비틀거리게 됩니다. 만약 우주 은하계가 정의신이 소멸되면 이 우주 은하계가 비틀거리게 되고 균형과 조화가 깨져 멸망으로 가는 것과 같은 이치입니다. 그래서 정신을 바로 잡고 살아야 하는 것입니다.

　우리가 낮에 식사를 하러 갈 때 "점심(點心) 먹으러 가자"라고 합니다. 점심은 밥을 먹으러 가는 의미가 아니라 하루 중간에 한번 마음을 바로잡고 있는지를 점검하라는 뜻입니다. 정신일도 하사불성(精神一道 何事不成)이란 "정신을 한곳에 모으면 이루어지지 않는 것이 없다."라는 뜻입니다. 이것이 바로 정의신력(精神 力) 즉 혼신의 힘(魂神 力)입니다. "정교하다 정밀하다."라는 용어를 자주 사용합니다. 정을 한곳에 모아 정신이 집약되었다는 말로 신비하다는 속뜻이 있습니다.

　서로 다른 종교라는 표현들은 각 창시자의 이름을 따서 만들고 그분들의 가르침은 모두가 하나같이 정의신을 찾는 정신 도(精神 道) 즉 정교(精敎)이며 천리(天理)를 알아야 하는 천리교(天理敎)입니다. 그래서 정교라고 하나로 표현하는 것이 바람직할 것입니다. 왜냐하면 진리는 하나요, 모두 똑같습니다. 단지 표현방식이 다르고 형식이 다를 뿐입니다. 그러면 서로 분별이 없어지고 종교적 마찰과 충돌도 줄어들 것입니다. 후세 인간들이 하나의 진리를 두고 여러 가지 모습으로 껍데기를 포장하고 달리하여 서로 다른 종교로 진리가 다른 것처럼 차별화하는 것뿐입니다. 아이스크림이란 한 단어에 누가바, 매론바, 초코바, 바밤바 등등 맛, 모양, 포장 껍데기, 이름을 다르게 지어 차별화한 것과 똑같습니다. 대자연 하나님을 주인으로 하는 교, 대자연의 진리를 깨닫는 교가 정교입니다. 오늘날 존재하는 모든 종교, 토속신앙, 미신들은 사람들이 허상들을 내세워 파생시켜 만든 것들입니다.

정신도(精神道) 즉 천리도(天理道)는 사찰, 교회, 성당, 모스크 등 어떤 특정 건물을 찾는 도가 아닙니다. 사교 장소처럼 여러 사람이 모여서 이루어지는 것도 아닙니다. 많은 사람들이 모여 북적대며 기도 찬송 염불한다고 이루어지는 도가 아닙니다. 돌부처, 나무십자가, 석고마리아상, 회교성당 등에서 십자가를 긋고 경건하게 참배한다고 이루어지는 것이 아닌 깊은 내면의 영적 에너지요 형이상학적 정신세계(精神世界)입니다.

누구는 "백두산 정기를 받고 태어났다."라고 말한다면 영혼이 백두산의 강력한 센 습기를 가뜩 받아 태어났다는 말입니다. 백두산이든 무슨 산이든 산에서 올라오는 기운은 커다란 무거운 습기입니다. 산에는 많은 나무들이 산 지면에서 올라오는 습기를 받아 살아가고 있습니다. 습기는 음의 기운이요 마귀의 기운입니다. 마왕을 앞세워 모두가 인간 좀비가 되어 이웃 형제들을 잡아먹고 영토를 확장하는 사람들은 무거운 습기를 가진 마귀들이지 영웅이 아닙니다. 사람을 살리고 이웃 형제들을 내 몸과 같이 보살피는 사람이 영웅입니다.

짧은 세월이 지나면 사라지는 육신은 대지의 습기를 안고 만들어지지만 영원히 존재하는 영혼은 우주 태양의 강력하고 가벼운 양 기운을 받아 태어나야 합니다. 밝고 건조한 양의 기는 무한한 에너지를 가진 정의 신비스러운 신 기운(神 氣運)입니다. 인간은 비록 습기에 젖어 살아가지만 모두가 우주정기(양의 기운과 음의 기운)를 받아 태어나 신의 기운을 내재하고 있습니다. 그것이 바로 예수나 부처가 "순수한 나 즉 참나(Pure Spirit)"를 찾아 천국으로 가라고 외친 것입니다. 즉 "양신(陽神)의 기를 찾아라."라는 뜻입니다. 허상을 만들어 믿고 기대라고 하지 않았습니다. 우주의 정기인 순수한 양의 기를 찾아 밝음을 쫓아 천상세계로 들어가도록 가르치신 것입니다.

우주정신의 기(氣) 이것이 바로 "거룩하다, 성스럽다, 신비하다."라는 뜻과 같습니다. 신의 기는 측량할 수 없는 무한하고 방대하며 은밀하고 고요하며 신비스러워 "무한 사랑과 무한 자비는 신비스러운 영적 에너지"로 신과 합일이 되는 것입니다. 그래서 금강경에 "수보리야, 동서남북 허공을 측량할 수 있느냐? 황허 강의 모래 수를 헤아릴 수 있느냐? 그러한 한량없는 사랑과 자비의 복덕은 이처럼 무한하다."

몸은 "백두산 혈통이다."라고 하고 영혼은 "백두산 정기를 받고 태어났다." 하면 몸은 백두산의 산맥과 연이은 대지의 습기를 가득 안고 태어났다는 것이고 영혼은 백두산의 무겁고 강한 음기를 받았다는 뜻입니다. 사람이 태어날 때 백두산, 금강산, 태백산, 내장산, 팔공산, 한라산 등 세계무슨 산의 지류이든 반드시 산맥이나 바다와 강과 접한 대지의 습한 기운을 받고 만들어집니다. 하늘나라에서 아래로 내려 보았을 때 높아 보아야하나같이 똑같은 평지입니다. 땅에서 쳐다보았을 때 높이를 눈자로 댈 수있으나 하늘 높이에서 본다면 눈자로 댈 수 없는 똑같은 평지나 같습니다. 그 대기권 속에서 습기를 머금고 태어난 일체중생들은 모두 하나같이 습생인 미물들입니다. 사람을 포함한 개미, 땅강아지, 메뚜기, 애벌레 등등 모든 중생들이 땅의 습기를 안고 태어나 습기를 내뿜으며 죽으면 습기 찬 땅속으로 돌아갑니다. 대기권 안에 살아가는 습생들의 이치요 섭리입니다. 그 누구도 예외 없이 적용됩니다.

모든 사람들은 영혼이 한평생 어떤 테두리를 벗어나지 못합니다. 그것은 모두가 영혼들이 주변의 잡다한 기를 받아 태어나 주변의 잡다한 기운과 접하며 일생을 살아가게 됩니다. 주변의 잡다한 기는 양기와 음기가 뒤섞여 있습니다.

주변의 잡다한 기는 습기가 뒤섞인 잡음파입니다. 노이즈라고 하는 파동에너지입니다. 이 책 마지막 "생명의 파동설"에서 자세히 설명해 두었습니다.

대자연의 양면성법칙에 따라 선과 악이 공존하는 세상입니다. 그래서 "인과, 연기, 윤회"란 3대 대자연의 절대 법칙에 벗어나지 못하는 것입니다. 육신이 산이나 대지의 가득한 습기를 받아 태어나 영혼 또한 습기가 가득한 7욕 욕구본능 욕망보따리를 가지고 태어나 짧은 세월 살면서도 많은 습기를 내뿜고 살아가다가 죽으면 습기가 가득한 땅속으로 묻히거나 땅에 흩어지게 됩니다.

우주의 신비한 양의 기운을 받아 태어나 조금도 음의 습 기운이 영혼 속에 존재하지 않는다면 해탈의 경지가 됩니다. 바로 무한 자비와 사랑이란 석가여래와 예수가 외친 영혼이 되는 것으로 천국에 갈 수 있는 영혼입니다. 비록 번개같이 사라져 버려지는 육신은 대지의 음 기운을 받아 만들어졌어도 영혼인 정(精)의 신(神)은 온 누리에 대자비, 대 사랑을 펼쳐 밝은 세상을 만드는 천사나 신과 같은 존재가 됩니다. 그 성령의 에너지는 우주의 에너지처럼 방대하고 고요하며 신비합니다. "인과, 연기, 윤회"의 굴레를 벗어난 영혼으로 "거룩하다 성스럽다 신비하다." 할 수 있습니다. 대자연의 천리(天理)를 안고 태어나는 이러한 거룩한 사람은 존재하지 않습니다. 책『천국의 열쇠』에서 주인공 인물로 묘사한 치섬 신부가 유일하게 소설 상으로 존재할 수 있을 것입니다.

하늘에 무겁고 커다란 쇳덩어리 비행기가 날아갈 수 있도록 받쳐 주는 것은 양력(揚力)입니다. 대자연 기의 작용입니다. 정의 에너지 정력(精力)입니다.

바다에서 수십만 톤이나 되는 커다란 쇳덩어리 배가 떠다닐 수 있도록 받쳐 주는 것은 부력입니다. 물의 에너지 수력(水力)입니다.

사람이나 자동차가 길에서 갈 수 있도록 받쳐 주는 것은 땅입니다. 땅의 에너지 지력(地力)입니다.

사람의 영혼이 움직일 수 있도록 받쳐 주는 것은 무엇일까요?
바로 정의 에너지인 정의신력 정신력(精神力)입니다.

지구, 달, 태양 기타 행성들은 천문학적 무게를 가지고 허공에서 떨어지지 않고 지정된 궤도를 돌고 있습니다. 이들을 받쳐 주는 것이 바로 정(精)의 신(神), 정의 힘(精力)이요 고요한 정(精)의 에너지입니다. 예를 들면 지구 자체의 무게에 70억 사람의 무게, 철근 쇳덩어리들, 콘크리트들,

나무들, 돌 바위들, 바닷물 무게 등등 모두 합해서 그 무게가 얼마나 되는지 상상이나 할 수 있을까요?

동서남북 허공의 넓이를 잴 수 없는 것처럼 그 무게는 가히 신도 측량할 수 없을 것입니다. 그러한 무게를 가진 지구가 허공에 떠서 일정한 궤도를 돌고 있으니 그 신비하고 고요한 정의 힘이 우주 은하계를 지배하고 있습니다.

☞ 그 신비하고 고요한 힘은 만질 수도 볼 수도 느낄 수도 말로써도 표현할 수 없는 무위자연입니다. 동서남북 허공을 측량할 수 없듯이 우주의 정기를 측량할 수 없습니다.

양력이 없으면 아무리 커다란 엔진을 돌린다 해도 비행기는 떨어집니다. 부력이 없으면 배가 침몰합니다. 땅이 없으면 사람이나 자동차가 다닐 수 없습니다. 비행기라는 무거운 쇳덩어리가 많은 승객과 화물을 싣고 엔진만 작동한다고 허공을 날 수는 없습니다. 무게를 받쳐 주는 양력이라는 기력이 받쳐 주기 때문입니다. 이 우주 은하계는 이러한 무한한 정기가 받쳐 주기 때문에 지구, 달, 태양 등등의 어마어마한 무게를 가진 사물들도 허공에 떠 있게 되는 것입니다. 정기라는 기력은 만물을 받쳐 주는 원동력입니다.

양력이 있어도 갑작스러운 기류변화가 생겨 난기류를 만나면 비행기는 몹시 요동하고 승객들은 아우성을 치는 난기류지옥(亂氣流地獄)을 맛보게 됩니다.

부력이 있어도 바다에서 파도가 치면 배는 몹시 요동을 하고 배에 탄 승객들은 뱃멀미에 몹시 시달리고 토를 하며 파랑지옥(波浪地獄), 격랑지옥(激浪地獄)을 맛보게 됩니다.

단단한 땅이 있어도 지진이 발생하면 땅은 요동치고 갈라져 건물은 무너지고 사람들이 건물 더미에 매몰되어 살려 달라고 아우성을 치는 철옥지옥(鐵獄地獄)을 만나게 됩니다.

사람들이 정신을 잃어버리거나 정신이 흔들려 어지러우면 몸은 비틀거리고 삼라만상이 돌아가는 현기지옥(眩氣地獄)을 만나게 됩니다. 세상의 이치 즉 대자연의 이치와 섭리는 이와 같습니다.

사람에게 정신이 없으면 사람은 죽은 것이나 다름없습니다. 그래서 "정신을 차려라, 정신이 빠졌나, 정신 나갔네, 바빠 정신없다, 호랑이에 물려가도 정신만 차리면 산다." 등 정신을 이야기합니다. "정신력이 대단하다."라는 강한 정신력은 인간이란 미물로써 발휘하는 정의 에너지로 대자연의 기와 합일이 되어 강력한 힘을 만들어 냅니다. 그렇지만 그 힘은 미물들이 내는 기력일 뿐입니다. 우주 은하계를 유지하는 균형과 조화의 정기가 없어지면 파멸로 천지개벽이 일어나며 사람이 노쇠하여 기력이 쇠하거나 빠지면 죽는 것입니다. 우주의 정기는 정적정기(靜的精氣)로써 나지도 죽지도 않는 불생불멸의 여래장이요 진여 정기입니다. 중생들의 정기는 일시 존재하다가 사라지는 습기로 가짜입니다.

인간의 영혼은 우주의 정기를 내재하고 있지만 사람들은 땅 위의 습기에 젖어 살다가 습한 땅속으로 사라져 본래의 우주정기 참나를 찾지 못합니다. 사람들은 어떤 테두리에 갇혀 살며 자기가 사는 테두리를 벗어나지 못하며 벗어날 수도 없는 갇힌 영혼들입니다. 나는 이 나라에, 저 나라에, 나는 이 지역에, 저 지역에, 내 집, 가족, 직장, 돈, 명예, 직위, 등등 젊은이들은 스마트폰 로밍, 특정 스포츠, 오락, 게임, 정치적 이슈 등 모든 일과 주변 환경에 착(着)을 두고 테두리 속에서 살아가는 습생으로 오직 주변의 기와 기운만을 주고받으며 생로병사 우비고뇌의 지옥에서 일생을 살다가 대지 위의 습기로 남게 됩니다.

☞ 사람들이 외치고 생각으로 그리는 형형색색의 신, 주란 존재하지 않습니다. 형상과 실체가 없으며 천지개벽이 되어도 나타나지 않습니다. 오직 대자연 정의신만 존재할 뿐입니다. 정의신이 곧 대자연 하나님 유일신입니다.

대자연은 보이지 않는 기로 움직이고 사람들도 서로 기를 주고받으며 기가 모여 기운이 됩니다. 나쁜 기가 모이면 나쁜 기운, 좋은 기가 모이면 좋은 기운이 됩니다. 나쁜 사람이 악한 짓을 하면 더욱 잔인하고 악해지게 되고 좋은 사람이 선행을 하면 더욱 착해지는 이치입니다. 이 지구 대기권 안에는 인간들이 육식과 살생으로 인한 기운 즉 음의 정기가 가득하여 그 강력한 기운인 음의 정기에 따라 도처에서 분열, 원한, 저주, 마찰, 충돌, 폭력, 살상, 전쟁 및 악성 바이러스들과 세균들이 창궐하게 됩니다.

인류가 스스로 지어 스스로 받아야 할 인과응보입니다. 자손 대대로 육식을 양식으로 삼아온 인류는 오염된 영혼 거칠어진 심성(心性)으로 오직 겉모양을 보고 분별하고 차별하고 판단하고 겉모양에 집착하여 겉모양이 다르면 서로 충돌을 일으킵니다.

만물을 창조하고 진화시키는 대자연이 곧 정(精)이요 신(神)입니다. 신이란 절대 형상이 있는 것이 아닙니다. 바로 보이지 않는 우주정기(宇宙精氣)입니다. 인간은 대자연 하나님으로부터 그러한 우주정기인 영적 능력에 영향을 받아 지상에 내려온 것입니다. 그러한 영적 능력을 일부 잘못 오용하여 같은 형제들을 잔인하고 무자비하게 죽이는 잔인한 무기들을 개발하고 만드는 데 내부에너지를 모아 몰두하고 대포, 미사일, 핵무기 등 형형색색의 대량 살상 무기를 만들어 인류를 파멸에 이르게 하고 있는 현실입니다.

☞ 잡식성인 반야수로 변질된 인간들은 대자연 하나님이 부여한 정의 신을 엉뚱한 곳에 에너지를 모으고 사용하여 형제들을 죽이는 요물들을 만들어 내고 있습니다.

지구란 작은 행성에 살아가는 모든 인간들은 개미나 벌레, 곤충, 박테리아처럼 대자연의 미물들임을 명심하셔야 합니다. 모든 생명들은 콩알보다 작은 지구촌에 흩어져 있는 한 알의 모래알, 한 알의 물방울과 같습니다. 황하강의 해변사장(海邊沙場)에 헤아릴 수 없는 모래 속에 한 알의 모래를 떨어뜨리면 찾을 수 없는 것처럼, 한 알의 물방울이 강이나 바다에 떨어지면 한 알의 물방울을 찾을 수 없는 것과 똑같습니다. 그대들은 모두가 대자연의 한 알의 모래, 한 알의 물방울과 같은 보이지 않는 즉 존재하지 않는 미물들입니다.

한 알의 모래가 백사장에 떨어지면 표시가 없는 것처럼 한 인간이 죽으면 지구촌 땅과 어우러져 표시가 없는 것과 같고 물방울 하나가 바다에 떨어져 표시가 없는 것처럼 한 사람이 죽어 사라지면 이 우주 공간에 표시가 없는 것과 같습니다.

　☞ 기독교나 가톨릭교에서는 예수님을 하나님의 아들이라 합니다. 우리
모두가 그리고 모든 지구촌 생명들이 하나님 대자연의 자식들이요 아들
딸이요 미물들입니다.

　대자연 하나님은 지구촌 집을 짓고
　음양을 화합시켜 만 생명 만드시니
　모두가 한 울타리 옹기종기 살아간다.

　공기를 내시고 비를 내리시고 햇빛을 비추시어
　생명을 살리시고 곡식과 열매를 만드시고
　혹이나 지겨울까 꽃과 나무 키우신다.

　푸르고 아름다운 정원을 가꾸시어
　춘하추동 사시사철 형형색색 모습으로
　자식들 위한 마음 한량없고 끝이 없다.

　배은망덕 인간들은 신의 섭리 거역하고
　내 땅 네 땅 내 것 네 것 집안 불화 일으키며
　마구잡이 살생하여 맛에 빠져 살아가니
　몸 건강 보양식에 신의 분노 자초한다.

　그래도 인간이라 생각하는 동물이라
　부처, 예수 보내시어 회유도 하였건만

그 누구도 듣고서 깨닫는 이 없었구나.

알려고 하는 이도 없고 아무도 없었으니.
모두가 미물들로 생사는 유전하여
끊임없이 나고 죽는 생성소멸 이치로다.

그대들은 모두가 대자연의 미물들
7욕7정 사리사욕 잡식성 반야수들
대지 위에 살아가는 습기 찬 미물들
누구도 대기권 습지를 벗어날 수 없는 미물들.

사람을 포함한 모든 생명들은 대자연 하나님인 정의신에 의해서 무위자연(無爲自然)으로 창조되어 탄생되었습니다. 대자연 정의신이라는 에너지는 인간이 상상할 수 없는, 신(神)조차도 가늠하기 어려운 은밀한 정적(靜的) 에너지로 상상할 수 없는 무게와 크기의 지구, 달, 태양 그리고 기타 행성들을 서로 밀고 당겨(引力과 斥力) 흐트러짐 없이 지정된 일정한 궤도를 돌게 하는 신비스러운 힘입니다. 뉴턴은 이것을 "만유인력"이라고도 표현했습니다.

벼랑 끝에 서 있으면 허공의 인력이 몸의 중력을 넘어 추락하게 됩니다. 벼랑이 높으면 높을수록 허공의 인력은 세어지고 몸의 중력은 약해집니다. 벼랑이 한없이 높아 대기권을 벗어날 정도이면 몸의 중력은 없어지고 오직 인력만 작용하여 몸이 허공에 떠다니게 되는 이치입니다. 보이지 않는 우주의 정기는 방대하고 신비하여 그 힘을 인간의 능력으로 가늠할 수 없습니다.

사람, 동물, 미물들을 포함한 모든 생명들은 서로 모양과 형상 성질과 구조가 다를 뿐 대자연의 미물들로 지구촌이란 대자연이 만드신 집에 함께 기거하고 있습니다. 사람을 포함한 모든 생명들은 대자연 불생불멸 오고 감이 없는 여래장[3] 즉 진리요 정의신의 도구인 색(色), 성(聲), 향(香), 미(味), 촉(觸), 법(法)으로 눈(眼), 귀(耳), 코(鼻), 입(舌), 몸(身) 그리고 의식(意 = 영혼, 교감)을 만들어 낸 것입니다. 그들은 그것으로 서로 의사소통을 하고 있습니다. 이법과 사법의 이치로 외부 내부파동에너지를 발산하고 있습니다.

장님이 촉을 찾아 더듬어 길을 찾고 벙어리가 몸짓, 손짓으로 자기표현을 하는 것처럼 나무나 식물들도 기운으로 서로 의사소통을 하는 것은 자연의 이치요 섭리입니다. 사람과 동물, 조류 그리고 미물끼리도 교감을 통해서 의사소통을 하는 것입니다. 미물들은 태초에 씨앗의 크기나 모양, 형상과 구조가 환경의 변화에 적응을 받아 다르게 나타난 것뿐입니다. 사람처럼 말을 하지 못한다고 해서 마구잡이 죽여 잡아먹어서는 안 되는 것입니다. 같은 사람들이라도 국가마다 언어가 다르고 표현 방식이 달라 서로 의사소통이 되지 않는 것과 같은 이치입니다.

---

[3] 여래장이란 석가여래 부처가 열반하시어 더 이상 윤회의 수레바퀴를 타지 않고 영생세계로 가시어 오고감이 없어진 상태를 여래장이라고 불경에서는 표현하였습니다.

대자연 유일신 창조주 정(精)의 신(神)
(과학적인 근거로 본 탄생의 이치)

이 세상에 형상을 갖추어 존재하는 인간을 포함한 생물과 만물의 씨앗은 대자연의 안정화 작용에 따라 생겨났습니다. 우주 은하계 또한 천지개벽이 끝난 후 안정화 작용을 통해 안정되어 오늘날까지 존재합니다. 불안정한 것들은 모두 안정을 찾으려고 하는 것은 대자연의 이치요 섭리입니다. 갓난아기들도 태어나자마자 불안을 느끼고 모유를 찾고 엄마 품에서 당장 안정을 찾으려고 합니다. 모든 동물들도 마찬가지입니다. 사람들도 성인이 되면 결혼을 하여 가정을 꾸려 안정을 찾으려고 합니다. 일상생활에서도 안정된 삶을 위해서 열심히 공부하고 노력하여 돈을 벌어 가족의 안정을 추구하려고 하는 이치도 마찬가지입니다. 돈이 없으면 삶이 불안해지기 때문입니다. 즉 불안정해지기 때문입니다. 물질들도 또한 이와 같습니다. 중고등학교 화학 시간에 물질의 화학반응을 공부하여 잘 아실 것입니다. 모든 불안정한 원소들은 활성 작용을 통해 이온결합, 공유결합으로 물질을 형성하여 안정화되어 물건이나 물질로 탄생하게 됩니다. 간단히 예를 들면 과거 연탄가스 중독을 일으켜 많은 사람들을 죽게 하였던 이산화탄소 즉 탄산가스는 탄소라는 4가인 원자가전자가(양이온 = 수컷) 산소라는 6가인 원자가전자(음이온 = 암컷)와 음양(+와 -)이 서로 이온결합하여 이산화탄소라는 새로운 물질(새끼)로 됩니다. 탄소라는 4가 원소 자체로 불안정하고 산소라는 6가 원소도 역시 불안정하여 "서로 협의하여 합쳐서 안정을 찾자"라는 식으로 결합하여 새로운 물질인 이산화

탄소라는 자식을 탄생시키게 됩니다. 자체로 8가인 원자가전자가 아니면 모두 불안정한 상태가 되어 음과 양의 짝을 찾게 됩니다. 원자가전자 4가인 탄소가 각각 2개의 전자를 2개의 전자가 부족한 6가인 산소에게 제공하여 서로 공유 결합하여 안정된 모습을 갖추는 것입니다. 이때 탄소를 Doner(공급자 = 양 = 플러스 = 남자)가 되고 산소는 Acceptor(수용자 = 음 = 마이너스 = 여자)이 됩니다. 탄소 4가 원자가전자가 2가씩 산소의 양쪽 고리에 연결되어 서로 8가의 원자가전자를 만들어 안정하게 되어 불활성이 됩니다. 결합 작용이 있으면 대자연의 양면성법칙에 따라 분열 분해 작용도 있습니다. 『결합, 촉매, 분해』 3대 작용은 모든 생명 사물에 적용됩니다. 촉매 작용은 결합 분해 양대 작용의 중간 과정입니다. 어떠한 것이든 중간 과정이 있습니다. 이 3대 작용에 적용을 받지 않는 불활성이란 것도 있습니다. 자체로 안정되어 있어 전혀 외적 작용에 영향을 받지 않는 상태로 다른 원소와 결합하지 않는 것들로 흔히 아르곤, 헬륨과 같은 불활성가스가 그 대표입니다. 사람도 동물도 불활성 상태가 있습니다.

오늘날 활성화되어야 할 남녀가 결혼하지 않고 자식도 낳지 않은 불활성 상태로 살아가는 사람들이 있습니다. 성불구자가 그 대표적인 예이겠지만, 원래 남녀가 이온결합하여 안정을 찾아야 하는 것이 대자연의 이치요 섭리이지만 결합하지 않고 불활성 상태로 있는 것은 사람이나 동물들에게는 불안정한 것이 됩니다. 자체 불활성가스와는 성격이 다릅니다. 이 세상 모든 생물과 사물의 이치와 섭리가 바로 안정화작용입니다. 그것이 바로 대자연의 정(精)이란 에너지 신의 힘이 작용하기 때문입니다. 최외각전자에 불안정하게 떠도는 양이온(+)과 음이온(-)이 이온결합하지 않고 떠돌아다니면 불안정한 구조가 되듯이 각 가정에서 성인이 된 남자(+)나 여자(-)가 결혼하지 않고 외각에서 홀로 떠돌고 있으면 늙은 부모는 늘

걱정하고 불안해하는 것과 같은 이치입니다. 그래서 남자는 장가(doner = give)를 여자는 시집(acceptor = take)을 보내 안정된 가정을 꾸려야 노부모(원자핵)는 편안한 마음으로 여생을 보낼 수 있는 것이나 같습니다. 최외각 떠돌이 전자(자식)를 털어 내어야 원자핵을 중심으로 한 원자구조는 안정상태가 됩니다. 화학에서 "보아(Bore)의 원자구조나 가정의 가정구조나 같은 것"입니다. 사람을 포함한 모든 생명과 물질의 인들은 에너지를 가지고 반응 시에는 킬로칼로리(Kcal)라는 에너지를 발생하게 됩니다. 원소가 반응할 때 발생하는 에너지를 과학자는 "에너지준위"라고 했습니다. 사람이나 동물 기타 생물들도 결합할 때 Kcal 에너지를 발생시키는 것이나 같은 이치요 섭리입니다. 대자연의 정(精)의 에너지가 모든 생명 및 물질의 인(원소)들에게 부여한 힘입니다.

☞ 인과, 연기, 윤회는 대자연의 "이치법 3대 법칙"이고 결합, 촉매, 분해 작용은 대자연 "사물법의 3대 법칙"이라 할 수 있습니다. 이치법과 사물법은 만 생명, 만 물질의 생성 소멸의 중추가 됩니다. 이것에 대해서는 『살생 육식을 삼가야』에서 자세히 설명하였으니 참조해 주세요.

대자연의 양정(陽精)의 신과 음정(陰精)의 신의 섭리에 따라 지구촌 모든 생명들과 사물들이 탄생하게 되고 대자연의 지배를 받게 됩니다. 지구핵은 거대한 자석으로 되어 북극은 N극 남극은 S극으로 형성되어 거대한 전자계가 되는 자속이 N극에서 S극으로 흘러 지구는 거대한 자기장으로 형성되어 있습니다. 정의 에너지인 "음정과 양정"의 이치로 정전기, 천둥 번개, 전기장, 자기장, 음양의 화합 결합 등으로 생명과 물질의 탄생으로 이어지게 됩니다. 『음, 양, 외적 작용』3대 불생불멸의 여래장 그리고 『음, 양, 외적 작용, 허공』을 4대 여래장이라고 이미 『살생 육식을 삼가야』에서 자세히 설명하였습니다.

이 대자연의 음정과 양정의 근간이 되는 우주에너지 일부인 지구 자기장이 사라지면 인류와 모든 생명들은 사라지게 됩니다. 더 이상 결합, 분해, 촉매 작용이 일어나지 않게 되기 때문입니다.

좀 더 설명하면 지구상 모든 원소인 인들과 생명들은 대자연의 자기장의 영향을 받아 양이온(양성)과 음이온(음성)을 띠게 된다는 것을 아실 것입니다. 이온화된 것은 불안정한 상태임으로 활성화 반응을 하여 항상 안정을 찾으려고 합니다. 불안정한 이온들은 서로 화합하여 새로운 물질의 이온화합물 혹은 공유물이란 안정된 물질이 탄생된다는 것도 설명했습니다. 예를 들면 나트륨(Na+)이란 양이온(남자, 수컷)과 염소(Cl-)라는 음이온(여자, 암컷)이 서로 화합하여 염화나트륨(NaCl)이라는 새로운 생명이 나타나게 됩니다. 나트륨은 자기가 가지고 있는 불안정한 전자 1개를 염소에게 주어 양성이 되고 염소는 자기가 한 개 부족한 전자를 나트륨으로부터 받아서 음성이 되어 (주고받기 = give and take = 정자와 난자) 서로 결혼하여 불안정한 이온을 없애 버리고 안정된 물질로 남게 되는 것입니다. 사람과 동물들도 같은 이치로 수컷은 수컷의 모습과 성질인 양이온(+)을 띠고 암컷은 암컷의 모습과 성질인 음이온(-)을 띠게 되어 서로 주고받으면서 결혼 즉 화합하여 자식이란 새로운 생명이 태어나게 되고 안정된 가족을 형성하고 살아가게 됩니다. 반응 즉 결혼함으로써 남자는 양이온 여자는 음이온이라는 딱지를 떼게 됩니다. 결혼 결합하였으면 이혼 분열과 분해도 하게 됩니다. 분열 이혼하게 되면 다시 이온을 띠고 불안정한 상태로 남게 됩니다.

☞ 대자연의 이치와 섭리는 모두 하나의 진리로 통합니다.

어떠한 사물이든 그 원소와 인들은 공기보다 무거우면 땅으로 혹은 땅속으로 굴러다니고 공기보다 가벼우면 지구 표면 위 혹은 대기권 허공에 바람과 함께 떠돌아다닙니다. 대지나 허공에 떠돌아다니는 모든 인들은 반드시 신의 섭리에 따라 안정을 찾아 결합하려고 합니다. 허공에 날아다니는 씨앗들은 환경과 기후조건이 맞으면 땅에 안착하여 싹을 틔우고 꽃과 열매를 맺으려고 하는 것처럼 사람들을 포함한 모든 생물들의 혼 기운들도 바람과 함께 떠돌아다니다가 육신이 생기는 곳이면 어디에든 안착하여 생명을 이루려고 합니다. 동물 생물들에게 있어서는 새로 탄생되는 육신이 곧 땅이 됩니다. 이 모든 작용은 "양정과 음정"이라는 대자연 정의 신에 의해서 자연히 무위로 이루어지는 에너지 작용입니다. 즉 무위자연입니다.

잡풀의 씨앗들은 안착도 아무렇게나 아무 곳에서나 이루어집니다. 사람 동물 기타 미물들의 영혼들인 기운들도 형형색색 유유상종이라는 대자연의 법칙에 따라 안착이 이루어지게 됩니다. 물질도 이와 같은 이치요 섭리입니다. 예를 들면 수소(H)원자는 수소끼리 산소(O)원자는 산소끼리 유유상종으로 서로 화합하여 수소분자(H_2), 산소분자(O_2)가 됩니다. 이것을 화학에서 공유결합이라고 합니다. 끼리끼리 어울린다는 뜻입니다. 기운들도 야수, 반야수처럼 기가 센 기운, 초식동물처럼 기가 약한 기운, 개미, 벌레들처럼 기가 미미한 기운들 그리고 한을 품은 살 기운, 짐승처럼 습하고 어두운 기운, 사람에 따라 습기가 많거나 적고 무거운 기운, 밝고 가벼운 기운, 땅이나 땅속을 떠도는 미물들의 미세한 기운 등등 형형색색의 기운들이 서로 뭉쳐서 유유상종으로 끼리끼리 어울려 떠돌아 안착할 곳도 또한 유유상종으로 끼리끼리 만나 안착하게 됩니다. 이들 모든 사람, 동물, 생물, 미물, 그리고 씨앗들의 안정화작용은 지구촌 대기권

내에서 하늘신(天神)과 땅신(地神)인 대자연 어버이(天神)와 어머니(地神)의 조화와 화합 즉 정(精)의 신(神)에 의해서 이루어집니다.

지구촌에 존재하는 모든 원소인 인들과 생명들의 인들은 대자연이 부여한 내부에너지를 가지고 있다고 했습니다. 두 원소가 결합하여 물질이 될 때 에너지 반응열이 발생합니다. 사람도 동물도 결합할 때 에너지 반응열이 발생되는 이치와 같습니다. 발생되는 열은 속도, 시간, 장소에 따라 다르게 나타납니다.

지구 천체들도 자체 에너지를 가지고 은하계에 존재하며 천체끼리 서로 반응하고 움직이고 있습니다. 태양에너지와 달 에너지는 모든 중생들이 지구촌에서 생명을 유지하는 데 절대 필요한 요소입니다. 자체 에너지도 형형색색 생명과 사물에 따라 에너지준위가 모두 다르다고 했습니다. 예를 들어 태양에서 나오는 빛 가운데 우리가 살아가는 데 영향을 주는 적외선 가시광선에는 빨(빨간) 주(주황) 노(노란) 초(초록) 파(파란) 보(보라)의 에너지준위가 모두 다릅니다. 파장에 따라 파장이 짧은 것은 에너지준위가 높고 파장이 긴 것은 적습니다. 파장이 짧다는 것은 진동수가 많다는 것이고 파장이 길다는 것은 진동수가 적고 느리다는 뜻입니다.

사람도 천천히 걸으면 파장이 길어 진동수가 적고 느리고, 빨리 뛰게 되면 파장이 짧고 진동수가 많고 빠르다는 뜻과 같은 이치입니다. 걷는 것과 뛰는 것은 서로 에너지가 다르게 나타납니다. 진동수는 오르락내리락하는 사이클입니다. 전기공학에서는 주파수라고도 합니다. 사이클 수가 많다는 것은 그만큼 움직임이 많다는 뜻입니다. 뛰는 것은 걷는 것보다 그만큼 에너지가 많이 든다는 것입니다. 사람 소리와 같은 주파수가 낮은 음성주파수 즉 저주파는 멀리 가지 못합니다. 사람이 걸어서 멀리 가지 못하는 것과 같은 이치입니다. 사람이 걷는 것은 저주파에 해당합니다. 저주파는 파장이 길고 느려 주파수가 높은 고주파에 실어서 멀리 보내야 합니다. 사람이 차, 기차, 배, 비행기에 몸을 싣고 가야 멀리 갈 수 있는 것과 같은 이치이고, 차, 기차, 배, 비행기가 고주파에 해당하고 사람 몸은 음성주파인 저주파에 해당합니다. 스마트폰에 멀리 있는 상대방의 저주파 목소리가 들리는 것은 고주파에 실은 음성 저주파수를 필터링해서 나오기 때문입니다. 차, 기차, 배, 비행기에 실은 몸을 목적지에 내리는 것과 같은 이치로 몸을 내리는 것이 필터링과 같은 이치입니다. 저주파인 몸은 내리고 고주파에 해당하는 자동차, 기차, 배, 비행기는 보내는 것과 같은 이치입니다.

태양빛이 광속으로 금속에 에너지를 갖고 부딪치면 금속에서 전자가 튀어나옵니다. 이것은 빛이 에너지를 갖고 금속과 반응하는 것입니다. 이 원리를 이용하여 원자폭탄도 만들었습니다. 어떤 질량을 광속의 제곱으로 충돌하면 어마어마한 에너지가 발생된다는 상대성원리입니다. 세상의 이치와 섭리는 사람을 포함한 모든 생명들에게 그대로 모든 것이 적용됩니다.

☞ 대자연의 "화학적 반응과 물리적 작용반작용의 법칙"은 만 생명, 만물에 적용됩니다.

사람들이 3무 하여 스스로 인간을 닮은 신 즉 하나님을 마음속으로 그리며 "주, 하나님을 믿는다 하고 주 하나님에게 의지하고, 하나님이 인간을 창조했다, 예수 믿고 구원받으라, 하나님이 나를 선택했다, 나는 구원받을 것이다, 나는 천국을 간다, 하나님과 인연이 닿아야 예수를 믿는다, 믿는 신자는 채에 걸리고 믿지 않는 사람은 채에서 빠진다."는 등 황당무개(荒唐無槪 = 황당하고 개념 없는)한 말들을 합니다. 개, 돼지, 쥐, 고양이, 원숭이처럼 잡식성 반야수 동물인 사람들이 종교를 믿어 "천국을 가서 산다, 천국에서 천사가 된다, 천국에서 하나님의 아들이 된다."라는 허구한 생각과 말들을 합니다. 습한 기운의 미미한 내부에너지를 가지고 인과, 연기로 생긴 미물들이 우주정신인 위대하고 신비한 에너지에 비유하는 우스꽝스러운 말들을 함부로 합니다.

예수님이 잡식성 대중들에 의해 십자가에 처형당했을 때 하나님 아버지가 예수님을 구원해 주시지 않았습니다. 잡식성 인간들은 예수님이 십자가를 어깨에 짊어지고 골고다의 언덕 처형장으로 걸어가실 때 모두가 예수에게 돌팔매질을 하고 침을 뱉고 욕을 하였다 합니다. 예수님은 살아생전에 "천국은 육신에 있지 않다, 육신을 생각하면 죽음이다, 네 영혼을 깨끗이 하여라."라고 외쳤습니다. 예수님도 하나님으로부터 육신을 구원받지 못했는데 예수를 저주했던 그 잡식성 후손들이 때 묻은 뇌와 오염된 영혼을 가지고 하나님의 구원을 받는다고 외쳐대는 아이러니하고도 납득할 수 없는 근거 없는 말을 스스럼없이 아무에게나 하는 오염된 사회 오염된 세상입니다.

예수님은 인간들이 잡식성 반야수의 속성을 가지고 있다는 것을 직시하지 못하고 초현실적인 영적 세계의 환상에 스스로 화를 자초한 것입니다. 예수님은 성경 말씀대로 안개나 연기 같은 육신은 일찍 버리시더라도 예수님의 정(精)의 신은 오늘날까지도 살아 있습니다. 예수님의 정신은 영원한 것입니다.

"하늘은 스스로 돕는 자를 돕는다."

"하늘은 스스로 구원하는 자를 구원한다."

"정의신은 스스로 찾는 자에게 응답한다."

정의신은 세상을 지배하는 창조주요, 유일신이며 우주은하계를 관장하는 은밀하고 신비한 에너지이다.

정의신은 만 생명과 만물을 창조하고 움직이게 하는 근본이요 모든 생명들은 정의신의 지배를 받고 신의 한량없는 혜택을 누린다.

☞ 어떤 올바른 일에 정의신 즉 정신을 집중하여 열심히 성실히 일심으로 일하면 정의신이 응답하게 됩니다. 즉 "보이지 않는 손(Invisible hand)"이 그대를 돕게 됩니다. "인내와 끈기(patience, perseverance and grit)"의 미덕입니다. 인내와 끈기는 정의신과 유유상종으로 화합합니다.

☞ 공부를 열심히 매진하는 것은 음(-)이요 장래 밝은 미래가 열리는 것이 양(+)이 되어 음양이 화합하여 그 결과로 결실을 맺게 되는 이치입니다.

공부를 열심히 매진하는 것은 인과의 인(因)에 해당하고 장래 밝은 미래가 열리는 것은 결과의 과(果)에 해당합니다. 인과(因果)가 화합하여 인과응보라는 결실을 가져다주는 이치와 똑같은 대자연의 이치요 섭리입니다. 같은 예로 일에 정신을 집중하여 열심히 하는 것은 음(-)이 되고 그 결과 무엇인가 성취되거나 돈을 벌 수 있게 되는 것이 양(+)이 되어 후일 음양이 화합하여 밝은 미래가 펼쳐지는, 음양이 화합하여 결실을 가져다 주는 이치입니다. 남녀(陽陰)가 화합하여 자식이란 결실을 얻는 것과 같습니다. 물질반응의 이치요 작용반작용의 법칙이요 인과(因果) 연기(緣起)의 법칙입니다. 무엇인가 정의신을 모아 열심히 매진한 결과 즉 그 연

(緣)으로 인하여 밝은 미래가 열리는(起) 연기(緣起)란 대자연의 법칙입니다.

길거리에 "예수를 믿어라, 너와 너의 집안이 구원을 얻으리라, 하나님은 그대를 사랑합니다."는 막연하고도 유혹적인 표현을 한 현수막을 보세요. 누가 어떻게 구원을 받는지, 어떻게 얼마나 믿어야 하는 것인지 아무도 알지 못합니다. 대자연 하나님 정신은 오직 지구촌 작은 공간에 공기를 채우고 햇빛을 비추고 비를 내리고 온도를 맞추어 생명들이 살 수 있도록 배려해 놓았을 뿐 중생들이 어떻게 살며 서로 찌지고 볶고 싸우며 죽이든 살리든 일체 관여하지 않습니다. 예수님은 "나의 가르침을 따라 열심히 의를 행하라, 선을 행하라." 하고 스스로 구원을 하도록 가르쳤습니다. 교회, 성당, 사찰, 종교 건물에 가서 허례허식 형식적인 예배를 보고 구원을 얻는 것이 아닙니다. 의(義)가 무엇인지 성경에 자세히 언급되어 있습니다.

성경에 언급된 의(義)와 선(善) 그리고 성령에 대해 예를 들면
재산이 있으면 가난한 자에게 나누어 주기를 게을리하지 말라.
(보시바라밀 즉 아낌없이 베푸는 이러한 의인이 있습니까)
전생으로부터 가져온 욕망, 정욕, 탐욕, 탐심을 버려라.
(지계바라밀, 7욕7정 욕구본능, 누가 본능 없이 살 수 있습니까)
육신의 생각에 따르지 말고 오직 네 영혼을 깨끗이 하여라.
(속인이 속세에 살면서 연꽃처럼 진흙탕 속세에서 꽃을 피우겠습니까)
육체의 갈망에 따르지 말고 술 고기를 먹지 말고 방탕하지 말라.
(살생을 삼가야, 정욕을 버리고 간음을 하지 않고, 죽은 짐승들의 살을 술과 함께 먹지 않았다 할 수 있겠습니까)
돈을 사랑하지 말라. 돈을 사랑하는 것은 악마의 뿌리를 찾는 것이다.

(만인은 돈을 사랑합니다. 사랑을 넘어서 돈에 혈안이 되어 설치는 황금 만능시대입니다)

부자가 되려고 갈망하지 말라, 근심과 절망과 패망에 이르게 할 것이다.

(모두가 부자를 부러워합니다. 부가가 우상숭배의 대상입니다)

생명을 죽이지 말고 구하라. 죽이는 것이 옳으냐? 살리는 것이 옳으냐?

(짐승의 살을 양식으로 삼고, 생명을 예사로 죽이고, 잡아먹습니다)

뭇사람을 공경하라.

(예수처럼 모든 사람들의 종이 되고 대속물이 되는 사람이 있습니까)

악을 선으로 갚고 다른 사람의 복을 빌어라.

(악을 선으로 갚고 원수를 사랑하며 다른 사람의 복을 비는 사람이 있을 까요)

분을 내지 말고 분을 내어도 참고 마귀가 틈을 타지 못하게 하라.

(정신을 요괴에게 빼앗기지 않고, 분을 참고 인욕 할 수 있습니까)

항상 낮은 곳에 임하라. 다른 사람의 종이 되어라. 예수가 온 것은 섬김 을 받으려 함이 아니요.

(「천국의 열쇠」 소설상 주인공 신부처럼 희생, 봉사, 헌신할 수 있을까요)

헛된 말로 남을 속이지 말라.

(소경이 소경을 인도하면 모두 구렁텅이에 빠지게 된다는 성경의 말씀 과 겉으로는 의를 행하는 척하지만 잔속은 검다는 성경의 말씀으로 음의 세계인 색계에서 속된 인간들에 의해서 예사로 이루어지는 일입니다)

사랑 이외에는 일체의 빚도 지지 말라.

(모두가 돈을 사랑하여 헌금을 받고 11조를 받고 기부금을 받고 권력과 금력이 한 덩어리가 되어 부정과 부패를 행합니다. 작은 신세도 모두 빚입 니다. 금전적인 빚뿐만 아니라 누구나 빚을 안고 살아가고 있습니다)

사랑은 내 율법의 완성이다.

(만인을 사랑하라, 내 이웃을 내 몸과 같이 사랑하라, 만인을 사랑하는 사람이 있습니까? 아무도 없습니다. 모두가 일시적, 형식적, 의도적, 선택적, 위선적, 보여 주기 식 과시적입니다)

부처님이 가르치는 공(空)을 기반으로 한 6바라밀행, 예수님이 가르치는 의와 행은 초현실적이며 오늘날 지킬 수 있는 사람은 존재하지 않습니다.

전쟁이나 코로나 바이러스가 종교를 믿는다고 피해 가는 것이 아닙니다. 예배, 염불한다고 피해 가는 것이 아닙니다. 전쟁이나 코로나 바이러스나 독감 바이러스에 걸려 지옥고를 겪거나 죽어 가는 많은 사람들이 종교를 가졌다고 구원되는 것이 아니요 종교를 믿으면 바이러스에 감염되지 않는다고 생각하는 그러한 어리석은 사람은 이 세상에 아무도 없을 것입니다. 코로나 바이러스가 집단으로 모인 교회에서 많이 전파가 된 것을 보시듯 하나님은 누구를 선택해서 돌보아 주시지 않듯이 세균, 바이러스는 누구를 선택해서 공격하지 않습니다.

사람을 포함한 모든 생명들은 약육강식 세계인 지구촌 지옥의 나락으로 떨어져 윤회란 수레바퀴를 굴리며 "삼각형 생태계 피라미드" 속 테두리를 벗어나지 못하고 살아가고 있습니다. 산다는 것은 죽는다는 것을 의미합니다. 죽기 전에 스스로 "살아생전에 버려지는 육신을 위해 얼마나 많은 살생을 저질렀는가?"라고 속삭여 보세요. 생태계 피라미드 지구촌은 "그대들 짐승을 살해할 때 마음속으로 속삭여라. 그대 살해하는 똑같은 힘으로 나 역시 살해당할 것이며, 나 역시 먹히고 말리라."라는 예언자의 말대로 "생로병사"란 진리가 되어 버린 자연섭리를 넘어 폭력, 살상, 고문, 전쟁을 일으키는 인간 좀비, 악성 세균, 악성 바이러스 좀비들의 활동무대로 마귀들이 창궐하는 세상에 갇힌 약육강식의 지옥 촌에서 천명을 기대할 수 없게 되었습니다.

대기권 허공에 부유하는 중생들의 혼 기운들은 어떠한 종류의 육신과 화합하여 생명을 이어 갈지는 인과, 연기에 따라 이루어지게 됩니다. 인간들의 혼백이 사족동물들의 영혼이 될 수도 있으며 사족동물들의 혼백이 인간의 영혼이 될 수도 있습니다. 흘러가는 혼백에는 경계가 없습니다. 기본적으로 인간의 혼백은 인간의 영혼으로 돌고 짐승의 혼백은 짐승의 영혼으로 도는 것은 "콩 심은 데 콩 나고 팥 심은 데 팥 나는" 것과 같은 이치로 유유상종 끼리끼리 법칙입니다. 대기권 허공에 부유하는 다른 여타 습한 잡 기운들도 같은 종류끼리 화합하여 서로 유유상종으로 인과, 연기에 따라 이루어지는 것과 같은 이치요 섭리입니다. 화합하지 않고 지구촌에 영원히 남아 있는 것들은 돌, 모래, 자갈들뿐입니다. 이 책 마지막 장에 "과학적인 근거로 본 환생의 이치"에서 더욱 자세히 설명했습니다.

사람들은 흔히 "바람기가 들었다, 춤바람 났다, 바람쟁이다."라는 말을 합니다. 바람기를 강조해서 "바람기"라고 하고 "끼가 있다."는 말을 합니다.
바람기는 남녀 누구에게나 있습니다. 왜냐하면 모두가 대자연의 자기장으로 영향으로 항상 음양의 활성이온을 띄고 있기 때문입니다. 단지 도덕적으로 자제하고 절제하고 있을 뿐이요 이온을 활성화시키지 않는 것뿐입니다.

살아가다가 영혼에 바람(風)이 들면 그만 바람기가 생기게 됩니다. 어떠한 바람이든 바람은 항상 주변을 맴돌고 있습니다. 영혼에 바람이 들지 않도록 점심을 먹을 때 점심(點心) 즉 마음점검을 해야 합니다. 주변에 요괴, 마귀들이 설치고 있으니 정신을 차리고 살아야 합니다. 요괴에게 마음 즉 정신을 빼앗겨서는 안 됩니다. 채소 무에 바람이 들면 무속에 구멍이 생겨 무는 먹을 수 없게 되고 맛이 간 상태가 되는 것이 마치 사람의 영혼에 바람이 들고 맛이 간 사람과 같은 이치입니다. 항상 주변 음 기운은 쉽게 습한 영혼에 잠입합니다. 잠입 시에는 아무 곳에나 잠입하지 않고 유유상종으로 끼리끼리 잠입하여 끼리끼리 어울리게 됩니다.

☞ 지구촌 모든 사람들은 서로 부모, 형제, 자매들입니다. 육신 껍데기 모양은 모두 달라 경계를 두고 분별하여도 혼 기운은 경계가 없어 분별이 될 수 없기 때문입니다. 사족동물들의 영혼도 인간의 혼백일 수 있으니 사족동물들을 마구잡이 죽이고 잡아먹어서는 안 되는 이유입니다.

☞ 오랜 세월 웅덩이 바닥에 먼지나 때가 고여 떠오르는 물이 흐려지듯이 오랜 세월 잡식성으로 뇌에 때가 끼어 떠오르는 영혼이 탁해지고 흐려지는 것과 같은 이치입니다. 영혼 그릇이 더러운데 떠오르는 영혼이 깨끗할 수 없습니다.

안경이나 거울에 입김을 불면 안경이나 거울이 흐려져 보이지 않습니다. 입김은 습기입니다. 습기가 있는 땅에 곳곳에 이끼가 번식을 합니다. 이끼가 생긴 곳에는 생명력이 강한 잡풀조차도 살지 못합니다. 이끼는 습기 덩어리입니다. 욕구본능이 가득한 습기와 짐승기름기가 호르몬과 뒤섞여 온몸에 이끼가 잔뜩 끼어 있습니다.

☞ 옷이나 물건들이 굴러다니면 때가 묻고 더러워집니다. 누구든지 세속적인 삶에 당연히 때가 묻고 더러워집니다.

☞ 무엇이든지 오래되면 변질됩니다.

깨달은 자 누구인가?

　석가모니 부처님이 깨달으셔서 팔만대장경이라는 8만 권이나 되는 많은 경전을 만들 정도로 제자 마하가섭존자에게 설법하시어 책으로 가르침을 남겨놓았습니다. 그 이후 불기 2500년이 지난 지금 진정으로 부처님의 가르침을 제대로 알고 깨달음에 이른 석가 제자들이 몇이나 될까요. 깨달음이 무엇인지 이해를 돕기 위해 금강경과 반야심경의 일부를 인용해 설명하고자 합니다.

　아래 문장은 반야심경에서 가르치는 주요 핵심이 되는 것으로 금강경의 가르침과 연결됩니다.

【반야심경(般若心經)】
『색불이공(色 不異 空) 공불이색(空 不異 色) 색즉시공(色 즉 是空) 공즉시색(空 卽 是色) 역부여시(亦 不如是) 안이비설신의(眼 耳 鼻 舌 身 意) 제법공상(諸法 空相) 불생불멸(不生不滅)』

　지구촌에 존재하여 형상을 갖춘 모든 것들은 모두가 허상들이요 존재 자체가 없으며 "눈, 귀, 코, 입, 몸통, 의식" 또한 존재하는 것이 아닌 일체의 모든 형상들이 허망한 것들로 텅 빈 허공과 같아 나고 죽는 것도 없고 생기고 없어지는 것도 아무것도 없다는 뜻입니다. 우주 은하계의 무한한 시공간에서 물질과 생명들이 안개나 이슬처럼 잠깐 보이다가 없어지는 것들로 존재한다고 할 수 없는 이치입니다.

☞ 무엇인가 광속으로 여러분들의 옆을 휙 지나갔다고 한다면 무엇이 지나 갔는지 아무도 느끼지 못하고 감지할 수 없는 것과 같은 이치입니다. 사람들이 살아 있는 100년 수명이 무한한 시공간을 비유할 때 광속보다 더 빠르게 지나가 버리니 있는지 없는지 모르게 되는 이치입니다.

【금강경(金剛經)】

If someone says: The Tathagata obtained supreme enlightenment, Subhuti, there is no Dharma by means of which the Buddha did so, Subhuti, that enlightenment was by itself neither real nor unreal.

역: 만약 어떤 사람이 있어 말하기를, "여래는 큰 최상의 깨달음을 얻은 사람이다."라고 한다면 수보리야 부처가 깨달음을 얻을 어떠한 법도 없는 것이다. 깨달음이란 그 자체는 진실도 아니고 진실 아닌 것도 아니다.

The Buddha said: Just so! Subhuti, Just so! There was really no Dharma by means of which the Tathagata attained supreme enlightenment.

역: 부처가 말하기를 "바로 그러하다." 수보리야 여래가 큰 최상의 깨달음을 얻는 어떠한 법(이치나 진리)도 정말 없는 것이다.

Subhuti, what do you think? Has the Tathagata obtained supreme enlightenment? Does the Tathagata expound the Dharma?

역: 수보리야 어떻게 생각하느냐? 여래가 큰 최상의 깨달음을 얻었느냐? 여래가 그 법을 상세히 설명할 수 있겠느냐?

Subhuti replied: As I understand the meaning of the Buddha's teaching, there is no fixed Dharma called supreme enlightenment and there is also no fixed Dharma the Tathagata can expound.

역: 수보리가 대답하기를, 부처님의 가르침의 의미를 이해하는 바로는 큰 최상의 깨달음으로 부르는 정해진 법도 없으며 여래가 상세히 설명할 수 있는 그러한 정해진 법도 없습니다.

왜냐하면 여래께서 말씀하신 진리는 취할 수도 없고 말할 수도 없고 진리도 아니고 진리 아닌 것도 아니기 때문입니다.

Subhuti, what do you think? Can one who has entered the stream have this thought in his mind: I have obtained the fruit of entering the stream?

역: 수보리야 어떻게 생각하느냐? 어떤 사람이 나는 수다한과 즉 깨달음의 흐름에 들어갈 수 있다는 생각을 마음으로 한다면 그 깨달음으로 가는 열매 즉 수다한과를 얻었느냐?

Subhuti replied: No, World Honoured One, Because 'entered the stream' means actually there is no entry into either form, sound, smell, taste, touch or Dharma. Therefore he is called 'entered the stream'.

역: 수보리가 대답하기를 "아니옵니다. 세존이시여" 왜냐하면 수다한과 즉 깨닫는 길로 들었다는 의미는 실제 형상, 소리, 냄새, 맛, 느낌 혹은 법 (이치 나 진리) 어느 한 곳에도 이르는 것이 아닙니다. 그럼으로 그저 말로 수다한과 라고 부르는 것뿐입니다.

Subhuti, what do you think? Can a Anagamin have this thought in his mind: I have obtained the fruit of an Anagamin?

역: 수보리야 어떻게 생각하느냐? 어떤 사람이 마음으로 "아나함과의 경지를 얻었다."라는 생각을 가졌다면 아나함과를 얻었느냐?

Subhuti replied: No, World Honoured One, Because 'Anagamin' means "no-coming" but actually there is no such a thing as no-coming. therefore, he is called an Anagamin.

역: 수보리가 대답하기를 "그렇지 않습니다 세존이시여." 왜냐하면 아나함과 즉 "다시 오지 않는 열반의 경지"를 의미하나 실제 그러한 다시 오지 않는 것 즉 열반이라는 것은 없습니다. 그러므로 말로써 아나함과라고 할 뿐입니다.

World Honoured One, if an Arhat thinks "I have obtained the enlightenment of an Arhat", he will still grasp and hold onto the notion of an ego, a personality, a being and a life.

역: 세존이시여. 만약 아라한(깨달은 자, 부처)이 생각하기를 "나는 아라한의 큰 깨달음을 얻었다."라고 생각한다면 그는 분명히 아상, 인상, 중생상 그리고 수자상에 사로잡혀 집착할 것입니다.

Subhuti, what do you think Can an Arhat have this thought in his mind; I have obtained the enlightenment of an Arhat?

역: 수보리야 어떠하냐? 아라한이 마음속으로 "나는 아라한의 큰 깨달음을 얻었다."라는 생각을 지닐 수 있겠느냐?

Subhuti replied: No, World Honoured One. Why? Because there is no Dharma which is called Arhatship.

역: 수보리가 대답하기를 "아니옵니다. 세존이시여" 왜냐하면 아라한도라고 부르는 법이 없기 때문입니다.

세존이시여. 만약 아라한이 "내가 아라한 도를 얻었노라." 한다면 이는 아상, 인상, 중생상, 수자상에 집착하는 것입니다.

Subhuti, this is why all Bodhisattvas and Mahasattvas should thus develop a pure and clean mind which should not abide in form, sound, smell, taste, touch and dharma. They should develop a mind which does not abide in anything.

역: 수보리야, 모든 보살과 보살마하살이 이처럼 순수하고 깨끗한 마음을 개발하고 色, 聲, 香, 味, 觸, 法인 모양, 소리, 냄새, 맛, 느낌 그리고 법에 머물러서는 안 되며 어떠한 것에도 마음을 두어서는 안 된다.

Furthermore, Subhuti, a Bodhisattva's mind should not abide anywhere when giving alms; that is to say, he should give without a mind abiding in form, or he should give without a mind abiding in sound, smell, taste, touch or things. Thus a Bodhisattva should give alms without a mind abiding in false notions of form.

역: 더구나 수보리야 보살의 마음은 보시를 할 때 어떠한 곳에도 머물지 않아야 한다. 즉 色, 聲, 香, 味, 觸, 法인 모양, 소리, 냄새, 맛, 느낌 혹은 법에 분별하는 일이 없이 나누고 베풀어야 한다. 그럼으로 보살은 나누고 베풀 때 일체의 그릇된 형상들에 머물음이 없이 베풀어야 하는 것이다.

☞ 금강경의 부처님 가르침대로 사람들은 모두가 형상인 상에 머물러 살아가고 있습니다. 기부를 할 때도 상을 두고 자랑하듯이 기부를 합니다.

다음과 같은 예로 수보리가 부처에게 대답한다.

세존이시여, 만약 신자가 생각하기를 "내가 천국을 얻었노라. 나는 천국을 갈 것이다 혹은 하나님이 나를 돌봐 주실 것이다, 나는 깨달았다." 한다면 이는 곳 아상, 인상, 중생상에 집착하는 것이옵니다.

어떤 사람이 나는 오래 살아야 하는데 하는 생각을 가진다면 이는 수자상에 집착하는 것이옵니다.

어떤 사람이 "이런 것이 깨달음(enlightenment, awakening, attainment of perception, impersonal 등등)이다, 기쁨(Joy)이다, 깨닫기 위해 명상은 이렇게 해야 한다. 나는 깨달음을 찾는다." 등을 이야기한다면 그는 色, 聲, 香, 味, 觸, 法 즉 각종 상에 머물러 집착하는 것이옵니다.

세존이시여 만약 어떤 사람이 생각하기를 나는 "하나님에 불충해서, 연등을 달지 않아서, 십일조를 내지 않아서, 빌지 않아서 불행해지는 것은 아닌지 혹은 사업이 안 되는 것은 아닌지 혹은 입시에 불합격되는 것은 아닌지" 등등의 생각에 머무른다고 하면 이는 곳 그릇된 상에 집착하는 것이옵니다.

☞ 사람들이 무명하니 혼미하고 약한 마음으로 각종 그릇된 생각(false notion), 불안(distracting), 초조(irritating), 환상(delusion) 착각(illusion, confusion)으로 각종 상에 집착하여 걱정하는 것입니다.

Subhuti, what do you think? Does the Tathagata expound the Dharma?
역: 수보리야 어떠하냐? 여래가 깨달음의 이치를 설명할 수 있겠느냐?

Subhuti said: World Honoured One, the Tathagata does not expound anything.

역: 수보리가 말하기를 "세존이시여 여래는 어떠한 것도 설명하지 못합니다."

수보리야 내가 깨달았다 하면 깨달은 것이 있느냐?

세존이시여 깨달음이란 말이 있을 뿐이지 깨달음이란 없습니다.

부처님이 말씀하시길 "그렇다. 내가 깨달았다 하면 그것도 상에 집착하는 것이다." 누가 깨달음의 이치를 감히 말로 설명할 수 있겠습니까.

☞ 예수님을 믿어 "천국에 간다, 천국이 가까웠다." 하는 것도 모두 상에 집착하는 것입니다.

그러한 천국이 어디에 있는지, 얼마나 가까이 왔다는 것인지, 하나님이 보인다든지, 등 일체 모두가 허망된 생각으로 지어낸 허상일 뿐입니다. 자손 대대로 육식과 살생의 업을 거듭하고 이생에 살아가면서도 중생의 생명을 죽여 끊임없이 그 살을 맛으로, 양식으로 취하고 있는 오염된 영혼들이 허구하고 허망된 상에 집착하며 살아가는 것일 뿐입니다. 복잡한 심성이 그 원인이 된 것입니다.

"응 당(應 當) 이처럼 일체의 상에 집착함이 없이 반야의 높은 지혜를 얻어 6바라밀[4]을 행해야 하느니라. (반야심경과 금강경의 가르침)."

결국 반야심경의 가르침을 요지하고 그다음 스스로 6바라밀(婆羅密)의

---

4)   6바라밀 - 보시바라밀, 지계바라밀, 인욕바라밀, 정진바라밀, 선정바라밀, 지혜바라밀
       바라밀이란 뜻은 피안의 세계 즉 속세 인간세계인 색계가 아닌 무색계 천국으로 갈
       수 있는 길입니다.

수행이 뒤따라야 부처님의 가르침을 제대로 알고 따르게 되는 것입니다. 이 또한 예수의 가르침을 바로 이해하고 타고난 천성을 바탕으로 마음으로 우러나오는 선을 끊임없이 행해야만 예수의 제자가 되는 것과 같은 것입니다.

석가부처님은 6바라밀 중에 처음이자 으뜸이 "보시바라밀" 그다음이 "지계바라밀" 그리고 "인욕바라밀, 선정바라밀 정진바라밀" 마지막으로 "지혜바라밀"의 증득을 가르치고 있습니다. 불경에 "빈자의 한등"[5]이라는 것도 보시바라밀의 한 구절입니다. 타고난 천성으로, 무위자연으로, 저절로 우러나는 마음으로 남을 사랑하고, 베풀고, 나누고, 살생에 얽힌 육식을 하지 않음으로써 생명의 고귀함을 깨닫고 모든 생명을 사랑하는 사랑심을 키우고, 고요한 선정에 들어 마음의 평화를 유지하며, 이를 끊임없이 정진하여 마지막으로 큰 반야의 경지 즉 큰 지혜를 증득하는 이 심행들이 "내가 깨달았다(Awakening, Supreme Enlightenment)" 하는 의미로 이것은 말로 표현할 수 없는 형이상학적인 것입니다. 해탈의 경지 "깨달았다."는 깨달은 바 없고 존재하지도 않으며 그렇게 생각하는 것조차 상에 집착하게 되는 것입니다.

☞ 도둑이 잘못을 깨닫고 도둑질을 그만두다, 비행학생이 잘못을 깨닫고 착한 학생이 된다는 등 일반적으로 우리가 말하는 깨달음(Awareness, Self-realization, aware wrong doing)이란 말은 있습니다.

---

5) "빈자의 한등"이란 가난하게 살면서도 타고난 천심으로 항상 다른 사람을 걱정하고 보살피려 하고 비록 가난하지만 한 푼이라도 형편에 따라 어려운 자를 돕는 것을 말합니다. 절에 자기나 가족이 잘되도록 빌기 위해 한등을 켜라는 말이 아닙니다.

사찰에서 스님들이 식사, 빨래, 농사일 등 모든 것들을 공양주 보살에게 맡기고 신도들이 가져다주는 보시 돈으로 무위도식 생활한다거나 한자 공부, 불경 공부를 조금 하여 알고 나서 깨달았다는 착각에 빠질지도 모릅니다. 교회나 성당 등에서 신도들의 헌금으로 부를 축적하거나 화려하고 웅장하게 건물을 지어 외형 껍데기와 허례허식인 형식에 치중하는 오늘날 "종교의 본질은 퇴색되고 세속으로 흘러버린 현상"으로 상에 집착하여 생긴 부산물들입니다. 돈을 우상숭배 한 예입니다.

지구상 인간을 포함한 모든 생명들은 대자연의 지배를 받는 미물들입니다. 어떤 사람이 있어 "나는 깨달았다, 천국 극락에 갈 것이다." 한다면 "나는 성령을 갖추어 천사가 되었다, 나는 대자연의 지배를 더 이상 받지 않으며 내 영혼은 대자연의 정기와 합일이 되고 정의신의 진정한 자식이 되었다, 나는 7욕[6] 7정이 사라졌고 7대고[7]가 나에게는 해당되는 않는다. 나는 색(色) 수(受) 상(想) 행(行) 식(識)의 오음(五陰)의 작용[8]이 일어나지 않는다."는 뜻과 같은 것으로 말로 표현할 수 없는 것입니다. 성령을 얻어 천사나 신이 되어야 천국에 가서 살 수 있을 것입니다. 천국에는 7욕7정, 6고라는 것은 없습니다. 성경에 "천국은 먹고 즐기는 곳이 아니다."라고 했습니다.

당장 눈앞의 이익과 욕심에 눈이 어두운 사람들, 맛에 빠져 육 고기나 생선 기타 맛을 알고 마구잡이 즐기는 사람들, 7욕7정을 피할 수 없는 본능에 빠져 살아가며 잡식성 동물들처럼 반야수의 복잡한 심성을 지닌 오

---

6)   7욕은 물욕, 금전욕, 식욕, 성욕, 소유욕, 명예욕, 장수욕.

7)   7대고란 병고, 경제고, 중생고, 노동고, 날씨고, 구득불고 그리고 의식고.

8)   오음에 대해서는 『살생 육식을 삼가야』라는 책에서 상세히 설명했습니다.

늘날 거의 모든 사람들에게 가야 할 곳이 어디인지『살생 육식을 삼가야』
에서 설명하고, 운명과 숙명으로 결과가 어떻게 되는지『육식 살생의 세
계 대가는 무엇인가』에서 설명하였습니다.

금강경 부처님의 말씀을 계속합니다.

Subhuti, can you think of and measure all the extent of space in the South, West
and North.
역: 수보리야 너는 남쪽, 서쪽, 그리고 동쪽의 허공의 크기를 모두 측량
하고 그것을 할 수 있다고 생각하느냐?

Subuti replied: I cannot, World Honoured One,
역: 수보리가 대답하기를 "세존이시여 할 수 없습니다."

Subhuti, if there were as many rivers like the Ganges as there are grains of sand
in the rivers, would the total of grains of sand in all this rivers be very great?
Subhuti replied: "Very great, World Honoured One!" These rivers would be
innumerable; how much more so would be their sand grains.
역: 수보리야 만약 갠지스강과 같은 많은 강들이 있고 그 강들의 모래알
만큼 모래알들이 있다고 한다면 그 전체 모래알들의 수자가 어마어마하
지 않느냐?

수보리야, 황하에 있는 모래 수처럼 그렇게 많은 모래를 헤아릴 수 있느
냐? 그 황하의 모래가 얼마나 많겠느냐?
수보리가 아뢰길 "아주 많사옵니다."

Subhuti, when a Bodhisattva practises charity without a mind abiding in forms, his merit is equally inconceivable and immeasurable. Subhuti, a Bodhisattva's mind should thus abide as taught.

역: 수보리야 보살이 어떠한 형상에 구애됨이 없이 자비를 행하면 그의 공덕은 그와 동등하게 상상할 수 없고 측량할 수 없게 되느니라. 수보리야 보살의 마음은 내가 가르친 것처럼 머물러야 하느니라.

Why? Because they will have wiped out false notions of an ego, a personality, a being and a life, of Dharma and Not-Dharma.

역: 왜냐하면 나라는 자아, 상대방이란 모양, 세상의 모든 중생들이라는 생각, 오래 살겠다는 생각과 깨닫는 이치라는 생각과 깨닫는 법이 없다는 생각 등의 상에 얽힌 모든 그릇된 관념들을 씻어 내어 버리는 것이다.

Why? if their minds grasp form, they will cling to the notion of an ego, a personality, a beng and a life. If their minds grasp the Dharma, they will still cling to the notion of an ego, a personality, a being and a life.

역: 왜? 만약 그들의 마음이 형상(모양 외형)에 사로잡히게 되면, 나라는 자아, 상대방이라는 관념, 나 아닌 다른 사람이라는 관념, 오래 살겠다는 생각에 집착하는 것이다. 만약 누가 깨달을 수 있다는 법을 이야기한다면 그것 또한 똑같은 그릇된 상에 집착하는 것이다.

수보리야 만약 선남자 선여인이 있어 저 황하의 모래 수처럼 헤아릴 수 없는 마음을 가지고 널리 보시했다면 그 얼마나 복이 많겠느냐?

수보리가 아뢰길, "매우 복덕이 많사옵니다. 세존이시여"

Subhuti, If a Bodhisattva practices charity with a mind abiding in things, he is like a man entering the darkness where he cannot see anything: but if a Bodhisattva practices charity with a mind not abiding in things (or dharma), he is like a man with open eyes, who can see everything in the sunshine.

역: 수보리야, 만약 어떤 보살이 그러한 허상을 마음에 두고 자비를 행한다면 그는 어떠한 것도 볼 수 없는 어두움에 들어가는 것과 같은 것이다. 그러나 어떠한 보살이 모든 허상에 머물지 않고 자비를 베푼다고 하면 그는 밝은 빛 속에서 모든 것을 볼 수 있는 눈을 크게 뜬 사람과 같은 것이다.

이 세상 모든 사람들이 행하는 선은 일시적이고, 의도적이며, 위선적이며 다른 사람에게 보이려고 하고, 혹은 무엇인가 마음에 허상을 두고 하는 것입니다. 부처나 예수처럼 상에 마음을 두지 않는 타고난 아가페적인 무한 사랑, 무한 자비를 즉 선을 끊임없이 마음으로 몸으로 일체가 되어 행하는 사람은 이 세상에 몇 사람이나 될까요?

물질문명 황금만능에 살아가는 이 세상 모든 사람들은 얻으려고 하고, 빼앗으려고 하고, 차지하려고 하는 오직 나를 위한 덧셈 셈법에만 몰두하고 일생을 살아갑니다. 이것은 육식 생활 문화에 살아가는 인류의 타고난 잡식성 본능에서 비롯됩니다. 갓 태어나 얼마 되지 않는 애기들이 자기 것을 다른 아이에게 빼앗기지 않으려고 하고, 차지하려고 하고, 가지려고 애를 쓰는 것이 그러한 것들입니다. 때에 따라서는 서로 다투기도 합니다. 성인이 되어서도 그 본능은 사라지지 않으며 위선만 추가될 뿐 영원히 그대로 유지됩니다.

【성경 골로새서 3장 5절, 6절】

『태어나면서 이 땅에 가져온 무엇이든 죽여라. 곧 음란과 부정과 사리사욕과 악한 정욕과 탐심이니』

무구한 세월에 걸쳐 조상부모로부터 육식 생활로 잡식화된 유전인자를 모두 받아 태어나 살아가면서도 육식 생활을 하는 잡식성 동물들의 본능은 이미 성경의 가르침을 따를 수 없는 상태입니다. 결코 본능은 버릴 수 없는 것입니다.

☞ 순수한 초식성의 단순한 성품은 서로 빼앗으려고 하지 않고 다툼 없이 탐욕 없이 조용하고 평화롭습니다.

Subhuti, Bodhisattvas should foresake all conceptions of form and resolve to develop the supreme enlightenment mind. Their minds should not abide in form, sound, smell, taste, touch and dharma. Their minds should abide nowhere.

역: 보살은 형상(모양 외형)에 얽힌 모든 관념들을 버려야 하고 밝은 큰 최상의 깨달음으로 마음을 발전시키려고 해야 하느니라. 보살의 마음은 결단코 나라는 아상을 포함하여 여러 가지 허상에 머물러서는 안 되느니라. 보살의 마음은 어떠한 곳에도 머물지 않아야 되느니라.

☞ 세상 모든 사람들은 외형 즉 껍데기를 보고 분별하고 차별하고 판단합니다. 그래서 일반 사람들은 모양을 내기 위해 사치에 치중하고, 치장하며, 꾸미고, 값비싼 장식물들로 다른 사람들에게 부를 자랑하려고 하며, 나는 다른 사람들과 다르다는 표시로 남다른 모양을 하려고 마음을 그곳에 둡니다.

교회 목사들은 예배 시 화려하고 멋진 십자가 치장을 한 가운을 입고, 가톨릭 신부나 수녀들은 나는 가톨릭 신자라고 하는 신부복, 수녀복을 평시에 입고, 신부는 미사 시에 거창하고 화려한 치장을 하고, 신도들은 흰 천을 머리에 덮어쓰고, 이슬람 신도들은 히잡이라는 천을 덮어쓰고 일상 생활을 해야 하며, 스님들은 스님 법복을 입고 다니는 모두가 형형색색의 외형으로 분별되게 표시하고 있습니다.

서로 다른 옷 자체가 문제될 것은 하나도 없습니다. 단순히 거울을 쳐다보고 비치는 모습을 보는 것이 아니라 오염된 영혼들이 그러한 것들을 눈으로 보고 분별하고 차별하며 "나는 검다, 너는 희다, 너는 동양인이다, 나는 흰둥이 서양인이다, 나는 한국 사람 너는 중국 사람, 일본 사람, 인도 사람 아프리카 사람 등등, 내가 믿는 신이 진짜다 네 신은 가짜다, 유일신은 누구다, 나는 기독교다 너는 가톨릭교 불교 이슬람교다." 등등 분별하여 서로 편 가르고 갈라지고 화합하지 못하는 복잡한 심성을 가진 오염된 영혼의 소유자 인간에게 문제가 있는 것입니다.

☞ 잡식성 동물 중에 새들을 관찰해 보세요. 서로 자기 영역이 아니라고 공격하고 쫓아내는 모습이 껍데기를 보고 분별하고 판단하여 공격합니다. 잡식성 동물의 복잡한 속성을 인간들이 그대로 나타내 보입니다.

외형 껍데기를 한두 번 보고 그 사람은 어떤 사람이다 하고 모든 사람들이 그렇게 쉽게 판단합니다. 그 누구든 오랜 세월 함께 같이 살아 보지 않고서는 어떤 사람의 속마음을 쉽게 판단하고 말해서는 안 됩니다.

옛 속담에 "천길 물속은 알아도 한 길 사람 속은 알지 못한다."는 말이 있습니다. 누구나 육식과 살생으로 조상 대대로 유전된 DNA를 조상부모로부터 유전 받아 태어나, 살아가면서 육식을 생활화한 잡식성 동물로 복잡한 성품을 지니고 있기 때문입니다. 모든 사람들이 오직 자신을 이익을 위해 더하기에 몰두하고 외형 형상을 보고 분별하여 평소에 위선으로 치장하며 살아갑니다. 성경에 "잔 속은 검고 잔 밖은 희다."라는 말이 있습니다.

If a Bodhisattva's mind dies not abide in forms when practising charity, his merit will be inconceivable and immeasurable.

역: 수보리야, 만약 보살이 외형 형상에 치중하지 않고 선을 행한다면 그의 공덕은 헤아릴 수 없고 잴 수가 없느니라.

Subhuti, all Bodhisattvas should thus make offerings for the welfare of all living beings. The Tathagata speaks of forms which are not forms and of living beings who are not living beings.

역: 수보리야 모든 보살들은 모든 사람들의 안녕과 복지를 위해 상에 머물지 않고 헌신해야 하느니라. 여래가 말하는 형상은 형상이 아니고 존재하는 모든 중생들은 중생들이 아니니라.

모두가 순간 존재하다가 일순간 사라지는 허상들입니다. 아침이슬과 같고 안개와 같고 연기와 같이 사라지는 존재들이니 있다고 하는 것은 곧 없다고 하는 것과 같습니다(색즉시공, 공즉시색, 색불이공 공불이색). 그러하니 상이란 존재하지 않으니 상에 머물 이유가 없는 것입니다. 모두가 허상이요 가짜입니다.

수보리야 보살은 일체중생들을 이롭게 하기 위해 응당 이와 같이 보시 해야 하나니 여래가 말한 나, 너라는 그리고 보시한다는 일체의 관념도 곧 관념이 아니며 일체중생이라 한 것도 곧 중생이 아니니라.

☞ 예수님이 말씀하신 "원수를 사랑하라, 내 이웃을 내 몸과 같이 사랑 하라. 한쪽 뺨을 때리거든 다른 쪽 뺨도 내주라."라고 하는 무한 사랑의 실 천이 부처님의 반야심경 "공사상"과 금강경에서 "공사상에 기반을 둔 무 한 보시 자비 베풂"과 같은 뜻입니다.

상을 버린 색즉시공 공즉시색의 이치를 깨달아 무한 사랑과 자비를 베 푸는 6바라밀 중에 처음인 보시바라밀, 다음은 계율을 철저히 지키는 지 계바라밀, 항상 수행 정진하는 선정, 정진바라밀이 있어야 마지막으로 『마하반야의 큰 지혜』를 얻을 수 있습니다. 예수님은 성경에 한마디로 "대 사랑의 실천은 내 율법의 완성이다."라고 하시고 부처님은 "대자비 6바라 밀의 실천은 내 경전의 완성이다." 했습니다. 마하반야의 지혜를 증득했다 는 것은 크게 깨달았다는 뜻이요 영혼이 거룩하다 성스럽다 신비스럽다 는 정의신 우주정기 에너지에 가까운 것으로 말로 표현할 수 없으며 어떠 한 것으로도 가늠할 수 없는 형이상학적인 것입니다.

무아상(An ego): 나 자신이란 상이 없다. 나라는 존재는 대자연의 이치 와 섭리에 따라 자연히 생겨나 짧은 세월 대자연의 혜택을 받고 덧없이 사라지는 아침이슬과 같은 존재임을 깨달아 나라는 자아가 완전히 없어 진 경지.

무인상(A Personality): 상대방이라는 상이 없다. 상대방 즉 다른 사람들도 일시적으로 존재하지만 짧은 세월 안개처럼 사라지는 모두가 나와 같은 허망한 존재임을 깨달은 경지.

무중생상(A Being): 국적, 인종, 종교, 나이, 남녀노소, 모양을 포함한 모든 사람들과 생명들에 대한 상도 없다. 형형색색의 모양과 형상을 갖추어 태어난 인류나 생명들이 모든 것들도 일순간 존재할 뿐 덧없이 사라지는 존재하지 않는 모든 것이 공함을 깨달은 경지.

무수자상(A long life): 오래 살겠다는 생각 즉 상도 없다. 일생의 100이란 세월은 우주의 영겁을 비교할 때 눈 깜짝 사이에 지나가 버리는 세월임에 10년, 20년 더 목숨을 연장하겠다는 허망된 생각을 버린 경지요 오래 장기집권을 하겠다는 생각, 오래 잘 먹고 잘살겠다는 생각도 버려야 한다는 경지.

불경의 4대 무상(無相)에서 무각상, 무허상은 금강경을 바탕으로【저자의 경】으로 추가되는 것입니다.

무각상(No false notion): 나는 깨달았다, 나는 천국, 극락 간다, 나는 종교를 믿는다, 나는 독실한 신자다, 나는 하나님의 축복을 받을 것이다, 신이 나를 보호하신다, 신이 나를 택하셨다, 나는 하나님의 전도사다 등의 모든 환상, 착각, 그릇된 사상과 생각 등을 버린 경지.

무허상(No false Image): 가짜 인간이 가짜 종교를 내세워 가짜 신을 신봉하는 허상들, 사람들이 만드는 일체 허상들이 존재한다고 믿고 상상에 그리는 상, 귀신을 포함해서 정의 에너지가 없는 신들은 이름만 있을 뿐 모두가 허상이라는 경지.

부처님의 수제자 마하가섭존자가 인상(人相)에 빠진 이야기입니다.

마하가섭존자가 마딩가라는 여자의 아름다운 딸을 보고 반해 그만 마딩가의 유혹에 빠져 버렸습니다. 마딩가는 마하가섭존자의 잘나고 남성다운 모습에 사위를 삼고 싶었든지 그를 유혹하여 자신의 딸과 결혼시키려 시도했던 것입니다.

부처는 이를 알아차리고 마하가섭존자를 붙잡아 제자인 마하가섭존자에게 묻습니다.

"너는 어찌하여 '마딩가'라는 여자의 딸에게 빠졌느냐?"
"예. 그녀의 외모에 그만 마음이 홀렸습니다."
"그러면 마음이 어디 있는지 한번 손가락으로 가리켜 보아라."

하자 마하가섭존자가 가르치지 못합니다. 왜냐하면 마음이라는 것은 존재하지 않기 때문입니다. 마하가섭존자는 그 말을 듣는 순간 깨달아 자신의 영혼이 아직도 상에 집착하고 해탈의 깨달음을 얻지 못했음을 알아차렸던 것입니다.

마음이란 없습니다. 사람의 감성 작용으로 영혼에서 파생된 용어로 마음이란 말이 있어 사용되고 있을 뿐입니다. 대자연의 상대성이치 즉 양면성이치에 따라 육신이 있으면 영혼이 있습니다. 양면성 이외의 모든 것들은 파생되어 만들어진 것들입니다. 이미『살생 육식을 삼가야』와『육식 살생의 세계 대가는 무엇인가』에서 설명하였습니다. 오늘날 똑같이 당신이 믿는 신이 어디 있는지 손가락으로 가리켜 보세요.

성스러운 자 누구인가?

교회에 가면 일반 신도들을 성도(聖徒)라고 부르고 가톨릭교에서는 성자(聖者)라는 말을 많이 사용합니다. 불가에서 크게 깨달은 보살과 같은 뜻입니다. 성스럽다고 하는 말은 불가에서 크게 깨달아(大覺) 부처라는 뜻입니다. 절에 가면 신도들에게 보살님하고 터무니없는 명칭을 사용하는 것과 같습니다. 어디에 가나 중생들에게 듣기 좋은 소리를 해야 하나봅니다. 이것은 "안, 이, 비, 설, 신, 의" 6진인 耳(귀)를 즐겁게 하는 아첨된 표현들입니다. 대중들은 스님, 목사님, 신부님하고 존칭을 사용하여 부릅니다.

무엇이 성자이고 성스러운 것인지를 대충이라도 독자 여러분께 전달할 수 있는 책『천국의 열쇠』를 소개하고자 합니다. 이 책은 1880년~1900년 초반 중국 벽지에서 일어난 일을 배경으로 쓰인 것입니다. 저자 A. J. 크로닌(의사이며 문학가)은 책 속의 주인공인 신부를 통해 성스러운 사람을 잘 묘사하였습니다. 그리고 그의 부모님 또한 주인공을 낳게 한 인품의 소유자들입니다.

부처님 예수님 가르침을 간접적으로 잘 설명하고 있습니다. 비록 가톨릭 신부를 주인공으로 했지만 종교적인 색채는 볼 수 없고 휴머니즘 인간애 그 자체입니다. 이 주인공을 통해 마음으로부터 우러나는 희생, 봉사,

헌신, 무소유, 무한 사랑, 무한 자비, 무한 인내, 성실, 겸손, 인종과 종파를 떠난 관용과 화합, 평화, 그리고 올바른 종교와 믿음에 대한 관점을 잘 설명해 주고 있습니다. 예수님이 가르치신 무한한 "온유, 인내, 성실, 겸손, 평화, 관용, 사랑과 자비" 그대로입니다.

이 책은 또한 내전에서 보이는 잡식성 반야수인 인간의 폭력적이고 잔인한 인간성을 잘 묘사하고 있습니다. 흑사병이 횡횡하는 곳에서도 주인 공은 조금도 두려움 없는 용기. 먹는 것은 삶은 감자, 마른 빵 등이고 음식에 대한 맛을 느끼지 못하는 즉 6진이 소멸된 깨끗한 영혼의 소유자입니다.

함께 일하던 수녀가 이렇게 말했습니다. "신부님은 타고날 때부터 음식의 맛 같은 걸 느끼지 못하는 분입니다. 맛이 있거나 없거나 별로 염두에 두지 않는 것 같습니다."

【갈라디아서 5장 22절】
『오직 성령의 열매는 사랑과, 기쁨과 평화와 인내와, 친절과, 관대함과, 성실함과, 온유와 절제니 이 같은 것을 금지할 법이 없느니라』
【마태복음 7장 14절】
『생명으로 인도하는 문은 좁고 길이 협착하여 찾는 이가 적으니라』

값싸고 껍데기가 번드레한 물건들은 도처에 쉽게 볼 수 있고 늘려 있지만 값비싼 진짜 보석은 당장 눈에 띄지 않고 쉽게 보이지 않는 법입니다. 흙에 묻힌 보석은 그 아름답고 반짝이는 모습을 당장 볼 수 없습니다. 나중에 흙을 벗어야 그 아름답고 반짝이는 모습을 볼 수 있습니다. 싸구려 모조품 유사품들은 도처에 널려 있지만 진품 명품은 쉽게 구할 수 없습니다.

『천국의 열쇠』 책에서 중국 벽지에서 죽음의 공포를 넘어서 주인공 신부와 함께 일했던 수녀가 평소에는 자기 테두리에만 갇혀 오만하고 편향된 마음으로 주인공 신부를 경멸하였다가 오랜 세월 함께 일하면서 후일 그의 높고 진실 된 사랑, 평화, 희생정신, 용기, 관용, 절제, 검소, 인욕 등 모든 것을 바로 알고 깨닫고 감동하여 눈물을 흘리며 무릎을 꿇고 스스로의 자신의 잘못을 늦게야 용서 빌었던 이야기를 한 구절 인용합니다.

"제가 신부님께 대해서 너무 나빴어요. 처음 뵈었을 때부터 빗나가 버렸기 때문에~ 신부님의 구두끈도 풀 자격이 없는 천하고 속된 인간이 신부님을 경멸하고 굴욕감을 준 제 자신이 참기 어렵고 미워질 뿐입니다. 저를 용서하세요. 전 지금까지 누구를 존경해 본 일이 없습니다. 그러나 당신은 너무나 아름다운 영혼을 가지신 분입니다."

주인공 신부가 말했다. "수녀님, 지나친 말씀입니다. 가난하기 짝이 없는 영혼입니다. 당신이 말씀하신 것처럼 너무나 평범하고 무기력할 뿐입니다."

어느샌가 신부의 뺨으로도 뜨거운 눈물이 흘러내리고 있었다.

"그럼 이제 이곳(중국)을 떠나지 않으시겠군요. 함께하겠어요, 서로 도와가며, 힘껏 도와 드리겠어요."

"모두가 하나님 앞에서 인간들은 한갓 어린아이일 뿐입니다."

그 이후 수녀는 신부 곁을 떠나지 않고 모든 고난을 주인공과 함께했다.

사람은 오래 함께 살아 봐야 그 사람의 참 보습을 볼 수 있고 판단할 수 있습니다. 오늘날 모든 사람들은 예외 없이 인기에 집중하고 위선이란 가면에 가려진 겉모습 껍데기의 가식과 치장에 도취되어 한두 번 만나 금세 평가해 버립니다. 자기에게 덕이 되고 친하면 좋은 사람이요 조금이라도 이윤 배반적(利潤 背反的)이거나 마이너스가 되면 나쁜 사람으로 생각해 버립니다. 자신의 테두리에만 갇혀 어두운 영혼으로 분별하고 판단합니다.

인간들은 부족마다, 국가마다 형형색색의 종교를 만들어 믿고 있고 인간의 약한 마음을 보이지 않는 절대자이신 신에게 의지하려고 하는 것은 자연의 이치요 섭리입니다. 하나님이라고 하는 것은 바로 대자연 하나님입니다. 이미 『살생 육식을 삼가야, 육식 살생의 세계 대가는 무엇인가』에서 자세히 설명하였습니다.

천진난만하게 노는 어린아이에게도 하나님을 볼 수 있고,
여름에 내리는 비속에서도 하나님을 볼 수 있고,
봄에 피는 꽃 나뭇가지에도 하나님이 곁에 계시며,
흘러내리는 강에도, 땅에도, 허공에도, 들에도, 산에도,
열심히 땀 흘려 살아가는 모든 중생들에게서도 하나님을 볼 수 있습니다.
이 지구 어디에서나 정의신 하나님은 우리 가까이 계십니다.

☞ 대자연 신의 정기, 신비스러운 에너지, 신의 손은 우주은하계 구석구석 미치지 않는 곳이 없습니다.

정신의 손이 곧 정(精)의 에너지로 무한하게 고요히 은밀히 만 생명을 구제하고 우주 은하계를 움직이는 신비스럽고 거룩한 신으로 지구가 돌아도 아무도 알지 못하고 느끼지 못하는 것과 같고, 무한한 공기 속에서 숨을 쉬며 살고 있어도 정신의 손을 알지 못하고 느끼지 못하고 깨닫지 못하며 살아가는 것과 같습니다. 인간들은 엉뚱하게도 씨앗 하나 만들지

못하고 흔한 꽃나무 하나조차 피우지 못하는 에너지 없는 가짜 신들을 만들어 믿는다고 난리입니다.

　대자연 하나님은 온 누리에 비를 내려 지구상의 모든 생명들이 살 수 있도록 해 줍니다. 여기에는 차별이나 구별이나 편애가 없습니다. 대자연 하나님은 햇빛을 인간에게만 비춰 주는 것이 아니라 온 생명들에게 빛을 내려 줍니다. 여기에는 어떠한 대가도 없습니다. 봄, 여름, 가을, 겨울 사시사철 대자연 하나님은 자식들의 안전을 위해서 봄에는 서서히 온도를 조금씩 올려 곧 더위가 다가오는 것을 자식들에게 알려 주고 여름이 되면 서서히 온도를 낮추어 가을이 옴을 미리 알려 주고 가을이 되면 서서히 온도를 더 낮추어 추위가 닥침을 미리 알려 줍니다.

　모든 대자연의 하나님의 자식들은 하나님의 이러한 배려로 더울 때는 더위에 준비하고 추워지면 추위에 대비하며 살아갑니다. 절대 갑자기 순간적으로 기후를 바꾸어 버리지 않습니다. 순식간에 더워지게 하거나 추워지게 하는 일은 결코 없어 모든 자식들은 이를 알아차리고 미리 대비하도록 예고를 주십니다.
　여름에는 제비가 새끼들을 데리고 남쪽나라 따뜻한 곳으로 도피할 기회를 주고, 가을에는 나무들이 제철에 맞는 옷을 갈아입고 추위에 말라버린 나뭇잎들을 조금씩 털어 버리고 스스로 월동준비를 하게하며, 뱀이나 메뚜기, 모기, 파리, 벌, 나비, 잠자리, 개미, 매미, 꽃나무 등 여름 중생들은 추위가 오는 것을 알아차리고 미리 월동준비에 나서게 됩니다.

　☞ 대자연의 섭리에 급변(急變)이라는 것은 없습니다. 모든 것이 인과로 서서히 나타나는 것입니다. 급변은 중생들에게 해당되는 단어입니다.

☞ 세상의 이치는 단계(step by step)입니다. 단계를 뛰어넘어 이루어질 수 있는 것은 없습니다. 무엇이든 세월이 흘러 서서히 무위자연으로 이루어집니다.

물을 끓일 때 장작불을 사용하던 가스 불을 사용하던 물은 서서히 끓습니다. 끓이는 물의 양에 따라 걸리는 시간과 세월이 다릅니다. 끓일 때도 물그릇의 크기와 불의 강도나 외부 온도의 영향을 받아 끓는 속도가 모두 다릅니다. 끓이는 불은 양(+)이 되고 물과 그릇이 하나가 되어 음(-)이 되며 물그릇의 크기와 불을 피우는 사람과 외부 온도는 외적 작용(외적 요소)이 됩니다. 【양, 음, 외적 작용】이 3대 여래장 즉 진리라고 했습니다.

대자연 하나님은 만 생명에게 무한 사랑과 자비를 베풀고 살리고 있습니다. 여기에는 사람처럼 나라는 상(我相), 너라는 상(人相), 중생들이란 상(衆生相)이 없습니다. 모든 생명들이 살아갈 수 있게 각종 씨앗과 필수품들을 이 땅에 내려놓았습니다.

성자(聖子)란 대자연 정의신 정신으로 상을 떠나 만 생명을 자식처럼 돌보며 덕을 베풀어 온 누리를 평화롭고 화합되게 하는 이러한 인자(仁者) 즉 선인(善人)이 있다면 거룩하다 성스럽다 신비하다 하겠습니다. 성자의 영혼은 우주의 고요한 정기에 가깝습니다. 그 에너지는 "무한하며 거룩하고 고요한 신비스러운 양정(陽精)의 에너지"입니다. 인간들이 살아가는 지구촌 습한 대기의 기가 아닙니다. 오늘날에나 앞으로도 형형색색의 사람들이 살생당한 짐승의 살을 양식으로 취하면서 종교를 믿고 "거룩하다 성스럽다."라고 착각하고 위선에 빠져 있을지 모릅니다.

정의신 하나님은 그 누구 어떤 생명들에도 분별하거나 차별하지 않습니다. 모든 생명들의 어버이입니다. 모든 생명들은 대자연의 자식들이요 미물들입니다. 오직 인간만이 오염된 영혼으로 분별하고 차별합니다.

성자란 응당 이렇게 상을 분별하거나 집착함이 없이 모든 생명을 사랑하고 자비를 베푸는 심성을 가져야 하고 우주정기의 신비스러움과 교감이 되어야 합니다. 개신교 가톨릭교에서 "성스럽다, 성자다."라는 말은 불교에서 "해탈이다, 최고의 깨달음 경지에 이르렀다."라는 뜻과 같습니다. 이것은 "영 기운이 순수하고 깨끗하여 무한한 에너지를 발산하는 우주의 고요한 정의 기와 같다."라는 뜻입니다. 그 속에는 어떤 잣대로도 가늠할 수 없는 한량없는 사랑과 자비가 내포되어 있습니다. 인간의 잣대로는 표현할 수 없는 것입니다.

【마태복음 6장 3절, 4절】
『너는 구제할 때에 오른손의 하는 것을 왼손이 모르게 하여 네 구제함이 은밀하게 하라』

상을 머물지 않는 마음으로 보시를 하라는 가르침입니다. 교회나 종교단체에서 기부를 조금 하고는 야단스럽게 광고 선전을 합니다. 방송에도 어디에서 누가 얼마를 기부했다 하고 기부할 때에도 방송에서 카메라를 비추는 모습을 보며 합니다. 모두가 위선으로 상에 표시를 두고자 하고 일시적이고 위선적이며 의도적이고 과시적인 우주정신과는 거리가 먼 습기입니다.

한평생 그 종교에 헌신했다거나 종교단체의 높은 지위 즉 추기경이나 주교, 대주교, 교황에 올랐다고 해서 성스럽다 할 수 있을까요? 자기가 믿는 종교를 위해 목숨을 바쳐 순교했다 해서 성스럽다 할 수 있을까요?

국가에서 총리 대통령이 되었다고 해서 성스럽다 할 수 없습니다. 똑같은 7욕7정에 빠져 지구 대기권 습기 속에서 대자연의 지배를 받으면서 살아가는 오염된 미물들입니다.

11조를 신도들에게 받아 노동은 하지 않고 하나님의 이름을 빌려 살아가는 것이나 사찰에서 스님들이 노동은 하지 않고 공양주 보살을 부리고 신도들의 시주 돈으로 부처님의 이름으로 살아가는 것은 결코 거룩한 일이 될 수 없고 깨달음에 이르는 일이 될 수 없습니다. 그러한 일들이 정의신 앞에 "점도 없고 흠도 하나 없는 완전무결한 성스러운, 사랑 외에는 일체의 빚도 없는" 마음의 소유자가 될 수 있을까요?

☞ 예수님 말씀처럼 "사랑 외에는 일체의 빚도 지지 말라." 했는데 모두가 빚더미 속에서 빚을 지고 살아가고 있습니다.

성경에 금전을 받으라는 가르침은 어디에도 없으며 오직 "나누어 주라, 베풀어라."라고 했습니다. 금전과 물질에 탐욕을 내지 않는 사람은 없습니다.

단순히 먹고 입을 것만 가지고 만족하며 살아가는 성직자들이 몇 명이나 될까요? 법정스님의 무소유를 행하고 사는 성직자들이 얼마나 될까요? 무소유라는 것은 일반 사람들이 전혀 갖지 말라는 것이 아닙니다. 일반 사람들은 가지되 먹고 입고 살아갈 정도만 소유하라는 뜻입니다.

【로마서 13장 8절】
『피차 서로 사랑의 빚 외에는 아무에게든지 일체 아무 빚도 지지 말라』

☞ 교회, 사찰, 성당, 기타종교단체 모두가 예외 없이 무거운 빚을 지고 갑니다. 공양주 보살에게 일을 시키는 것도 빚이 됩니다. 시주 돈, 헌금, 11조, 기부금 모두가 빚이 아닌지 깊이 생각해야 합니다.

☞ 법보다 주먹이 앞서듯이 부처, 예수의 가르침은 멀고 7욕 본능 욕구 욕정은 가깝습니다. 모두가 욕심쟁이, 욕심꾸러기요 욕 보따리를 차고 있습니다.

모두가 욕심 보따리에 얻고자 하는 것들을 가득 채워 이 세상을 떠나려고 합니다.

☞ 무엇이든 대가를 바라거나 받는 것은 이미 금전이란 상에 집착하는 것이요 아무런 베풂도 없게 되며 금강경과 성경의 가르침하고는 전혀 맞지 않습니다. 대자연 우주정신은 한량없이 베풀어도 대가를 바라지도 받지도 않습니다. 은밀하여 베푸는 표시조차도 없습니다.

부처, 예수의 가르침에 따르면 성직이 직업이나 생업의 수단이 되어서는 안 되고 대가의 수단으로 흘러서도 안 됩니다. 결코 생계의 수단을 성직에 두어서는 안 됩니다. 일반 사람들이 직업인이 되어 노동의 대가로 월급을 받는 것처럼 선지자나 성직자가 그러한 반대급부가 있어서는 안 되는 것입니다. 모두가 6진, 7욕7정이란 대자연의 올가미를 벗어나지 못하고 있는 속인들임을 명심해야 합니다.

오늘날 신학대학 가톨릭대학을 두고 종교 직업인을 양성하고 배출하고 있습니다. 그들도 먹고살기 위해 종교 건물을 세워 직업인이 됩니다. 신학대학 가톨릭대학 불교대학을 졸업했다고 해서 인간의 타고난 욕구본능 7욕7정이 없어지는 것은 결단코 아닙니다. 본능의 유혹은 절대 벗어날 수 없습니다.

☞ 종교가 타락한 물질 자본만능주의 세상에 같이 편승하여 부와 번영을 이룰 때 젊은 사람들은 누구나 성직자가 되겠다고 나설 것이고 성직자가 선망의 대상 즉 우상의 대상이 되는 것이며 종교는 더욱 타락의 길로 가는 것입니다. 종교 관련 대학들과 교회가 우후죽순 늘어날 것이고, 정욕과 욕구본능에 불타는 젊은 졸업생들은 경제활동을 하는 속계의 속물들과 전혀 다른 바 없습니다. 탐욕에 찌든 돈 가진 장로들과 야합하여 으리으리한 교회를 지어 주님 하나님 이름을 빌려 위선으로 포장하고 경제활동을 합니다. 언행은 대자연 진리를 설한 부처, 예수의 참뜻하고는 정반대입니다.

고기가 잘 팔려 돈이 되면 누구나 고기 팔아 돈을 벌겠다고 고깃집들이 우후죽순 생겨날 것이고 도살업자 불법 도축 업자들이 날로 증가할 것입니다.

돈이 되지 않으면 절대 무엇이든 차리지 않을 것이며, 하지 않을 것이며, 누구든 원하지 않을 것입니다. 중생세계의 경제논리입니다. 욕계 물질 황금만능 세상에 돈은 절대적 가치를 지닌 신과 같은 존재입니다. 아예 양심마저 버리고 돈에 혈안이 되어 설치는 사람들도 욕계에 가득합니다.

☞ 주 예수의 이름으로 육신의 일을 도모해서는 안 됩니다. "육신의 일"이란 육신의 삶과 연관된 모든 것들입니다.
☞ 행함이 없이 말만 비단같이 하는 사람을 항상 경계하고 조심해야 합니다.

【레위기 11장 45절】
『내가 거룩하니 너희도 거룩할 지어다』

【베드로후서 3장 14절】

『주 앞에서 점도 없고 흠도 없이 평화로운 마음이 되도록 하라』

【디모데전서 6장 7, 8절】

『탐심을 버려야 한다. 세상에서 먹을 것과 입을 것이 있다면 만족하여 살아야 한다』

【히브리서 13장 16절】

『오직 선을 행함과 서로 나눠 주기를 잊지 말라 이 같은 제사는 하나님이 기뻐하시니라』

【디모데전서 6장 10절】

『돈에 탐욕을 내는 자는 악의 뿌리를 찾는 것과 같아 믿음에서 떠나 많은 근심과 슬픔으로 떨어지리라』

【누가복음 12장 15절】

『저희에게 이르시되 삼가 모든 탐심을 물리치라 사람의 생명이 그 소유의 넉넉한 데 있지 아니 하니라』

【마태복음 23장 25절】

『잔과 접시의 바깥쪽은 청결하지만 그 안쪽은 탐욕으로 가득 채우고 있으니 화가 있다』

【마태복음 23장 26절】

『눈먼 바리사이야 우선 잔속을 깨끗이 하여라. 그러면 겉도 깨끗해질 것이다』

☞ 모두가 편안하게 잘 먹고 잘살겠다고 하는 본능이 마음속에 가득합니다.

【로마서 14장 21절】

『고기도 먹지 아니하고 포도주도 마시지 아니하고 너희 형제들을 다투지 않게 하는 것이 좋은 것이니라』

【로마서 13장 13절, 14절】

『육신이 갈구하는 음식으로 양식을 삼지 말라. 이는 욕구의 갈망을 충족시킴이라. 너희가 육신대로 살면 반드시 죽을 것이되 선령으로 육신의 행실을 죽이면 살 것이로다』

반야심경에 "마하 반야 바라밀다."라는 구절이 있습니다.

마하라는 뜻은 우리가 흔히 마하의 속도라고 하면 상상할 수 없는 빠른 속도를 그렇게 표현합니다. 현재로서는 그보다 더 빠르고 큰 단어는 없습니다. 즉 크기가 어마어마하고 양 또한 상상할 수 없을 만큼 많다는 표현으로 마하라고 함축해서 표현할 수 있습니다.

반야라는 뜻은 지혜입니다. 부처님이 가르치는 지혜는 단순한 지혜가 아니라 반야심경에서 가르치는[9] "색불이공(色不異空) 공불이색(空不異色) 색즉시공(色卽是空) 공즉시생(空卽是色)" 즉 공(空) 개념을 가르치고

---

9) ① 색불이공이란 뜻은 색 즉 육안으로 보이고 나타나는 모든 형상 모양을 통칭하여 색이라고 합니다.

인간이나 모든 생명들을 포함하여 사물들이 일시적으로 존재하지 영원한 것이 없습니다. 그래서 모든 것이 공한 것입니다.

②공불이색이란 모든 것이 비어 공하니 현존하는 모든 것들도 이와 같다는 뜻입니다.

③ 색즉시공, 공즉시생이란 또한 색 즉 현존하는 모든 것들이 공하다는 색불이공, 공불이색하고 같은 의미입니다.

모든 것들이 허망하니 불경에 "개시허망" 일체 모든 것들이 허망하다는 것과 같은 표현입니다.

이 공 개념은 금강경에서 가르치는 무아상(無我相), 무인상(無人相), 무중생상(無衆生相), 무수자상(無壽自相), 무각상, 무허상인 대각의 경지에 도달하여 6바라밀을 심행(深行)할 수 있는 지혜 즉『마하의 지혜』를 가르칩니다.

바라밀다는 "피안의 세계에 이르다."는 뜻으로 천국, 극락세계로의 경지에 이를 수 있다는 뜻입니다. 마하의 무한한 지혜와 상에 구별이나 집착 없이 대사랑 대자비로 한량없는 실천으로 정진하고 선정에 들어 밝은 지혜의 선지가가 되었다면 분명 바라밀다에 이르는 성령을 얻은 성자입니다.

첫 번째 바라밀인 "보시바라밀(普施)"을 심행(深行, 心行)하는 일로 일체의 상에 마음을 두지 않고 실천하는 사람이 있다면 순수한 영혼에서 나오는 것으로 신비스러운 우주정기와 같습니다.

☞ 모든 것은 자연 스스로 저절로 이루어지는 노자의 무위자연설에 따릅니다. 무위 즉 행하는 바 없이 행하는 것입니다. 일체 모든 것에 무엇을 하든 마음에 머무름 없이 선을 행하면 참나의 정기가 우주정기와 합일이 되는 것입니다.

그다음 "지계바라밀(持戒)"입니다. 부처님이 죽기 전에 슬피 울면서 묻는 마하가섭존자에게 "내가 죽으면 계율을 내 가르침으로 삼아 수행하라."라고 했습니다. 그만큼 부처님이 설하신 계율은 수행에 있어 필수요 절대입니다. 이 세상에 살아가면서 법과 풍습 그리고 도덕을 지키며 사는 것과 같습니다. 계율을 철저히 지키지 않으면서 "예수를 믿는다, 부처를 믿는다, 종교를 믿는다." 말하는 것은 모두가 3무(3無)에서 나오는 말입니다.

부처가 가르치신 계율에는 각종 경전에 설해 놓으셨지만 그중 가장 으뜸이 살생과 육식을 하지 말라는 계율입니다. 안, 이, 비, 설, 신, 의(眼 耳 鼻 舌 身 意)라는 6가지 육신의 입력장치로 색(色), 성(聲), 향(香), 미(味), 촉(觸), 법(法)[10]을 추구하고 맛을 찾고 맛에 빠져 짐승의 살코기를 갈구하고 양식으로 취하는 영혼으로는 이미 수행이나 믿음하고는 거리가 먼 상극입니다.

웅장하고 화려하게 꾸민 교회, 멋진 십자가로 수놓은 예복, 피아노 오르간오케스트라를 갖춘 멋진 성가대, 껍데기 치장들을 육안으로 보며 거룩하고 엄숙한 분위기 속에 휩쓸린 신자들은 신에 대한 외경을 느끼며 영혼이 그 속으로 빠져들게 됩니다. "우리 주 하나님 주여, 주여" 예배에 참석한 모든 사람들은 이 경건하고 엄숙한 분위기에 신의 존재를 믿고 신의 가호를 받고자 하는 열망에 모여 행사를 치르게 됩니다. 그러한 경건한 마음은 형식적 예배를 끝내고 일상으로 돌아가면 모두가 하나같이 잡식성 반야수의 속인으로 돌아가게 됩니다. 태초에 본래의 성품인 순수한 부분이 희미하게 한구석에 남아 그것으로 "찰나의 예수 찰나의 부처"가 될 뿐입니다.

어느 성자가 나의 거룩한 영혼이 있어 한량없고 거룩하고 신비스러운 우주정기 즉 정의신과 같아

---

10)   색은 외형 모습 육안으로 보이는 모든 형상 사물을 총칭하는 말
       성은 모든 아름다운 소리를 총칭하는 말
       향은 모든 향기 좋은 냄새를 총칭하는 말
       미는 맛과 관련된 모든 것을 총칭하는 말
       촉은 느낌 몸으로 감지하는 모든 것을 총칭하는 말
       법은 생각 사고 사상 철학 이치 등 영혼으로 만들어 내는 모든 것들을 총칭하는 말

나는 6바라밀은 행하였고 행하고 있다고

나는 8정도를 행하였고 행하고 있다고

나는 7욕7정을 없이했고 나타나지 않는다고

나는 5음의 작용이 눈을 뜨나 감으나 일어나지 않았고 또 않는다고

나는 7가지 고에 조금도 영향을 받지 않았고 받고 있지 않는다고

나는 6진(6근)이 일평생 작용하지 않았고 작동하지 않는다고

나는 내 이웃을 내 몸과 같이 사랑했고 사랑하고 있다고

나는 만인을 사랑했고 사랑하고 있다고 그리고

나는 원수도 사랑했고 사랑하고 있다고

나는 사랑 이외에는 어떠한 빚도 지지 않았고 지고 있지 않다고

나는 내 육신은 아침이슬과 같다, 안개와 같다 하고 죽음을 두려워하지 않는 용기를 가졌고 가지고 있다고

나는 내 육신의 생각은 조금도 해 본 적이 없고 하지도 않는다고

나는 내 육신을 위해 살생당한 중생의 시체를 양식으로 삼지 않고 있다고

나는 부처님이 가르친 계율을 철저히 지켰고 지키고 있다고

나는 타고난 천성으로 예수님이 가르친 온유, 절제, 검소, 겸손, 인내, 성실, 사랑과 평화, 관용으로 살아왔고 살아간다고 감히 말할 수 있겠는가?

그 누가 감히 대자연의 지배를 받지 않는다고 말할 수 있겠는가?

그 누가 감히 본능의 욕구에서 벗어났다 할 수 있겠는가?

그 누가 감히 거짓말하지 않고 살아왔다고 할 수 있겠는가?

그 누가 감히 도둑질하지 않았다고 할 수 있겠는가?

그 누가 감히 분별심 없이 살았다고 할 수 있겠는가?

그 누가 감히 생선 한 마리도 먹지 않는다 하고 말할 수 있으며

모든 생명들을 사랑하며 깊은 무량한 사랑심이 있다고 할 수 있겠는가?

전생에 한량없는 복을 짓고 타고난 성품의 소유자가 있어 사후 혼 기운(魂 氣運)은 수소를 넣은 가벼운 풍선처럼 하늘로 수직상승하여 대기권을 넘어 진여진공으로 들어가 우주정기와 합일되는 정의신 어버이 품에 안길 수 있는 진정한 정의신의 자식 성령을 가진 성자란 존재하지 않습니다.

6근(6진)의 입력장치를 갖추고 본능이 합해져 영혼과 육신이 유기체로 돌아갑니다. 6진으로 인한 입력이 있으면 반드시 출력이 생기게 됩니다. "입력과 출력"은 양면성법칙으로 절대 뗄 수 없는 "신(-)과 발(+)"과 같습니다. 대자연 음양의 이치입니다. "나는 입력조차도 없어, 나는 입력은 있어도 출력은 절대 없어" 하는 말은 있을 수 없는 거짓말입니다.

마음에 욕구본능과 번뇌 망상이 자리를 잡고 있습니다. 그 누구도 예외는 없습니다. 몸에 때가 자리를 잡고 있어 목욕탕에서 몸을 뜨거운 물에 불리면 때가 물 위에 뜨게 됩니다. 그 누구도 예외는 없습니다.
허공에 기압 차가 자리를 잡고 있어 바람이 불게 되듯이 허공에 습기가 자리를 차지하고 있어 습기가 모이면 구름이 생기게 됩니다.

오래된 웅덩이 바닥에 때가 쌓이면 떠오르는 물이 맑지 못하고 깨끗하지 않듯이 오랜 세월 육식, 잡식으로 뇌에 때가 끼면 떠오르는 영혼이 맑고 깨끗하지 못하는 이치와 같습니다. 형형색색의 천성으로 형형색색 방식으로 살아가며 행위와 행동도 형형색색입니다. 초식동물처럼 단순하고 순수하지 않습니다.

무엇이든 갈고닦아 성공을 하려면 기본바탕이 필수입니다. 기본바탕이란 흥미나 관심, 하고자 하는 의지, 타고난 재능 등 여러 가지가 있을 수 있습니다. 땅이란 바탕이 있어야 걸어 다닐 수 있고, 물이란 바탕이 있어야 배를 띄울 수 있고, 공기라는 바탕이 있어야 비행기가 날아다닐 수 있습니다. 태권도나 바둑(棋) 고수가 되려면 이러한 바탕을 기본으로 하여 어린 시절부터 열심히 갈고닦으며 수련해야 겨우 태권도 9단 바둑 9단에 이를 수 있는데 그것도 상대적이고 유한한 것입니다. 9단이라도 다른 9단과 싸워 질 수도 있습니다. 태권도나 바둑, 예능, 스포츠 등 기타 모든 것들은 영혼과 육체가 함께 어우러져 이루어지는 것입니다.

땅, 바다, 허공이란 바탕은 음(-)이 되고 땅 위에 걸어 다니는 사람, 차, 배, 비행기는 양(+)이 됩니다. 바람, 파도, 양력, 부력 등은 모두 외적 작용(외적 요소)가 됩니다. 강물이 흘러서 바다로 가면 강물이 양(+)가 되고 바다가 음(-)가 되며 흐르면서 장애가 되는 돌이나 바위, 바람 물의 저항 등은 외적 작용이 됩니다. 열쇠로 자물쇠를 사람이 열어 주어야 문이 열리는 이치입니다. 열쇠는 양(+), 자물쇠는 음(-), 사람이 열어 주는 것은 외적 작용입니다.

누가 "예수 믿고 천국 가세요, 부처 믿고 극락왕생 하세요."라고 한다면 이것은 오직 영적 세계에 해당하며 타고난 천성이 근본 바탕이 됩니다. 타고난 천성을 바탕으로 몸과 마음을 갈고닦아 우주정기의 진리를 깨달아 가는 것으로 상대적이지 않고 유한하지 않는 절대적이고 무한한 세계입니다. 전생에 얼마나 영혼을 깨끗이 하고 복덕을 많이 쌓았느냐가 바탕이 되고 이생에서도 몸소 끊임없는 6바라밀행 실천이 있어야 합니다.

"예수 믿고 천국 가세요."라는 황당한 말을 대명천지(大明天地)에 아무에게나 쉽게 합니다. 영혼의 무명에서 나오는 거짓말입니다. 절대적이고 무한한 영적 세계로 들어가 영 기운이 정(精)의 신(神)과 합일이 되어도 "깨달았다, 거룩하다, 신비하다."라는 것은 없습니다. 부처님 금강경에 설한 것처럼 사람들이 만든 말이 있을 뿐입니다. 광대무비 신비스러운 고요한 정의신 우주정기처럼 보이지 않고 느끼지 못하며 표현할 수 없습니다.

☞ 목사, 사제, 신부, 스님이란 감투가 아닙니다. 종교란 권력투쟁, 이권 개입의 대상도 아닙니다. 법정스님 말씀대로 "스님이란 감투는 닭 벼슬보다 못하다." 했습니다.

예수님 말씀대로 "인자(仁者) 즉 의인(義人)은 대중들의 종"이 되어 섬기려고 온 것이요 대중들을 위한 봉사, 희생으로 대속물이 되기 위해서 왔다고 했습니다. 대접받으러 이 땅에 온 것이 아니라 했습니다. 한자로 목사(牧師)가 아니라 예수님처럼 목사(牧使) 즉 대중들을 위해 사역(使役)하는 종이라 해야 예수님 가르침과 같습니다. 세상 현실은 그렇지 않습니다.

껍데기 형상이 존재하는 유색계는 사회 계층적 조직으로 직위나 계급이 있으나, 성령이나 불성을 추구하는 무색계 영혼세계인 종교단체에서 직위나 계급은 있을 수 없는 일입니다. 참나를 찾아 영혼을 깨끗이 거룩하게 하는 데 무슨 계급이요 직위가 필요한 것일까요. 교황이란 직위는 특정 종교의 황제라는 풀이로 세속적이고 권위적인 속계의 계급사회에 해당하는 것입니다. 평신도, 집사, 권사, 목사, 장로나 보좌신부, 주교, 대주교, 추기경, 교황이나 일반 승, 상좌승, 선사, 대선사, 종정 등과 같은 직위란 일반 기업체의 사원, 과장, 차장, 부장, 사장과 같은 것과 유사한 명령 조직사회를 의미합니다. 영혼세계인 종교와는 전혀 상관관계가 없는 것입니다. 이윤을 추구하는 기관이나 기업에서 책임과 의무를 부과하는 것과 같은 속된 업과 오히려 상관관계가 있는 것입니다. 흡사 세속 놀음 하는 것과 유사합니다. 오직 부처, 예수의 가르침을 따라 순수한 나를 찾아 해탈, 열반, 성령을 얻는 일하고는 거리가 멀고 동떨어진 세속적인 또다른 하나의 계층사회 느낌을 주는 것입니다.

이미 부처님 예수님은 미래를 예측해서 예언했습니다.

"깨닫는 사람도 없고 의를 구하는 사람도 없고 하나도 없도다."

☞ 육신은 세속적인 삶에 빠지고 살면서 종교를 가졌다고 영혼은 그릇된 삐뚤어진 종교관으로 많은 병폐들과 불행한 비극적인 사건들이 일어나고 일어났습니다.

"거룩하다, 성스럽다." 하는 것은 불경에서 말하는 "마하반야의 지혜"를 얻었다는 것과 같은 뜻으로 한량없는 사랑과 자비를 헌신적으로 일체의 상에 머무름이 없이 베풀었고 베풀고 있고, 살생과 육식을 일체 하지 않고 모든 중생들을 사랑하는 정의신 정신을 가진 그 영적 에너지는 신비스럽고 고요하고 방대하여 대자연의 미물인 인간으로서 지구촌을 밝고 아름답게 이끌 수 있는 성자를 일러 말합니다. 신비하고 거룩함이 말로써 표현할 수 없는 것이며 무위자연으로 마하 반야바라밀 피안의 세계 무색계에 들어간 영혼입니다. 금강경, 반야심경, 화엄경의 가르침입니다. 우주은하계는 정의신에 의해 관장되어 이치법과 사물법으로 모든 행성들을 다스리니 그 조화와 질서의 신비함에 법화(法花, 法和)라고 하고 그 가르침을 설하신 것이 법화경입니다. 한마디로 성자(聖者)는 비록 대자연의 미물인 인간이지만 금강경, 반야심경, 화엄경의 덕목을 달성하고 법화를 이루는 신과 같은 존재이며 한량없는 사랑과 자비의 꽃으로 장엄한 공선(빈 배 = 일체의 상을 버린)을 타고 바다(속계, 유색계)를 항해하는 선장(형상을 갖춘 정의신)입니다.

☞ 생명으로 가는 길은 무한히 좁고 타락으로 가는 길은 한없이 넓다.

물질주의 금전 권력 만능주의와 같은 자본주의 분진 사바세계에서 영혼들이 우상숭배에 빠져 방황하는 물질주의 영령들을 조금이라도 구제하려는 목회자는 없고 허례허식인 의식 즉 예배, 찬송, 기도나 해 주고 은연중에 재물을 탐하고, 아무에게나 다가가서 "예수 믿고 천국 가세요." 하는 어이없는 말을 스스럼없이 하는, 대명천지에 어떠한 제약 없이 계속해서는 안 됩니다.

무명하고 어리석고 불쌍한 중생들을 아주 쉽게 사고(思考)의 흐름을 막아 놓고 세뇌시켜 거리로 내몰아 "예수천국 불신지옥"이라는 무겁고 습기 어린 타락한 물질 자본주의 냄새가 나는 간판을 목이나 어깨에 걸려서 거리를 활보하게 하는, 천사나 정의신이 내려 보신다면 개탄하고 분노하실 것입니다. 마음에서 나오는 순수한 정의신, 바로 무량한 양심이요 하나님의 정신입니다.

죄를 지으면서 죄임을 느끼지 못하는 무명, 어리석음 그것이 오늘날 잡식성 반야수의 속성을 그대로 지닌 사람들의 표상이요 성직자도 7욕이 가득한 똑같은 인간이요 자본주의 물에 빠져 헤엄치는 똑같은 속인들입니다. 그 누가 있어 감히 "나는 천사요, 신이요, 욕계인 색계를 떠난 무색계인 진여 진공에서 사는 영혼이요, 나에게는 정의신이 주신 양정의 광대무비

(廣大無比)한 신의 에너지가 있어 그 에너지를 온 누리에 펼쳐 만 생명에게 한량없는 사랑과 자비의 손길을 펼치고 있소, 나에게는 오직 선량한 양심으로만 가득하오."라고 큰소리칠 수 있을까요. 양심마저 버리고 사는 사람들도 욕계에 가득합니다.

모두가 예외 없이 지구촌 한배를 타고 가는데 파도가 치면 함께 파도를 타고 가야 합니다. 멀미를 하는 사람이 있고 멀미를 하지 않는 사람도 있습니다. 멀미를 하지 않는 사람은 정신을 하나로 모아 수행하는 산속 수행승을 말하고 멀미를 하는 사람은 마음이 어지럽고 오락가락하는 일반 중생들을 비유한 것입니다.

명상에 대하여

사람들의 마음은 결코 한군데 머물러 있지 못합니다. 대자연의 이치와 섭리가 그러하듯 강물처럼 요동치며 흐르고 바람처럼 일고 지나가며 주마등처럼 과거 현재 미래의 여러 가지 일들이 기억 속에서 떠오르게 되고 상상 속에서 나래를 펴게 됩니다. 항상 마음속은 근심과 걱정, 후회 회한과 한탄, 원망과 저주, 안일과 고통, 기쁨과 슬픔, 희열과 우울, 희망과 기대, 불안과 초조, 책임과 의무와 같은 세상 번뇌로 잠시도 가만히 마음을 한곳에 두지 못합니다. 7욕7정, 오음의 작용은 강력합니다.

호수는 평소에 잔잔하지만 바람이 불면 파랑이 일기 시작합니다. 설령 마음의 일시적으로 명상에 들어가 호수처럼 잔잔해졌다고 해도 곧 대뇌 소뇌 속에 일생 동안 입력된 온갖 쓰레기 데이터들이 모락모락 떠오르기 시작하여 아주 작고 사소한 일에도 마음의 파랑이 일기 시작하게 됩니다. 잠시 명상을 그만두면 세상사 주변사의 모든 관심사에 금방 마음은 흘러 그곳으로 가게 됩니다. 마음이 잡식성 개, 쥐, 고양이, 돼지, 원숭이와 같은 반야수처럼 잠시도 가만히 있지 않고 항상 파도처럼 요동치게 됩니다. 일시적으로 바람처럼 왔다가 바람처럼 사라지는 것들도 있겠지만 파도처럼 긴 파장을 가지고 요동치는 것들도 있으며 구름처럼 흘러가는 것들도 있을 것이며 태풍이나 먹구름처럼 금세라도 불어닥치거나 쏟아 내리는 것들도 있을 것입니다.

명상하는 방법에 대해 여러 가지 방식으로 선지자들이 이야기들을 합니다. 무슨 명상이든 오랜 세월 자자손손 육식이 생활화되어 유전되어 내려온 사람들의 복잡한 반야수의 심성으로 명상을 통해 마음을 한곳에 두어 마음의 안녕과 평화를 얻기란 어렵습니다. 대자연의 내적 외적 작용의 일부입니다. 아주 멀리서 본다면 대자연의 섭리인 인과응보의 일부입니다.

　☞ 이 세상 일어나는 모든 일 사건에는 반드시 대자연의 이치와 섭리인 인과응보가 있습니다. 일일이 그것을 사람들은 느끼지 못하고 알지 못할 뿐입니다.

　대자연의 섭리에 따라 항상 6근(6진)이 돌아가고 7욕에 따른 욕망이 불같이 일어나며 탐욕과 집착으로 더하기 셈법에만 마음을 두는 우리 모두는 선지자들이 이야기하는 명상으로 마음의 평화나 깨달음을 구하고자 하나 그것은 불과 1분도 안 되어 헛일이 되고 맙니다.

　어떤 선지자들은 "마음을 모아 단전에 힘을 주어 가부좌를 틀고 눈을 지그시 감으며 명상을 하시오."
　어떤 선지자들은 "단전에 힘을 주고 마음을 모아 쉬는 쉼과 내는 쉼을 관찰하며 눈을 감고 명상에 들어가 보시오."
　어떤 선지자들은 "명상에 들 때 마음을 모아 일체의 외부의 각종 주변사들을 버리시오. 마음을 텅 빈 허공이 되도록 하시오. 모든 것들이 바람처럼 왔다가 사라지는 것들이오."
　어떤 선지자들은 "조용히 사뿐히 천천히 걸어가면서 마음을 조용히 가지는 명상을 하시오."
　어떤 선지자들은 "명상음악을 듣고 명상에 들어가시오."

어떤 사람들은 "좌선을 하고 참선을 한다." 하고 등등….

모두가 짝짝짝~ 박수를 받아도 마땅할 형형색색의 명상법을 소개합니다. 그러면 결론적으로 그러한 형형색색의 명상법에 참여했던 대중들은 어떠한 결과를 얻었는지 모두가 영원히 마음의 평안을 얻었는지 의문으로 남을 뿐입니다.

여러 가지 명상 방식을 이야기하지만 "7욕7정, 6진과 오음의 작용, 7고"를 피할 수 없는 모든 중생들에게는 명상으로 영원히 마음의 평화를 얻을 수 없게 됩니다. 바다에서 바람이 불어 파도가 치는데 한곳에만 파도 없이 조용할 수는 없습니다. 나의 마음이 평안을 얻으려면 나를 둘러싼 주변도 평안해야 합니다. 일시적 망각과 평화는 얻을 수 있을 것이나 그것도 찰나의 순간일 뿐입니다. 십자가 앞에서 찰나의 예수, 불상 앞에서 찰나의 부처, 미사를 하는 순간 찰나의 성모마리아, 가부좌를 하고 눈을 감은 찰나의 평안과 망각 그것일 뿐입니다.

찰나의 순간이 지나고 평상시로 돌아가 산들바람이 불면 곧 마음의 잔파랑이 생기게 됩니다. 시원한 바람이 불면 마음은 곧 그곳에 가게 되고 감정의 변화가 일어나게 됩니다. 강풍이 불면 마음은 곧 감정 작용이 활발하게 일어나고 화가 나고 심장이 상하며 각종 번뇌가 어지럽게 일어나게 됩니다. 태풍이 불면 분노가 폭발하게 되고 원망, 원한과 저주가 마음으로부터 끓어오르게 됩니다. 대자연의 이치가 그러하니 누구도 예외는 없습니다. "나는 일체의 감성 작용이 생기지 않는다. 내 마음은 항상 고요하고 조용한 바다."라고 하는 사람은 돌부처입니다. 그러한 사람은 존재하지 않습니다. 속세에 형형색색의 속된 중생들을 만나고 어우러져 살아가야 하는 속인들로 대자연의 지배를 받는 미물들입니다. 모두가 선악이 공존하는 이중성을 가진 복잡한 잡식성 동물들입니다. 이 세상은 분진세상이요 파동세상입니다.

여기서 산들바람이란 평상시 속인들과 어울려 살아가면서 보고 듣고 접하고 느끼는 일들로 타인으로부터 별로 마음에 큰 자극을 받지 않는 마음상태를 비유한 것이고,

시원한 바람이란 다른 사람으로부터 약간의 자극을 받아 기분이 나빠지거나 마음에 약간의 상처를 받는 마음상태를 비유한 것이고,

강풍이란 다른 사람들로부터 강한 자극을 받아 화가 나게 되고 분을 참을 수 없는 마음의 소용돌이를 비유한 것이고,

태풍이란 다른 사람들로부터 받은 상처가 너무나 강해 분노가 일어나고 상대방을 죽이고 싶은 감정이 일어나는 마음상태를 비유한 것입니다.

가부좌를 틀고 눈을 지그시 감고 앉아 있다고 명상이 되는 것이 아닙니다. 아무리 좋은 방법으로 명상을 한다고 해서 명상이 되는 것은 아닙니다. 이미 모든 사람들의 뇌 속에는 태어날 때부터 일생 동안 살아가면서 6진으로 입력시킨 헤아릴 수 없는 오물 쓰레기 데이터들, 컴퓨터 하드 속에 내장된 수십 기가바이트와 같은 오물 데이터들이 가득하니 시시각각으로 그 오물들이 대뇌 소뇌의 작용으로 연기처럼 피어나게 되므로 명상이 제대로 될 수 없는 이치입니다. 아뢰야식에 저장된 오물들이 시시각각 말나식에서 오음의 작용과 6진의 작용이 일어납니다. 그뿐만 아니라 본능인 7욕7정을 영혼 마음속에 두고 눈을 감으면 수시로 때에 따라 나타나는 욕정인 7욕7정과 7대고의 크나큰 장애물이 그들의 명상을 방해할 것입니다.

☞ 마음에 욕구본능과 번뇌 망상이 자리를 잡고 있습니다. 그 누구도 예외는 없습니다. 날밤기도, 100일 기도, 천일기도, 108배 1000배, 3000배를 했다 하며 스스로 뿌듯한 마음은 가질지 모르나 속가(俗家)로 돌아가면 속인(俗人) 범부중생(凡夫衆生)으로 원래대로 변하는 것은 없습니다. 모든 것이 찰나의 망각 찰나의 순간일 뿐입니다.

☞ 살아가면서 입력되고 새겨진 영혼 그릇에는 끊임없이 눈을 감으나 뜨나 오음(五陰)의 작용이 일어나게 됩니다. 오음에 대해서는 『살생 육식을 삼가야』에서 자세히 예를 들어 설명했습니다.

석가모니는 출가하여 보리수 밑에서 6년간 이어진 고행을 하면서 다음과 같은 화두를 두고 끊임없이 깊은 명상에 그 답을 찾으려고 노력했습니다. 본능을 몸에 두고 속세에 살아가는 대중들이 단순히 잠시 가부좌를 틀고 눈을 지그시 감고 단전에 힘을 주고 들숨 날숨에 정신을 집중하고 등 그러한 인위적이고 법도를 갖춘 일시적 명상이 아닙니다. 그러한 명상은 찰나의 순간일 뿐입니다.

왜 인간은 태어났는가? 왜 고통을 받고 살아야 하는가? 왜 불구자는 불구자로 태어났는가? 왜 가난한 자는 가난하고 부자는 부자인가? 중생들이 죽으면 어디로 가는가? 등등의 많은 의문의 화두를 두고 그 해답을 찾고자 끊임없는 자연 스스로의 추적명상 즉 식음을 잊을 정도로 피골이 상접한 무아의 삼매에 들어간 것입니다. 그 결과 팔만대장경이란 깊고 높은 철학을 내놓으신 것입니다.

☞ 『살생 육식을 삼가야』와 『육식 살생의 세계 대가는 무엇인가』 책에서 『인과, 연기, 윤회』 설명에서 상세히 이야기하였습니다. 대자연의 이치와

섭리로 모든 생명들에게 적용되는 삼대 법칙입니다. 이 법칙을 삼매에 들어서 깨달은 것입니다.

어느 신도가 스님에게
"스님, 석가부처님은 삼매에 들어가셨다고 하는데 스님도 삼매에 들어가시나요?" 하고 당돌하게 물었다.
스님은 대답하길
"예, 흔히들 독서삼매라고 하지요. 삼매라고 하는 것은 빠지는 것을 말합니다. 우리도 가끔 삼매에 들어갑니다."

여기서 스님은 무엇을 화두로 얼마나 어떻게 명상삼매에 들어가서 어떠한 깊고 놓은 철학적 답을 얻었는지에 대해서는 설명이 없습니다.
독서삼매는 책 내용에 매우 재미나 흥미를 느껴 몰입하여 보는 것을 말하는 것으로 석가여래가 무엇인가 우주의 진리를 찾아 추적삼매에 들어간 것하고는 내용이 다릅니다. 대자연의 법칙에 대한 지식, 과학적인 지식도 없이 추적 삼매에 들 수가 없습니다.

바둑삼매에 빠져 바둑만 열심히 두는 것은 바둑 재미에 빠져 정신없이 시간을 보내는 것이고 노름이나 술이나 색 등도 마찬가지로 빠지는 그런 삼매와 완전히 다릅니다. 요즈음에는 모두가 스마트폰 삼매에 들어 있었습니다. 모두가 하나같이 즐기는 삼매에 들어가 있습니다. 돈과 권력을 우상으로 하는 사람들은 돈벌이와 출세삼매에 빠져 있습니다.

예를 들어 독자들 중에 전깃불이 오는 이치를 아시는 사람들이 몇이나 될까요?

그 누가 하나의 화두를 가지고 삼매에 들어 그 깊이를 깨달을 수 있을까요?

시시각각 색(色), 수(受), 상(想), 행(行), 식(識)의 오음(五陰)을 자신도 모르게 자연히 극복하며 명상에 들어 삼매로 나아갈 수 있을까요?

세상 모든 생명들과 물건들은 반드시 대자연의 이치와 섭리가 적용되어 대자연의 섭리에 따라 영향을 받아 태어나고 만들어진 것들입니다. 전깃불이 오는 이치도 그와 같습니다. "그저 스위치를 켜니 전깃불이 오더라."가 아닙니다. 석가모니는 인생의 이치를 화두로 추적명상에 들어간 것입니다. 즉 한곳에 정신이 몰두되어 끊임없이 그 답을 찾고자 일념으로 생각한 것이 6년 만에 인생의 그 답들을 찾아 8만 권이나 되는 팔만대장경을 제자의 도움으로 만들어 낸 것입니다. 그저 좌선해서 눈을 지그시 감고 참선한다고 해서 이루어지는 것은 아무것도 없습니다.

☞ 주변에 TV, 냉장고, 에어컨, 스마트폰, 자동차, 자전거, 밥솥, 모든 쇠붙이 기구 등등 모두가 어떤 원리로 만들어졌고 어떻게 작동되는지 아시나요. 모든 것들이 대자연의 넓고 깊은 이치와 섭리가 반영되어 있습니다.

2500년 전에는 어떠한 학문도 발달되지 않은 시대였습니다. 어떠한 학문도 과학기술도 존재하지 않았고 오직 대자연의 이치와 섭리를 인생과 결부하여 깊이 파고들어 그 해답을 구하셨다고 해야 합니다. 그러니 오직 석가모니 부처님 외의 그 어떤 성직자나 선지자도 해낼 수 없는 인생철학을 이루어 내셨다 할 수 있습니다. 예수님은 부처님의 가르침을 받아 성경에 비유적으로 그 인생철학을 표현하고 가르치신 것이 불경의 철학적 내용과 똑같습니다. 단지 표현방식이 다를 뿐입니다. 석가모니는 단순히 삼매에 들어가 우주 대자연의 깊고 넓은 섭리를 학문도 없이 깨달은 것뿐만 아니라 6년이란 오랜 세월에 걸쳐 깨달음을 얻기 위한 삼매로 고행의 길을 망각하며 식음을 잊고 피골이 상접하도록 긴 고행 수행 기간 동안에 저절로 7욕7정의 본능이 사라지게 되었던 것입니다.

어떤 사람이 있어 "전깃불이 왜 오느냐." 이것을 화두에 두고 "생명의 탄생, 인과. 연기. 윤회"와 결부시켜 명상을 해서 답을 찾으라고 할 때 얼마나 오랜 세월, 얼마나 많은 지식, 얼마나 깊은 생각으로 그 답을 찾을 수 있으며 몰입명상에 들 수 있을까요? 단순히 눈을 감고 가부좌를 트는 명상으로 답을 얻지 못하고 곧바로 주변 잡다한 소음(Noise)으로 인해 마음이 흐트러지게 됩니다. 인간의 뇌 속에는 일생 동안 살면서 입력된 오물 데이터들이 가득하다는 것을 명심해야 하고 7욕의 욕망을 벗어날 수 없는 영혼임을 명심해야 합니다. 오염된 영혼들은 항상 잡다한 파동운동을 뇌 속에서 끊임없이 하게 되어 바람처럼 물결처럼 인생파로 요동을 치며 살게 되는 절대적 자연의 이치요 섭리입니다.

명상을 위해서는 폭넓은 지식이 필요합니다. 정의 에너지는 과학적 이치요 법칙입니다. 그 에너지는 깊고 넓고 신비스러워 우주은하계 균형과 조화를 이루는 법칙입니다. 우리 모두는 3무에 속하는 소경들, 중생들 즉 대자연의 미물들입니다. 어떤 생물학 전공자에게 "당신의 지식은 오직 생물학에만 있소, 그것도 오직 생물학 분야 빙산의 일각일 뿐이요." 그런데 "다른 분야는 캄캄하니 어찌 유식하다 할 수 있겠소."라고 한다면 그 생물학 전공자는 받아들일까요? 다른 학문의 전공자들도 예외 없이 이와 같습니다. 목사 신부는 성경만 공부했습니다. 성경 내용 외에 다른 분야는 "깜깜이"입니다. 모두가 3무 중생들입니다. "안다, 잘났다, 똑똑하다." 해서는 안 됩니다. 대자연의 이치법과 사물법은 정의신만이 가진 신비스럽고 무한한 기의 세기로 어떠한 과학자도 그 이치를 모두 알아낼 수 없습니다.

"전깃불이 어떻게 오느냐?"의 간단한 질문에 세상의 모든 것을 설명할 수 있습니다. 지식을 갖추고 끊임없는 명상에 들어가 삼매지경에 이르러서야 "전깃불이 어떻게 오느냐"를 결부시킨 인생 답을 찾을 수 있을 것입니다.

이 한 문구에 대자연의 "인과 연기 윤회" 삼대법칙이 설명되며, 대자연의 "화합과 상생"의 법칙이 적용되며, 대자연의 "기와 기운"이 적용되며, 대자연의 불생불멸의 여래장인 "양, 음, 외적 작용" 그리고 허공[11]이라는 진리가 적용됩니다. 천둥과 번개, 태풍과 소나기 등 주변의 모든 것들이 대자연의 이치와 섭리로 일어나는 현상들입니다. 전기라는 한 단어에도 "천둥과 번개, 태풍과 소나기"가 적용됩니다.

불교에서 스님들이 화두수행으로 "이 뭐꼬"라는 화두를 명상 참선으로 사용한다고 합니다. "이 뭐꼬"가 내 몸이 무엇이냐? 어디서 왔느냐? 어떻게 태어났느냐? 죽어 어디로 가느냐? 등의 깊고 넓은 이치를 삼매로 들어가 참선 명상을 하여야 하나 과학적 이치를 알지 못하면 그 답을 찾을 수 없을 것입니다. 이미 2500년 전 석가여래 부처님이 이 답을 팔만대장경을 통해 내놓으셨습니다. 예수님도 성경을 통해 어느 정도 설하셨습니다. 하지만 그것은 과학적 근거로 대중들이 이해하기 쉽게 구체적으로 설명되어 있지 않습니다. 그 당시 과학이란 전혀 발달되지 않았고 철학

---

11) 대자연 불생불멸의 진리인 양, 음, 외적 작용, 허공에 대해 저서 『살생 육식을 삼가야』에서 상세히 설명하였습니다. 불생불멸의 진리임으로 나지도 않고 없어지지도 않는 열반에 드신 부처 = 여래와 같다고 해서 여래장이란 표현을 불교에서 사용합니다.

적, 생물학적, 이학적, 공학적 학문이란 거의 전무한 상태였습니다. 모든 설명들이 초현실적, 비과학적, 형이상학적, 윤리적, 도덕적 바탕으로 설명된 것입니다. 예수님은 대중들의 원망과 원한을 입어 30대 초반의 나이에 대중들의 탄원으로 처형되어 많은 가르침을 내놓지 못했습니다. 그러나 그 12제자가 쓴 성경의 내용에 인간들이 걸어야 할 충분한 답을 내놓은 것입니다.

부처님은 80세까지 많은 가르침을 내놓은 것입니다. 불행히도 그 깨달음을 대자연의 이치와 섭리로 설명된 내용은 불경에도 성경에도 남아 있지 않으며 전해지지 않고 있습니다. 부처님이 이 깨달으신 과정을 남겨두지 않은 혹은 못한 것은 불행이라 할 수 있습니다.

☞ 명상은 참선과 같은 것으로 성령, 불성과는 미미한 상관관계가 있을 뿐입니다. 6바라밀 중 선정에 해당합니다.

천국과 지옥에 대한 이치

　사람들에게는 육신과 영혼으로 인한 "7가지의 고(苦)"가 따릅니다. "병고(病苦), 경제고(經濟苦), 노동고(勞動苦), 중생고(衆生苦), 환경고(環境苦), 구득불고(求得不苦), 의식고(意識苦)"입니다.

　『병고』는 모든 생명들이 병에 걸려 정신과 육신이 고통받고 시들어 짧은 일생을 마감하게 되는 고입니다. 요즈음 대형병원에 가보면 형형색색의 병으로 형형색색의 지옥을 겪고 있는 병자들을 쉽게 볼 수 있습니다. 건강하게 살고 있는 사람들은 그러한 지옥고가 있는지도 알지 못합니다. 우물 속에 사는 올챙이가 우물을 알지 못하고 물에서 사는 물고기들이 물을 알지 못하는 것처럼 지옥에서 사는 사람들이 지옥을 알지 못하고 살아갑니다.
　가축들이 내일 도살될지 모르는데 오늘 먹고 편안하게 보내는 것이나 사람들이 내일 일을 모르고 오늘 맛있는 고기 먹고 즐기고 살아가는 것이나 같습니다.

　『경제고』는 모든 생명들이 먹을 것, 입을 것, 살 것을 찾아 정신적 육체적 고통을 겪어야 하는 고입니다. 생활고로 생활에 지친 삶을 살아야 하는 고, 돈이 없어 다른 사람들에게 멸시당하는 고, 당장 있어야 하는데 얻지 못하는 고 즉 구득불고, 생활에 불편을 느끼는 고 등 돈과 관련된 모든 고가 해당됩니다. 생활지옥입니다.

　요즈음에는 노후에 겨우 먹고살 돈으로 부모들은 자식들의 뒤 바라지에 돈을 빼앗기고 있어 "노후빈곤층"이란 말도 생겼습니다. 자식들이 "차 산다고 돈 대어주세요, 집 얻는다고 돈 대어주세요, 결혼 비용 대어주세요, 장사비용 대어주세요, 사업비용 대어주세요, 생활비 보태주세요, 용돈 주세요." 등 요구한다면 부모는 사는 집도 담보로 해서 자식을 위해 주어야 하니 노후 생활고로 신음하게 됩니다.

　『노동고』는 모든 생명들이 새벽 일찍부터 먹을 것을 찾아 열심히 일해야 하는 정신적, 육체적 고입니다. 하기 싫은 일, 힘들고 고된 일, 위험한 일, 정신적 스트레스가 쌓이는 일, 능력을 넘는 과도한 일, 강제노동을 당해야 하는 일, 등 모든 것들이 노동고에 포함됩니다. 요즈음은 TV에서 "극한직업"이란 프로로 방영하는 것에서 싫은 일을 어쩔 수 없이 먹고살기 위해 해야 한다면 노동고입니다. 노동지옥입니다.

　자식들이 결혼하면 노부모는 손자 손녀들 돌봐주어야 할 걱정부터 합니다. 대부분 젊은 부부들은 생활전선에 뛰어들어 애기들을 보아줄 여유가 없으니 늙은 부모들이 맡아 중노동인 노후옥고(老後獄苦)를 겪어야 합니다.

　남편이 한평생 가족을 위해서 먹고살기 위해 노동고를 겪다가 은퇴 후 늙어서 아내한테 조석을 의지한다면 늙은 아내는 삼시 세끼 노동고를 겪어야 합니다. 그래서 "3식이"라는 용어도 생겼습니다. 늙어서 남편으로부터 해방을 원하거나 어떠한 이유로든 만년이혼이 성행하니 "황혼이혼"이란 말도 생겨났습니다. 태어날 때도 홀로 왔으니 죽을 때도 홀로 살다가 갈 준비가 되어 있어야 합니다. 오직 일생을 헌신하는 것으로 대가를 기대하지 말아야 합니다.

『중생고』는 모든 생명들이 항상 서로 다른 중생들로부터 받는 스트레스, 해나 위협을 받으면서 정신적 육체적 고통을 겪어야 하는 고들입니다. 각종 인간 좀비들, 악성 바이러스와 같은 생물좀비들로부터 괴롭힘을 겪거나 끝없는 고통을 당해야 하고 죽임을 당해야 합니다. 중생들로 인한 지옥입니다.

사악한 반야수 심성들이 저지르는 형형색색의 폭행, 폭력 예로 학내폭력, 집단폭행, 그리고 전쟁, 고문, 학살인 예로 캄보디아 공산당 크메르 루즈의 수용소와 킬링필드, 나치스의 유대인 수용소, 등 산사람을 형형색색 방식으로 고문하고 죽이는 지옥으로 손톱, 발톱을 빼거나, 눈알을 빼거나, 뜨거운 인두로 얼굴을 지지거나, 태형을 가하거나, 거꾸로 매달아 물속에 담그거나, 오물통에 머리를 쳐 넣거나, 생매장하거나 중노동을 시키거나 등등, 6.25 당시 거제도 포로수용소에서 친 반공 충돌로 일어난 사건으로 사람의 내장을 꺼내 철조망에 걸어 두는 등 상상할 수 없는 비인간들의 만행, 북한의 정치범 수용소에서 일어나는 만행 등 그대로 중생으로 인한 처참한 지옥세계입니다. 생지옥이요 생전지옥입니다.

평소에도 형형색색의 복잡한 심성과 속성을 가진 사람들이 형형색색의 잡식성 동물과 같은 행위와 행동을 합니다. 인간 좀비[12]들이 주변에 돌고

---

12) 인간 좀비란 다른 사람들을 해치는 각종 절도범, 사기꾼, 강도, 폭력배, 테러범, 전쟁을 일으키는 독재자, 위선의 탈을 쓴 위선자 등을 총망라한 총칭입니다. 인간 좀

있으니 항상 불안하고 조심해서 살아야 합니다. 인간고 가운데 가장 직접적으로 평소에 겪고 겪어야 할 예로 며느리와 시부모와의 갈등, 부부간의 갈등, 자식 간의 갈등, 형제들과의 알력과 갈등, 집안 간의 갈등, 직장 동료 사이의 갈등, 집단 간의 분열과 갈등, 파벌과 정쟁 등 모든 것들이 복잡한 심성의 심리적 갈등으로 인간들로부터 생기는 중생고입니다. 삶과 연관된 고해 지옥세계입니다.

『환경고』는 모든 생명들이 항상 열악한 환경과 기후의 변화에 적응해야 하고 극단의 기후에 정신적 육체적 고통을 받으며 살아야 합니다. 미세먼지, 매연, 분진, 탁한 공기, 오염된 물, 더러운 환경, 각종 소음, 악취, 추위, 더위, 가뭄, 폭우, 태풍, 허리케인, 회오리바람, 홍수, 해일, 화산폭발, 지진 등 환경 변화에 따른 고입니다. 환경지옥입니다. 중환자실에서 환자들의 피고름, 똥, 소변, 가래 같은 배설물을 받아내야 하고 피비린내, 배설물 악취 등을 맡아야 하는 악취지옥입니다.

매일 공장에서 기계소음, 쇠붙이 갈아내는 소음, 아파트 층간 소음 등을 들어야 하는 소음지옥입니다.

폭우, 태풍, 홍수, 해일, 지진 등으로 떠내려가거나 매몰되어 살려 달라고 절규하는 환경지옥입니다.

『구득불고』는 모든 생명들이 얻고자 구하고자 하는 것들을 쉽게 구하지 못해 고민하고 고통받는 정신적 육체적 고입니다.

장사나 사업에 실패한 고, 취업에 실패한 고, 시험에 낙방한 고, 자손을

비는 사악한 인간들로 각종 거짓, 사기, 위선, 폭행, 폭력, 살상, 테러, 전쟁 등 다른 사람들을 정신적 육체적으로 괴롭히고, 등 쳐 먹고, 위해를 가하는 모든 사람들을 칭합니다. 인간 좀비는 인간 마귀들이요 사탄입니다.

얻지 못한 고, 사랑하는 사람과 헤어지는 고, 보고 싶어도 보지 못하는 고, 가고 싶어도 가지 못하는 고, 죽고 싶어도 죽지 못하는 고 등 생각이나 뜻한 대로 되지 않는 데서 생기는 고들입니다. 최근에 러시아의 에너지시설 집중공격으로 식수와 전기가 끊어져 추운 겨울을 살 수 없는 우크라이나의 지옥 세상이 바로 불취지옥입니다.

『의식고』는 의식이나 생각이 돌아가면서 생기는 고들입니다.

스트레스 초조 불안이 생기고, 근심 걱정거리가 생기고, 긴장하고 우울해지며, 질투가 생기고, 화가 나고, 심장이 상하며, 번뇌 망상, 실망감, 절망감, 자괴감, 열등감, 피해망상, 원망, 저주, 원한 등 각종 감성 작용으로 일어나는 모든 고들입니다. 살아생전 의식고입니다. 정신지옥입니다.

7대고 이외에도 나는고(生苦)와 죽는고(死苦)도 있습니다. 태어날 때 산모가 겪는 산고(産苦), 죽을 때 주변 사람들이 겪어야 하는 이별고(離別苦)도 있습니다. 7대고를 참고 견디며 살아야 하는 인고(忍苦)도 있습니다. 속세 사바세계는 고가 천지인 고해(苦海)입니다. 모든 사람들은 예외 없이 이 인고(忍苦)의 삶을 살고 있습니다.

이러한 고들은 항상 모든 생명들이 직 간접적으로 영향을 받으면서 생명을 유지하지 않으면 안 되는 대자연의 이치입니다. 이러한 고가 있는 곳은 항상 생전지옥입니다. 육신의 기능이 다할 때까지 7대 고로 인한 온갖 마음의 작용으로 잠시도 편할 날이 없는 업보 중생들이 받아야 할 인과응보의 일환들입니다. 바로 지옥(땅에서 감옥 같은 삶에 따른 각종 고통)입니다.

☞ 7욕7정을 소멸하고 6진의 기능이 작동하지 않으며 5음의 작용은 없어지고 7대고를 벗어나 세상을 무위로 살아가는 선인(仙人)이 있다면 살아서나 죽어서나 어디서나 영혼은 천국입니다.

살면서 겪고 겪어야 할 지옥들은 종류가 다양하고 많습니다. 병고 하나만 하더라고 육신이 존재하면서 평소에도 영혼과 함께 겪어야 하는 고(苦)들 암, 당뇨, 고혈압, 기관지 천식, 기침, 비염, 알레르기, 천식, 고지혈증, 두통, 편두통, 치통, 복통, 요통, 관절통, 인후통, 마비증, 어지럼증, 위병, 변비, 치질, 피부병, 독감, 열병, 냉방병, 화병, 성병, 눈병, 입병, 귓병(중이염), 콧병(축농증), 우울증, 파킨슨병, 중풍 기타 형형색색의 병들과 기타 괴로움, 하기 싫은 일, 만나기 싫은 사람, 하기 싫은 공부, 과로, 과부하, 경상, 중상, 치명상, 노숙, 불구, 가난으로 인한 고 등등 모든 것들이 나날이 겪어야 하는 지옥고입니다.

화병, 병고로 인한 고통지옥, 음혈지옥, 병마지옥, 신음지옥
경제고로 인한 생활지옥, 박피지옥, 아귀지옥
혹한으로 인한 냉한지옥, 동파지옥
혹서로 인한 열탕지옥, 화염지옥
화염, 전쟁이나 테러로 인한 화마지옥, 화구지옥, 화탕지옥
악성 바이러스나 좀비로 인한 아비지옥, 규환지옥(阿鼻叫喚), 격리지옥
배설로 인한 분뇨지옥, 염기지옥, 환경지옥
소음으로 인한 동쇠지옥, 충간지옥, 이명지옥
미세먼지로 인한 분진지옥, 분탕지옥, 호흡지옥
각종 오물 쓰레기로 인한 오물지옥, 악취지옥, 벌레지옥
사람들로 인한 인간지옥, 분심지옥, 화기지옥, 고문지옥

중생들로 인한 중생지옥, 공한지옥, 혐오지옥

노동으로 인한 고육지옥, 부역지옥, 염세지옥

각종죄업으로 인한 철옥지옥, 회한지옥

지진 화산 자연재해로 인한 화산지옥, 지진지옥

홍수 가뭄 자연재해로 인한 수해지옥, 침수지옥

각종 사고로 인한 절신지옥, 마비지옥, 통명지옥, 이별지옥

이 모든 것들이 몸뚱어리가 있음으로 생기는 지옥들입니다. 생지옥(生地獄) 즉 생전지옥(生前地獄)입니다.

그 외에도 승객들로 초만원을 이룬 버스나 지하철에 겨울에 두꺼운 옷을 입고 있는 가운데 사람들 몸에서 나는 열기로 실내공기는 후덥지근하고 공기는 통하지 않는 답답한 곳에서 버스 기사는 스팀을 한껏 털어놓으니 땀을 흘리면서 견디어야 하는 생지옥(生地獄)도 있습니다. 출퇴근 시에 복잡한 사고나 사건으로 흐름이 꽉 막혀 통하지 않는 체증지옥, 인해지옥(人海地獄)도 있습니다.

죽기 직전 의식이 멈출 때까지 일어나는 각종 영혼이 겪어야 할 지옥들이 있습니다. 이것은 우리가 살면서 보고, 겪고, 다양한 업을 지으면서 대뇌 소뇌에 저장된 각종 오물들이 부유(浮遊)하며 서로 엉키어 잠을 잘 때 악몽 즉 나쁜 꿈을 꾸는 것처럼 의식이 사라질 때까지 아뢰야식과 말나식 대뇌, 소뇌에 저장된 오물들이 한꺼번에 떠올라 영혼의 지옥고 즉 의식상태의 지옥고를 겪어야 합니다. 죽기 직전 의식고입니다. 사전지옥(死前地獄)입니다.

『능엄경』

"아난아, 일체 세간(世間)의 생사(生死)가 상속(相續)하되 생은 순(順)을 따르고 사(死)는 변화의 흐름을 따르는 것이라, 생명이 끝나려 할 때 따스한 기운을 버리기 전에 일생에 지은 선과 악이 한꺼번에 나타나게 되는데 사는 역(逆)하고 생은 순(順)하게 된다."

이 뜻은 생사는 윤회되어 계속 반복되지만 태어나는 것은 이미 지옥고를 마치고 청산된 상태에서 새로운 생명으로 태어나니 순을 따라 태어나지만, 죽을 때는 변화의 흐름 즉 사람들에 따라 형형색색으로 일평생 살면서 6진으로 보고, 듣고, 겪은 것들과 지은 각종 업장(業障)들에 의해서 죽는 순간 즉 의식이 꺼지려는 순간 지은 악업 경중의 흐름에 따라 거꾸로 지옥의 나락(奈落)으로 떨어지는 것입니다. 살아생전에 악몽을 꾸는 것처럼 의식이 살아 있는 동안 각종 악몽으로 영혼은 꿈속에서 고통을 받게 됩니다. 살아생전에는 악몽에서 깨어날 수 있지만 의식이 꺼지는 순간에는 깨어나지 못하고 악몽 상태 속에서 의식이 꺼지는 것입니다. 사전지옥(死前地獄)입니다.

대자연의 양면성 이치에 따라 생전지옥이 있으면 사후지옥(死後地獄)도 있을 것입니다. 사후지옥은 죽어서 오직 영혼에 해당되는 것으로 영혼이 각종 습기를 가득 안고 무겁고 습한 음 기운들과 함께 대지 위를 떠돌아다녀야 하는 지옥으로 다시 인간이나 혹은 축생의 몸을 받아야 하고 받으려고 애쓰는 윤회의 고리를 피할 수 없는 "생고 노병 사(生苦 老病 死)"를 끊임없이 되풀이해야만 하는 운명일 것입니다. 사후지옥이 없다면 대자연의 양면성이치에 따라 생전지옥도 없고 생지옥이 없다면 사지옥도 없습니다.

☞ 습기 없는 밝고 가벼운 영혼은 새털구름 실구름처럼 맑은 하늘을 넘어 양 기운이 가득하고 고요한 천상으로 올라갑니다. 우주정기의 일부가 됩니다.

☞ 대자연의 이치에 따라 하늘과 땅 두 곳입니다. 하늘나라 즉 천상으로 가지 못하는 혼 기운은 모두 땅 즉 지옥으로 떨어지게 되어 "생 고 멸(生 苦 滅)"의 삼위일체 수레가 돌아가는 윤회 고리를 벗어나지 못합니다. 지구촌 습기의 일부가 됩니다.

각종 습기란 살아생전에 영혼에 품은 원한, 저주, 한탄, 회한 등을 가지고 죽은 혼 기운 그리고 탐욕, 욕정, 각종 애착, 집착을 버리지 못하고 각종 업을 짓고 습한 기운을 가득 안고 살다가 죽은 무거운 혼 기운을 말합니다. 모두가 음 기운들로 대기에 가득하여 지표 위를 무겁게 누르고 있습니다.

무거운 혼 기운은 비구름이나 소나기구름처럼 무겁고 어두운 습한 기운들입니다. 사람을 포함한 모든 중생들은 영체(靈體)가 모두 습기로 이루어져 있습니다. 습기를 완전히 말려 없애 버린 영혼의 소유자를 해탈(解脫)이라고 부를 수 있습니다. 해탈한 자에게는 생지옥 사지옥이란 존재하지 않습니다.

대자연 양면성법칙에 따라 지옥이 있으면 천국도 있습니다. 살아생전에 "인과 연기 윤회"의 수레를 타고 도는 잡식성 반야수 인류에게는 천국이란 말이 해당되지 않습니다. 그래서 종교란 허구요 믿는다는 것은 거짓이요 위선에 불과합니다.

예수님은 "천국으로 가는 길은 좁고 찾는 이가 적다."라고 하셨지만 실상은 "찾는 이가 없다."라고 하는 표현이 옳습니다. 이미 아래처럼 『로마서』에 "천국으로 갈 사람은 하나도 없다."고 예언하시지 않았습니까.

【로마서 3장 10절】
『의인은 하나도 없나니 하나도 없으며 깨닫는 자도 없고 하나님을 찾는 자도 없고 선을 행하는 자도 없나니 하나도 없도다』
【정토삼부경】
『가르쳐도 깨우치려 하는 자가 없고 생사는 유전하여 잠시도 그칠 사이가 없느니라』
【저자의 전서】
『살생당한 짐승의 살코기를 양식으로, 맛으로, 육신의 건강으로, 당연히 먹는 음식으로 그만큼 영혼은 오염되고 감성은 예민하고 성품은 거칠고 성질은 들뜨니 잡식성 동물의 속성으로 "우비고뇌 생로병사 생사윤회"의 3대 길은 진리가 되었구나』

성경에 "천국으로 가는 길은 좁다."라고 설하셨지만 얼마나 좁고 어떻게 좁은지 구체적인 설명이 전혀 없습니다. 천국으로 가는 길은 무한히 좁습니다. 영혼이 가는 길이요 그 길은 아무나 걸을 수 없는 이상(理想) 세계요 상상으로도 도달할 수 없는 세계입니다. 지옥이 죽어서만 가는 곳이 아니듯이 천국도 죽어서만 가는 곳이 아닙니다.

어떤 종교인은 "천국은 돈 많이 벌어 한평생 잘 먹고 잘살면 그것이 천국이 아니겠소."라고 했습니다. 천국은 육신의 안일과 아무런 관련이 없는 영적 세계입니다. 안개처럼 이슬처럼 사라지는 몸뚱어리는 결국 종말에는 "흥망성쇠, 생로병사"의 고통이 따르게 됩니다. 만년에 겪어야 할 병고뿐만 아니라 결코 살아생전 7대고를 벗어날 수 없습니다. 언제 닥칠지 모르는 오재팔난(五災八難) 역풍이라는 것은 항상 곁에 가까이 있습니다. 바로 스스로 짓는 업과 업연의 결과, 인간이 만들어 내는 재앙과 생물좀비와 인간 좀비들의 출몰입니다. 인간이 만들어 내는 악성 좀비들은 사람들을 잔인무도하게 무차별 공격하고 세상을 폐허로 만들며 인간의 생명을 아비규환지옥으로 몰아 모두 거두어 가게 됩니다. 스스로 받고 겪어야 할 운명입니다. 이를 자업자득(自業自得), 자업자박(自業子縛), 자업자통(自業自痛), 자업자괴(自業自壞)라고 합니다.

> 자업자수(自業自受) = 스스로 지어 스스로 받는다.
> 자업후수(自業後受) = 자기가 지어 후손이 받는다.
> 선업후수(先業後受) = 조상이 지어 후손이 받는다.
> 집단공업 집단공수(集團共業 集團共受) = 집단이 지어 집단으로 받는다.

살아생전 천국이란 영혼이 해탈된 경지를 말합니다. 7대고, 7욕7정에서 완전히 벗어나 정신이 우주의 밝은 정기와 합일이 된 상태로 7대 욕구본능과 영혼이 분리된 상태를 말합니다. 부처님 예수님의 가르침대로 "육신을 따르지 않는다."는 것이요 "육신의 욕망을 완전히 버리면 영혼이 산다."는 예수의 가르침 그것입니다. 어떤 사람은 말합니다. "내 몸이 아프면 영혼이 고통받는데 어떻게 몸과 영혼을 분리시킬 수 있나." 현실적인 질문입니다. 몸과 영혼은 유기체로 하나이기 때문에 몸이 병들거나 외과적 상처를 받거나 마음의 상처를 받아서 고통을 당하면 당연히 영혼도 고통을 받게 됩니다. 부처, 예수가 말하는 몸과 영혼의 분리는 그러한 실체적이고 현상적인 것이 아닙니다. 몸이 있어야 영혼이 있는 것이요 영혼을 담고 움직이는 수레인 육신은 나의 본체요 유기체입니다.

  대지가 있어야 사람, 자동차 등과 같은 수레가 굴러다닐 수 있고, 바다가 있어야 배나 파도라는 수레가 바다 위를 굴러다니는 것과 같고 허공이 있어야 새나 비행기나 바람이란 수레들이 허공을 타고 돌아다니는 것과 같은 이치입니다. 파도가 요동치면 당연히 바다도 요동치고 바람이 거세면 하늘 허공도 거세집니다. 몸이 아프면 영혼도 아픈 유기적인 관계가 바로 대자연의 이치 그것입니다. 그렇다고 수레를 타고 세상을 돌아다니는 허망한 존재들인 사람, 자동차, 배나 파도나 새나 비행기 바람이 되어라는 것이 아니라 영혼은 대지나 바다나 허공이 되라는 것이 부처, 예수의 가르침입니다. 사람, 자동차, 배, 파도, 새, 비행기, 바람 같은 것들은 순식간에 없어지는 것들입니다. 무한한 영적 자비와 사랑, 내 몸과 상에 집착이 없는 "무위자연 행"의 이치에 따라 굴러다니는 수레에 집착함이 없는 의인(義人) 인자(仁者)를 말합니다. 하지만 이러한 사람은 지구상에 존재하지 않습니다.

  살아생전 천국에 갈 수 없는 사람은 죽어서도 천국에 가지 못합니다. 살아생전에 지옥에서 헤매는 사람은 죽어서도 지옥에서 헤매는 이치와 같습니다.
  지방에서 죽 쑤든 사람은 서울에 가도 죽 쑤게 되는 이치와 같습니다.
  살아생전에 가는 곳이 일정하지 않은 사람은 죽어서도 가는 곳이 일정하지 않게 됩니다. 이미 혼백들은 대지 위 습한 기운으로 지옥계 혹은 유계를 바람 따라 떠돌아 예배, 기도, 찬송, 천도제, 49제, 삼우제 등 모두 부질없는 허례허식이요 형식적인 일입니다. 그러나 서론이 있으면 당연히 본론도 있어야 하듯이 서론인 형식적인 의식(儀式)이나 의례(儀禮)도 본론이 되는 목적이 있다면 갖추어야 합니다.

☞ 천국 극락이란 영생세계요 영혼의 세계입니다. "왔다 갔다." 하는 세계가 아닙니다. 우주은하계의 유일신 정의신의 아들자식이 된 것입니다.

악성 전염성 바이러스가 돌연 출몰하여 주검이 병원마다 화장터마다 넘치고 격리병동이 부족하여 아우성치는 지옥 세상입니다.
인간 마귀들이 돌연 출몰하여 주검이 거리마다 병원마다 냉동 창고마다 가득하고 모두가 통곡하는 참혹한 지옥 세상입니다.
내일 핵폭탄이 떨어질지 모르는 불안한 말세 세상입니다.
언제 오재팔난이 나에게 아니면 나의 후손에게 닥칠지 모르는 욕계입니다.

☞ 그 누구도 지옥 세상에서 구원받을 수 없으며 죽음에는 예외가 없습니다.

병원마다 피 고름 나는 환자, 울부짖는 환자, 의식 불명환자, 대소변 받아내는 환자, 목구멍에 호흡기 꽂고 팔에 주사기 꽂은 환자, 사고로 피투성이가 되어 응급실로 오는 환자 등 바로 지구촌은 스스로 만드는 생지옥입니다.

☞ 지옥(地獄)은 몸과 영혼이 지구촌 피라미드 약육강식의 세상인 땅 테두리 안에 갇혀 벗어나지 못하며 7대고를 겪어야만 하는 운명적인 삶을 지옥이라 합니다.

복잡한 잡식성 인간들의 속성
(인간의 잔인성, **표독성**, **공격성**, **폭력성**)

   인류는 대자연 무위작용으로 이루어진 생명들로 영혼은 일체의 오염이 되어 있지 않은 순수 상태였습니다. 이는 어떤 물건을 만들어 낼 때 완전 새것으로 때가 전혀 묻지 않는 상태인 깨끗하고 순수한 그것과 똑같은 이치입니다.

   대자연의 불생불멸의 성품을 받아 만들어진 눈(색), 귀(소리), 코(공기), 입(맛), 육신(토양), 의식(허공)인 입력 작용으로 육신을 유지하게 됩니다. 그러면서 육신은 먹고 배설하는 물리적 화학적 작용을 해야만 유지될 수 있으니 역시 음양의 이치로 그 역할을 해야 할 각종 장기(臟器)들이 만들어진 것입니다.

   모든 생명들은 이러한 입출력작용으로 대자연이 주어진 짧은 생을 유지하게 됩니다. 무위작용으로 만들어진 입출력 장치는 생명들마다 형형색색 모양처럼 구조와 기능이 다르게 됩니다. 그러한 입출력 장치로 각 생명들이 먹을 수 있는 것은 제한되고 정해진 것이 됩니다. 모든 생명들의 형상과 구조가 다르게 진화하게 되며 생명들이 무엇을 먹고 어디에 어떻게 살아가느냐에 따라 오늘날 초식, 잡식, 육식으로 구분하게 됩니다. 원래는 대자연 양면성법칙에 근거하여 초식과 육식만이 있을 뿐이었으나 잡식은 그 이후 초식과 육식에서 파생되어 생긴 것입니다. 바로 인간과 그리고 사람과 함께 더불어 사는 동물들입니다.

육신이 있으면 대자연의 각종 지배를 받게 되므로 각종 생명들은 주어진 환경에 적응하며 생명을 유지하게 됩니다. 초식동물이었던 인류는 주어진 환경에 따라 육식을 하면서 서서히 잡식성이 되어 버린 생각하는 동물의 부류가 된 것입니다. "인간은 생각하는 잡식성 동물이다."입니다.

원래 인류의 순수하고 단순했던 초식속성은 육식을 하면서 점점 육식성 야수의 속성이 나타나게 됨으로써 인류는 다양하고 복잡한 잡식성 양상을 띠게 됩니다. 초식동물도 아니고 야수인 육식동물도 아닌 그 중간 속성이 서서히 나타나게 된 것입니다.

복잡한 심성(心性)과 속성을 가진 인간들은 초식동물들처럼 사고가 단순하지 못하고 복잡한 성격을 나타내어 분열을 일으키고 화합하지 못하게 되는 원인이 됩니다.

이념(理念)은 이념(異念)이요 즉 이념(理念)이란 바른 이치가 아니라 서로 다른 생각을 만들어 분열을 일으키고

사고(思考)는 사고(事故)이며 즉 깊은 생각이란 그릇되고 왜곡된 생각으로 사고(事故) 즉 사건을 만들어 내고

사상(思想)은 사상(死傷)입니다. 즉 세뇌로 박혀 버린 서로 다른 의식은 충돌과 폭력 살상을 자아냅니다.

더러워진 영혼들은 복잡한 생각들로 편 가르기, 분열과 갈등, 원한과 저주, 충돌, 폭력, 살상, 전쟁을 초래하여 짐승 같은 표독한 속성을 표출하고

무자비한 반야수, 야수들의 자아 만족을 그곳에서 얻습니다.

　하나의 새로운 이념이나 사상, 정책 등이 생기면 서로 다른 생각과 의견으로 사분오열 분열되어 충돌하고 폭력과 살상으로 이어지게 됩니다. 서로 믿음과 종교가 다르다고 오늘날까지 이교도끼리 충돌하고 분열과 충돌로 테러나 전쟁을 일으켜 형제끼리 죽이고 있습니다. 어떤 정책이나 이념 혹은 사상이 생기면 이견(異見)이 생기더라도 서로를 인정하고 평화롭게 선의의 경쟁을 하며 후일 결과를 보고 평가하면서 서로 화합하여 살아가는 일은 결코 없습니다.

　☞ 오늘날 종교는 이념화(理念化)되어 버렸습니다. 종교로 인한 분열, 갈등, 마찰, 충돌, 냉전, 테러 열전인 전쟁 등이 도처에서 공산주의 자본주의 이념전쟁처럼 일어났고 일어나고 있습니다.

　모두가 현상에 집착하고 원숭이들의 조삼모사처럼 당장 코앞의 이익에만 몰두하며 외형인 껍데기만 보고 분별하고 판단합니다. 당장 자기의 의견이나 사상이 관철되지 않거나 이념이 다르거나 자기편이 아니게 되면 거리에 나서고 왜곡, 비방과 폭력 살상 혹은 전쟁을 일으켜 무자비하게 상대방을 공격하고 죽여야 합니다.

　오직 힘만이 스스로를 지킬 수 있는 세상이며 약자는 강자에게 당해야 하는 무자비하고 잔인한 인간들의 잠재된 복잡한 잡식성속성을 그대로 표출하게 됩니다. 초식동물의 순하며 순수하고 선한 속성처럼 그나마 한 구석에 남아 있는 선한 마음은 종교라는 믿음 아래 위선의 탈을 쓰고 살면서 어느 순간 마귀로 돌변하게 됩니다. 이미 인간들의 영혼은 개, 돼지, 고양이, 쥐, 원숭이 같은 잡식성의 반야수의 속성이 되어 버렸기 때문입니다.

부자나 권력자들이 돈이 없어 투기를 하고 돈을 더 챙기려고 혈안이 될까요. 그들이 먹고살 돈이 없어 돈에 눈이 어두운 것이 아닙니다. 인간들의 본능으로부터 나오는 욕정 탐욕은 끝이 없습니다. 모두가 육안으로는 현상 즉 껍데기를 보고 판단하고(色), 귀로는 아름다운 말과 유혹에 빠져 살아가고(聲), 코는 맛있는 냄새나 향기에 젖어 살아가고(香) 혓바닥으로는 맛있는 요리나 죽은 중생[13]들의 살코기로 만족을 얻고(味), 육신의 안일과 사치, 정욕과 욕정을 찾아 동분서주하며(觸), 의식 생각으로는 7욕7정이 늘 작용하는(法) 인간들에게 불경이나 성경의 말씀은 "늑대(개) 귀에 경 읽기"가 된 것입니다.

중국이나 러시아와 같은 넓은 땅을 두고 살 곳이 부족해서 힘없고 작은 이웃과 전쟁을 일으켜 영토를 빼앗으려고 하며 모두가 탐욕에 빠져 내 편 네 편의 집단으로 갈라져 서로 자기 소속 집단의 이익에 눈이 멀어 독재자 마왕을 영웅으로 찬양하고 지지하며 모두 한통속 마귀로 변해 형제들을 예사로 잡아먹는 인류의 심성은 바로 오랜 세월 조상 대대로 육식을 거듭해 온 것이 원인이 된 것입니다. 살생과 육식을 거듭해 옴으로써 초식성의 유순하고 단순한 성질은 잡식성 반야수의 변화무쌍하고 공격적이고 표독스러운 복잡한 성질로 변질된 것입니다.

---

13) 중생이란 부처님이 인간을 포함한 모든 생명들을 일러 일체중생이라 하였습니다. 수를 헤아릴 수 없어 억조 중생이라 했습니다. 여기서 중생이란 인간을 제외한 짐승들을 말합니다.

복잡한 성질로 변질된 인간들에게 대자연의 이치와 섭리인 "화합과 상생"은 기대할 수 없는 위험한 세상입니다. 역사가 반복되듯이 끊임없이 마왕이 출몰하고 마왕은 스스로 "국가의 영웅이 되리라." 허망된 꿈을 꾸고 국민들은 모두 마왕의 기치 아래 마귀가 되어 형제들을 잡아먹는 잔인한 인간성을 보게 됩니다.

한곳에서 회오리가 생기면 주변은 자연히 그 회오리에 휩쓸리게 됩니다.

한곳에서 파도가 일어나면 주변에도 파도가 전파되어 함께 휩쓸리게 됩니다.

한곳에서 벌레가 생기면 주변에는 곧 온통 벌레 천지가 되어 버립니다.

한곳에 부패가 생기면 주변도 서서히 모두 썩어 버리는 것이 자연의 이치요 섭리입니다. 한곳에서 이상한 이념이나 사상이 발생하면 곧 주변에 전파되어 서로 다른 이념과 사상이 충돌하게 됩니다. 잡식성 동물의 충돌은 피비린내가 납니다. 한곳에서 전쟁이 일어나면 주변의 모든 곳이 전쟁에 휩쓸리게 됩니다.

한국에서는 6.25 전쟁이 그것이고, 과거 생겼던 모든 세계전쟁들, 1, 2차 세계대전, 베트남 전쟁, 캄보디아 킬링필드, 중국 공산화 후 모택동 문화대혁명, 소련 공산당의 대숙청, 북한 공산당의 인민재판, 쿠바의 자산계층의 대탈출과 숙청, 기타 공산이념과 자본주의 이념의 냉전 등등 잡식성 인간들의 악의 속성이 그대로 표출되는 참혹한 현상들입니다.

앞으로도 이러한 비극이 도처에 일어나고 죽은 생명들의 원혼이 메아리처럼 저주를 일으켜 인과응보의 대가를 집단공업으로 받고 계속 받게 될 것입니다. 인과응보는 당장 나타나는 것도 있지만 오랜 세월 지난 후 나타나는 것도 있고 사후에 나타나는 것도 있습니다. 형형색색 종류의 업을 짓고 그로 인한 원인으로 형형색색 형태의 과보가 후일 나타나게 되지

115

만 나타난 후에는 아무도 왜 그렇게 되었는지 알지 못하고 알 수도 없는 대자연의 보이지 않는 응보입니다.

그런데 사후에 내생에 일어나는 결과는 아무도 알지 못합니다. 오직 대자연 하나님만 알고 있을 것입니다. 이러한 인과응보는 바로 모든 인간들이 일생 동안 살면서 알지 못하고 깨닫지 못하는 무명 속에서 업을 짓고 일어나는 것들로 본인 스스로는 절대 알 수 없게 됩니다. 오탁한 세상, 오탁한 사회, 오탁한 인간의 표독한 성질 등이 어두운 세상의 인과응보란 결과도 또한 그와 같음을 깨달아야 합니다.

이 세상에는 선(善)과 악(惡)이 공존합니다. 대자연의 양면성법칙에 따라 선이 있으면 반드시 악이 존재하게 됩니다. 그래서 대자연의 섭리에 따른 모든 중생들에게는 선과 악이 공존하고 있습니다.

성경에 "선한 사람은 선을 하여 선을 더하고 악한 사람은 악을 행함에 악을 더한다."라고 인간들에게 선과 악이 공존함을 간접적으로 설했습니다.

초식동물은 속성이 온유하고 단순하며 심성은 선이 주류를 이루고
잡식동물은 속성이 거칠고 복잡하며 심성은 선과 악이 공존하고
육식동물은 속성이 냉혹하고 단순하며 심성은 악이 주류를 이룹니다.

사람들은 잡식성 동물에 해당하므로 모두가 마음속에 착한 면과 악한 면을 갖고 있어 착한 면은 성인(成人)이 되면 대부분 위선의 탈을 쓰고 살아갑니다.
마음속은 여우나 늑대의 모습을 갖고 겉으로는 양의 모습을 하고 상대

방에게 언행을 표출하는 겉 다르고 속 다른 위선자들이 많이 있습니다. 평소에는 착한 것처럼 보이다가 환경에 따라 악한 면이 저절로 드러나 스스로 깨닫지 못하는 잘못된 짓, 나쁜 짓을 하게 됩니다. 잡식성 동물들의 거칠고 표독하고 공격적인 속성이 그대로 나타나는 것이며 7욕7정과 함께 인간이 태어날 때부터 DNA로 받아 온 본능이며 더러운 육식으로 오랜 세월 뇌에 낀 이끼로 더러운 말과 행동들이 입과 몸에서 자연스레 나옵니다. 위법에 해당하는 악행들은 각종 법을 제정하여 처벌을 받습니다. 강제법인 처벌법으로 악심을 누르고 제재하며 혹은 스스로의 양심이란 선심으로 자제하며 공동체 사회를 형성하여 살아갑니다. 서로 돕고 상생하며 살아가는 반면 서로 해치고 위협하며 살아갑니다.

최근에 일어난 사건입니다. 주인을 살린 개를 주인이 보신탕집에 팔아넘겼던 사건을 매스컴을 통해 방송됩니다. 반면에 기르던 개가 주인을 물어 죽여 버렸던 일도 흔히 있습니다. 배은망덕한 것은 사람이나 개나 똑같습니다. 먹는 사람이 있으니 사는 사람도 있고, 사는 사람이 있으니 파는 사람도 있으니 인과 연기 윤회가 맞물려 돌아가는 이치로 모두가 공범입니다. 먹는 사람, 파는 사람, 사는 사람 모두 대자연 하나님의 처벌 대상이 됩니다.

☞ 사람들이 제정한 국내법과 국제법들의 유위법이고 대자연 신이 제정한 무위법은 "인과응보"법이 있습니다.

부처님과 예수님이 인간들의 심성을 바로잡기 위해 나타나시어 많은 가르침을 놓고 가셨습니다. 복잡하고 어지럽고 오염된 인간들의 심성을 바꿀 수가 없었습니다. 타고난 본능을 어떻게 바꿀 수가 있었겠습니까?

117

타고난 심성은 전생에서 받아오는 것으로 사람마다 모두 다릅니다. 단지 인간들을 교화시켜 알게 하고 깨닫게 하여 "본래의 나"인 "참나"로 돌릴 수 있도록 시도하신 것입니다. 그렇지만 형이상학적이요 초현실적이서 욕구 본능을 가진 습한 인간들에게 전혀 먹혀들지 못한 것입니다.

이 세상에 일생을 살아가는 사람들은 반드시 누구나 거짓말과 도둑질을 합니다. 거짓말로 스스로의 방어를 위한 방편을 삼거나, 거짓말로 상대방을 속이거나 이득을 취하려고 하거나, 거짓말로 다른 무명한 사람들을 미혹하게 하거나 구렁텅이에 빠지게 합니다. 흔히 요즈음 유행하는 "보이스 피싱"이 있습니다. 어떤 사람은 거짓을 넘어서 적반하장격으로 어지럽고 오염된 영혼을 그대로 말로써 표출하고는 합니다. 불경에서 말하는 8정도(8正道 = 8聖道 = 8支聖道)[14]라는 것은 이상(理想)이요 공상(空想)에 불과합니다.

부처님은 사람들이 복잡한 잡식성 심성으로 행하는 5대악을 다음과 같이 표현하였습니다.

『살생, 도둑질, 음행, 망어, 음주』

오늘날 이 5악을 광의로 풀어서 말한다면 다음과 같습니다.
첫째 "살생"은 사람을 포함하여 모든 생명들을 마구잡이 해하고 죽이는 짓입니다.

---

14) 8정도: 정언(바르게 말하는 것), 정행(바르게 행하는 것), 정사유(바르게 생각하는 것) 정업(바르게 생을 유지하는 것), 정정진(바르게 나아가는 것), 정견(바르게 보는 것), 정명(바르게 깨어 있기), 정념(바르게 염원하는 것)

둘째 "도둑질"은 강도, 사기를 포함하여 형형색색 형태의 도둑질입니다.

셋째 "음행"에는 욕정에 따른 강간, 간음, 음행과 몰래 하는 모든 짓을 포함합니다.

넷째 "망어"는 거짓말을 포함하여 모든 비단같이 꾸미는 말, 감언이설, 폭언, 악언, 망령된 말 즉 적반하장, 헛소리 등 많이 있습니다.

다섯 번째 "음주"는 술만 마시는 것이 아니라 사람의 정신 혼미하게 하고 어지럽게 하는 알코올류, 마약류 등도 포함됩니다.

모세의 십계명에 "살인을 하지 말라, 도둑질하지 말라, 간음하지 말라, 거짓말하지 말라." 등등을 계율로 정해 놓았습니다. 모세가 십계명에 살생은 사람에 한해 말했지만 부처, 예수는 사람을 포함한 여타생명에 대한 살생입니다.

『살생』은 인간에 대한 직접 간접살인, 전쟁으로 대량살인, 잔혹한 반인륜적 학살 등뿐만 아니라 부처님이 말씀하신 인간을 포함한 모든 중생들 즉 가축, 들짐승, 날짐승, 땅 짐승, 바다짐승들을 마구잡이 죽여 잡아먹는 것입니다. 전 세계 사람들의 육식문화가 살생의 주류입니다.

『도둑질』은 바로 드러나지 않는 형형색색의 도둑 형태들이 있습니다. 욕심쟁이 사람들이 살아가면서 본능인 탐심을 가지고 스스로 알게 모르게 업을 짓는 많은 종류의 도둑 행태가 있습니다. 거짓말처럼 평소에 행하여지고 있으니 이끼로 흐려진 영혼으로 보지 못하고 깨닫지 못하고 있는 것들입니다.

예를 들면

1. 남의 물건을 직접 훔치는 행위로 흔히 말하는 직접도둑입니다.

2. 직접 훔치지는 않으나 다른 사람을 속여 갈취하는 행위로 사기꾼입니다.

3. 부당이득이나 과도한 이윤을 추구하는 행위로 장사나 사업 그리고 각종 전문직 업에 종사하는 사람들입니다. 부동산 투기꾼, 한탕주의, 도박꾼도 있습니다.

4. 주어진 일, 책임과 의무를 게을리하면서 임금을 받아 가는 경우나 과도한 임금을 요구하는 행위로 직장인, 노동자, 근로자들입니다.

5. 특권이나 직위를 이용해 부정부패를 행하는 행위로 교사, 공무원, 경찰, 언론인, 정치인 모두 포함됩니다.

6. 감언이설로 무명한 사람들을 혹세무민하여 금품을 노리는 행위로 종교인, 목회자, 성직자, 사기꾼, 위선자 등 모두가 해당됩니다.

7. 스스로 노동이나 주어진 역할은 하지 않고 다른 사람의 노동의 대가를 법적 방식으로 정당화하여 착취하는 도둑이 있습니다.

8. 탐심입니다. 비록 직접적인 도둑질은 아니지만 사람 모두가 탐심을 가지고 있으므로 모두가 드러나지 않는 예비 도둑이라 할 수 있습니다.

어느 곳에 폭동이 일어나게 되면 모두가 상점 약탈을 자행합니다. 누구나 할 것 없이 가게에 뛰어들어 도둑질을 해서 가져갑니다. 평소에는 착하다는 사람들도 도둑으로 강도로 살인자로 돌변하게 됩니다.

【에베소서 4장 28절】
『도적질하는 자는 다시 도적질하지 말고 스스로 땀을 흘려 수고를 하고 그것으로 가난한 자들을 도우는 선업을 쌓아라』

스스로 땀을 흘려 수고를 해서 돈을 벌고 자립하며 그것에 더해서 다른 사람을 도우는 선업도 쌓으라는 가르침입니다. 스스로 노력하고 땀 흘려 노동하지 않고 다른 사람에게 기대어 사는 것은 빚이요 죄악입니다. 땀 흘려 일한 노동의 가치는 성스러운 것으로 간접적으로 다른 사람을 돕고 정의신에게 감사하는 선이요 의를 행하는 일입니다. 모두가 몸으로 실천해야 합니다. 아무리 비단같이 아름답게 하는 말도 감언이설이요 가치가 없는 망언에 불과합니다. 가정에서나 직장에서나 사회에서나 남부여대(男負女戴)하고 상부상조하며 서로 돕고 살아가는 일이 서로 신이 부여한 에너지를 교환하며 화합되고 상생되는 일로 공동체 사회적 동물이라 할 수 있습니다.

대부분의 사람들은 이중성을 가지고 살아갑니다. 성직자들이 법복을 입고 거룩한 것처럼 대중들이나 신자들을 모아놓고 설교를 하지만 평상시에는 모두가 예외 없이 욕심보따리에 이중성을 가지고 생활합니다. 그것은 해탈하지 못한 중생들이기 때문이요 7대 욕구본능이 내재하고 있기 때문입니다. 위선에서 비롯되는 이중성은 선악이 공존하는 잡식성 동물의 속성에서 자연히 생기는 현상으로 자연의 이치요 섭리입니다. 양의 탈을 쓰고 대중들 앞에 서지만 환경에 따라 양의 탈을 벗고도 살아갑니다. 속세에 젖어 일반 대중처럼 먹고 마시고 즐기고 자식을 낳고 키우고 호의호식하며 7욕7정, 6근의 유혹, 5음의 작용으로부터 절대 비켜 나갈 수 없는 대자연의 지배를 받는 욕구본능의 중생들입니다. 예수님은 다음과 같이 미래를 강한 어조로 경고하고 예언해 두었습니다.

【마태복음 7장 15절】
『거짓 선지자들을 삼가라. 양의 옷을 입고 너희에게 나아오나 속에는 노략질하는 자이니라』

【마태복음 23장 33절】

『이처럼 겉은 다른 사람들에게 의인(의인)으로 보이지만 속은 위선과 불법으로 가득하다』

모세의 십계명을 지키라고 합니다.

그 누가 간음하지 않았다고 할 수 있겠습니까?
그 누가 거짓말하지 않았다고 할 수 있으며
그 누가 도둑질하지 않았다고 할 수 있으며
그 누가 살생을 하지 않았다 할 수 있겠습니까?
그 누가 재물을 탐하지 않았다 할 수 있겠습니까?

☞ 이 세상은 거짓 세상이요, 가짜 인간들이 사는 세상이요 온통 거짓투성이입니다.
잡식성, 육식성 동물의 세계는 서로 속고 속이는 피라미드 약육강식의 세계입니다.

☞ 살생에 대해 무명한 사람들은 "내가 직접 죽이지 않으면 된다, 내가 직접 죽이지 않은 것은 먹어도 된다."라고 합니다. 인과의 이치를 알지 못하는 무식 무명에서 나오는 말입니다.

【묘법연화경】에 오탁(汚濁)한 세상을 다음과 같이 5탁(濁)으로 표현하였습니다.
5탁 중 식탁은 저자가 추가한 것입니다.

1. 세상이 오래되고 오염되어 뇌에 때가 묻어 생기는 혼란스럽고 어지러

운 겁탁(劫濁)

2. 사람들의 7욕 욕구로 인한 번뇌가 치열해져서 생기는 영혼이 혼란스럽고 어지러운 번뇌탁(煩惱濁)

3. 사람들의 성질, 성품, 감성이 복잡해지고 예민해지고 거칠어지고 들떠서 생기는 중생탁(衆生濁)

4. 사람들이 삿되게 보는 견해가 세상을 뒤덮어 혼란스러운 견탁(見濁) 서로 갈라져 진영논리로 세상은 혼란하고 정의는 사라지고 팔이 안으로 굽듯이 내 편, 네 편, 여당, 야당, 내 지역, 네 지역하고 외치는 어지러운 분별에서 나오는 견탁은 영혼탁(靈魂濁)의 일부입니다.

5. 사람들이 마구잡이 들짐승, 날짐승, 집짐승, 물짐승, 날벌레, 땅벌레, 집벌레, 물벌레, 미물들을 잡아먹고 오염된 물과 공기를 마시고 육신 몸뚱어리뿐만 아니라 육신의 중요한 일부인 신비스러운 간뇌, 소뇌, 대뇌까지 짐승들의 살과 호르몬과 살 기운(殺 氣運)으로 오염시킨 식탁(食濁)

『겁탁, 번뇌탁, 중생탁, 견탁』은 모두 영혼탁에서 파생된 것입니다. 영혼이 오염되어서 생기는 것들입니다. 인과에서 영혼탁은 결과의 과(果)에 해당하며 원인의 인(因)은 **식탁(食濁)**에 있습니다. 겁의 세월을 통해 조상들이 먹고 마시고 해 왔던 식습관으로 체내에서 끊임없는 화학적 반응, 물리적 작용을 통해 만들어진 오염된 유전인자 DNA를 만들고 그 오염된 DNA를 자자손손 오늘날까지 후손들에게 전해 준 것들로 육신 몸뚱어리는 생로병사의 근간이 된 것입니다.

사회가 세상이 오탁(汚濁)한 것은 인류가 겁의 세월에 걸쳐서 먹고 마시고 흡입하는 "식탁(食濁), 음탁(飮濁), 흡탁(吸濁)"에서 모든 것들의 근원을 찾을 수 있습니다.

『식탁』은 살해당한 짐승들의 육기와 호르몬 그리고 살을 먹어 몸에 포화지방산 기름기와 기름때를 일생 동안 몸과 뇌에 끼우고,
『음탁』은 더러운 물, 자극성 음료, 술, 마약, 비위생적인 음식, 국이나 탕을 마시고,
『흡탁』은 탁한 공기, 화학약품, 마약성분, 담배연기, 매연, 미세먼지 등을 흡입하는 것입니다.

『식탁, 겁탁, 번뇌탁, 중생탁, 견탁』을 인간들의 최대 5대탁(5大濁) 혹은 오탁(五濁)이라 할 수 있으며 이것으로 잡식성 동물인 인간을 대표하는 말로 오탁(汚濁)으로 인해 위선, 편 가르기, 적반하장, 마찰, 충돌, 저주, 원한, 폭력, 살상, 전쟁, 테러 등이 끊임없이 지구촌에서 일어나 역사가 되풀이되듯이 반복하게 됩니다. 『인과, 연기, 윤회』의 길은 피할 수 없는 진리가 되어 버렸습니다. 대자연으로부터 부여받은 천명은 5대 탁으로 인해 보장받지 못한 세상이 되어 버렸습니다. 모두가 생로건사(生老健死 = 나서 건강하게 살다가 건강하게 죽는다)의 천명을 지키지 못하고 생로병사(生老病死) 혹은 생전사고사(生前事故死), 생전 언제 닥칠지 모르는 오재팔난(五災八難)[15]으로 천수를 누리지 못하고 죽는 것이 진리가 되어 버렸습니다. 각종 악성 바이러스의 출몰, 독재자 마왕, 마귀 좀비들의 출몰은 숙명적인 것으로 당대에서 아니면 후대에서 자손들이 끊임없이 겪고 당해야 할 비극입니다.

---

15)   오재는 인재지변, 천재지변, 수재지변, 화재지변, 풍재지변이고 팔난은 배고픔, 목마름, 추위, 더위, 물, 불, 칼, 병란.

☞ 가까운 사람에게 붙어 위선으로 치장하여 달콤하게 단물을 빼먹는 벌레 세균 바이러스 같은 인간들이 주변에 수도 없이 많이 있습니다.

일부 시민들이 미국이 무기를 전 세계에 팔아먹기 위해 전쟁을 일으키고 전쟁을 조장한다고 욕하고 비난했습니다. 오늘날 러시아가 우크라이나를 무력 침공함으로써 한국이 폴란드에 대규모 무기를 팔 수 있게 되었고 기타 필리핀, 호주, 사우디, UAE, 터키, 인도, 등 여러 나라에 무기를 수출할 수 있게 되었습니다. 정부는 K-방산을 미래 주요 수출 품목으로 정했습니다.

무기를 파는 미국을 욕하고 비난하던 사람들은 이번에는 무기를 팔아먹는 조국인 한국을 욕하고 비난해야 할 것입니다. 모든 자연의 이치는 인과입니다. 인과에 얽혀 돌아갑니다. 무기를 만들어 파는 것은 결과의 과에 해당합니다. 원인의 인은 전쟁을 일으키거나 이웃 나라를 위협하는 것이 원인의 인이 됩니다. 원인의 인이 없으면 아무리 좋은 무기를 만들어 팔려고 해도 팔리지 않을 것입니다. 무엇이든 결과의 과보다 원인의 인이 중요합니다. 원인을 알아야 예방을 할 수 있고 조치를 할 수 있고 방어를 할 수 있기 때문입니다. 그래서 화재가 나면 화재의 원인을 조사합니다. 화재는 결과의 과에 해당하니 중요한 것은 화재의 원인이 무엇이냐를 찾는 것입니다.

감기가 걸렸으면 감기 바이러스를 욕하고 비난할 수 없습니다.
코로나가 걸렸으면 코로나 바이러스를 욕하고 비난할 수 없습니다.
지구 온난화로 기상이변이 생겼으면 하늘을 욕하고 비난할 수 없습니다.

☞ 가축을 도살하는 사람들은 결과의 과에 해당합니다. 원인의 인은 먹는 사람들입니다. 먹는 사람들이 없어지면 가축을 도살하는 사람도 없어지게 됩니다. 그래서 인과가 맞물려 돌아가는 대자연의 이치입니다. "작용 반작용"의 원칙입니다.

☞ 육식을 하는 모든 사람들은 천사의 눈으로 볼 때 괴물들이요 가축 짐승들의 눈으로 볼 때 모두 사탄들입니다. 괴물, 마귀, 사탄들이 양의 탈을 쓰고 살아가는 것입니다.

☞ 이끼 낀 뇌에서 떠오르는 영혼들은 항상 진실을 왜곡할 수 있고 편견을 가질 수 있음을 알아야 합니다. 왜곡된 생각과 편견으로 함부로 말해서는 안 됩니다. 오늘 내가 옳다고 생각하고 한 언행이 내일 다른 사람들로부터 공격당할 수 있다는 사실을 알아야 합니다.

무기를 만들어 팔아먹는 것을 욕하고 비난할 것이 아니라 전쟁을 일으키고 이웃 나라를 위협하는 것을 욕하고 비난해야 합니다. 이유가 무엇이든 전쟁을 일으켜서는 안 되고 상대방을 위협해서는 안 됩니다. 그러나 오염된 인간 오염된 사회 오염된 세상은 그렇지 못합니다. 반드시 힘이 생기면 약한 자를 위협하고 힘자랑을 하게 됩니다. 역사가 되풀이되는 이유입니다. 그것은 잡식성 반야수인 인간의 복잡한 심성이 그러하기 때문입니다. 어느 나라 독재자이든 가만히 있으면서 영원히 장기집권을 유지할 수 없기에 무엇인가 국민들에게 인기를 얻어야 할 일에 생각의 나래를 펼치게 됩니다. 생각이 날개를 달고 이곳저곳 배회하는 것은 인간의 복잡한 심성의 결과로 나타나는 이치입니다. 옛날 살인마 정복자들인 나폴레옹, 칭기즈 칸, 히틀러, 동조영기(東條英幾) 등 국민들은 정복자에게 열광합니다. 정복자들이나 정치인들은 그 나라 국민에게 인기를 얻어야 하고 역사에 길이 영웅으로 남아야 하기 때문입니다. 7욕 가운데 명예욕, 장수욕에 해당합니다. 권력으로 이미 금전욕, 물욕, 성욕, 식욕, 소유욕은 모두 갖추었고 만족시킬 수 있으니 남은 것은 명예욕과 장수욕뿐입니다. 명예욕은 영원이 영웅으로 길이 역사에 남기겠다는 것이고 장수욕은 오래 장기 집권을 하겠다는 욕망입니다.

☞ 복잡한 인간의 속성은 조상 대대로 잡식화된 음식문화가 원인의 인이 됩니다. 잡식동물인 개, 고양이, 쥐, 돼지, 원숭이들의 속성을 생각해 보세요.

잔인성, 표독성, 공격성은 육식성 야수와 잡식성 반야수들에게 무자비함을 엿볼 수 있습니다.

☞ 모든 악의 근원은 육식에서 비롯되고 육식으로 인한 무자비한 살생이 나날이 지구촌 모든 곳에서 자행됩니다. 냇물이 모여 강물이 되고 강물이 모여 바다가 되듯이 지구촌 곳곳에서 일어나는 살생의 기운들은 곳곳에서 모이고 모여 거대한 음 기운이 됩니다.

☞ 대자연의 양면성법칙에 따라 육식과 초식(草食)만이 있습니다. 잡식이란 육식과 초식에서 파생되어 나온 것입니다. 원래 잡식이란 없었습니다.

☞ 육식이 오재팔난(五災八難)의 원인으로 거의 대부분을 차지합니다.

『인재지변』은 육식과 그로 인한 대량 살생으로 인간의 심성을 거칠게 하고 살생의 기운이 온 지구촌을 덮어 각종 폭해, 폭력사건, 사고, 테러, 전쟁이 끊임없이 일어나고, 팔난 중에 불과 칼이 인재지변에 해당합니다.

『천재, 풍재, 수재지변』은 가축들의 대량 사육으로 인한 이산화탄소 탄산가스 배출로 지구 온실효과에서 생기는 이상기후 현상으로 홍수가 일어나고, 기류변화가 이에 해당합니다. 팔난 중 추위, 더위도 이에 해당합니다.

『화재지변』은 고기를 굽는 불판과 가스통의 폭발 등으로 일어나며, 지구촌 온도상승 고온 건조현상으로 도처에 산불이 나고 지구촌은 뜨거워집니다.

『병마의 고통』은 육식으로 인해 생겨나는 병고와 죽음이란 지옥고를 겪어야 합니다.

나머지 팔난 중 배고픔 목마름도 육식이 근원 중에 하나입니다. 대량 가축들 사육으로 소모되는 사료가 기아로 굶주리는 인구를 살려낼 수 있다 하고 목마름도 천재지변의 하나로 극심한 가뭄이 이에 해당합니다.

지구 온난화로 해수 온도가 상승하며 북극의 빙하가 녹아 해수면이 올라갑니다. 인도 어느 지방에서는 바다 수위가 상승하여 바다 짠 소금물이 지하수를 오염시켜 마실 수 없게 된 곳이 있습니다. 수도가 없어 빗물이나 지하수가 식수원이 된 곳에서 심각한 식수 부족현상이 일어나는 것으로 목마름의 근원이 되었습니다. 소나 가축들이 방출하는 이산화탄소, 탄산가스가 지구 온난화의 주요 원인 중의 하나입니다. 극심한 가뭄과 폭우, 홍수, 기후변화는 곡물 재배 및 수확에 큰 영향을 미치게 되니 이로 인한 식량부족이 배고픔의 원인 중 하나가 됩니다. 하나같이 육식문화가 눈에 보이지 않는 그리고 당장 알지 못하는 간접적으로 인류에게 미치는 영향은 방대합니다. 대자연 인과응보의 법칙이 미치지 않는 곳이 없습니다.

☞ 오재팔난은 7대지옥고와 밀접한 상관관계가 있습니다.
☞ 암이나 각종 질병도 육식과 관련된 것으로 인재와 밀접한 상관관계가 있습니다.

좀비들의 출몰(出沒)

　인간을 포함한 모든 동물 생물들에게는 독성이 있습니다. 마음에 내재되어 있는 독성과 몸에 지닌 독성이 초식동물은 엷고 약하게 있지만 잡식성 육식성 동물들에게는 많이 내재되어 있습니다. 그래서 상황에 따라 그 독성이 표출되어 좀비가 됩니다. 겉으로는 위선과 가식으로 치장하고 속은 좀비가 되어 있는 사람들이 많이 있습니다. 잔 겉은 희고 잔 속은 검습니다. 그래서 사람을 사귈 때나 상대할 때는 조심해야 합니다.

　사람들이 잡아먹기 위해 기르는 가축들, 들짐승, 날짐승, 바다짐승, 미물들에게도 반드시 독성을 가지고 있고, 세균이나 바이러스들뿐만 아니라 악성 세균이나 악성 바이러스들이 기생하고 있습니다. 사람들이 잡아먹었을 때 그 연유로 사람들을 무차별 공격할 것이고 공격하고 있습니다. 광우병, 구제역, 소두증, 조류독감, AI 바이러스, 에볼라 바이러스, 독감, 뇌 아메바 최근에는 인류를 지옥으로 몰고 간 COVID-19 코로나 바이러스 등 인간들이 가리지 않고 마구잡이식으로 잡아먹는 인과응보로 그 좀비들의 공격을 받지 않을 수 없는 인과응보의 이치요 섭리입니다. 사람도 마찬가지로 인연이 잘못되어 인간 좀비를 만나게 되면 여러 가지 방식으로 무차별 공격을 받게 됩니다.

　영화 「부산행」이나 좀비 관련된 외국 좀비 영화들을 보면 악성 세균이나 바이러스들이 인간을 오염시켜 그 바이러스들이 무섭게 전파되어 모두가 좀비 신세가 되는 영화들입니다. 비록 가상으로 영화화했지만 바로 현실이 됩니다. 좀비들이 출몰하여 인간을 무차별 공격하면 세상은 폐허가 되고 지옥이 됩니다. 일상생활에서도 누가 좀비인지 사람 속을 알지 못합니다. 잘못된 인연으로 좀비를 만나게 되면 가정은 파탄이 되고 가정지옥(家庭地獄)으로 비참한 신세가 됩니다.

태평양 전쟁을 일으킨 도조히데끼(東條英機) 씨는 그만 착각과 환상에 빠져 대동아 공영권이란 기치 아래 참혹하고 잔인한 전쟁을 일으켰습니다. 구일본은 러일전쟁에서 승리하면서 그만 오만해지고 전 세계 어느 국가도 그들을 이길 수 있는 나라가 없다고 판단하고 조선을 합병하고 중국을 침공하고 동남아 전역을 손아귀에 넣었습니다. 이러한 것에는 그 배경이 있다고 여겨집니다. 바로 천황입니다. 그는 천황을 신으로 생각하고 모셨습니다. 신이 일본에 계시니 그 어떠한 전쟁에도 지지 않으리라 환상과 착각을 했을 것입니다. 왜냐하면 대국(大國)인 러시아에게도 이겼으니 그러한 착각과 환상은 당연히 있었을 것이며 그것이 진주만 기습공격의 계기가 되고 미국과도 싸워 이길 수 있을 것이라 판단했을 것입니다. 그 당시 상황으로 보아 일본은 방해되는 미국을 제압해야만 했습니다. 병력으로 보나 무장된 장비로 보나 승승장구의 사기로 보나 분명 미국보다 우세하다고 판단하고 진주만을 기습공격 했을 것입니다. 태평양 전쟁에서 패하고 그는 군사재판에서 사형선고를 받아 사형당할 당시에 마지막 남길 말을 물었을 때 그는 "아메리카 만세"라고 외쳤다고 합니다. 결국 천황폐하가 신이 아니었음을 깨달은 것인지도 모릅니다. 보통 때 같으면 분명 "천황폐하 만세"라고 외쳤어야 옳은 일입니다. 죽기 전에 착각과 환상에서 깨달은 것일지도 모릅니다. 모든 것들이 개인의 명예욕과 영웅심에서 나옵니다.

☞ 사람은 누구나 착각과 환상을 합니다. 평소에 환상과 착각에 빠져 있지 않은지 스스로 돌아보아야 합니다. 오늘날 우크라이나 침공도 러시아 사람들의 착각에서 비롯된 것입니다.

오늘날 회고에서 그 당시 미국과 전쟁을 일으킨 것에 대해 태평양 전쟁에 참가했던 어떤 노병사가 1945년 종전 인터뷰를 하면서 다음과 같이 말하는 것을 보았습니다. "전쟁은 해 봐야 이길지 질지 알 수 있는 것이잖아요. 해 보지도 않고 미리 이길 것이다. 라고 생각하고 전쟁을 일으키는 바보가 어디 있어요." 그리고 다른 노 병사는 "폭격에 팔이 날아가고 목이 달아나고 피투성이가 되어 신음하고 고함치는 지옥의 모습을 보고 '이것이 전쟁이구나, 이곳이 지옥이구나.' 하는 비참함을 뼈저리게 느꼈다." 합니다.

상대방이 마귀가 되어 좀비 두목인 마왕을 앞세워 형제들을 죽이려고 쳐들어오면 모두가 소중한 생명을 바쳐 막아내지 않을 수 없습니다. 마왕을 앞세워 모두 마귀가 되어 버린 좀비들에게 사랑과 자비란 기대할 수 없습니다. 마왕이 기치를 앞세우고 선동하며 형제들을 죽이려고 이웃 나라를 공격하는 데 동조하지 않을 수 없는 필연 군중심리가 이미 사탄의 음 기운이 온 누리에 퍼져 떠돌고 있었습니다. 그 분위기에 휘말려 가세하지 않을 수 없는 상황에 모두가 빠지게 됩니다. 어지러운 세상에 그들 무리들에게 동조하지 않으면 비겁자, 매국노라 불리거나, 폭행, 배척, 죽임을 당할 수도 있습니다. 집단공업(集團共業)이란 업보(業報)로 소중한 생명을 마왕과 마귀들을 위해서 바쳐야만 되는 숙명이 됩니다. 잡식성 인류의 비극적인 전쟁이 도처에서 일어납니다.

어느 나라든 누구나 힘이 생기면 가만있지 못하고 힘자랑을 하고 싶어하는 것은 잡식성 및 육식성 동물들의 본능에 따른 것입니다. 잡식성 동물인 인간들도 예외는 아닙니다. 그들의 눈으로 보고 약하다고 생각하면 약자를 괴롭히거나, 항상 공격하여 잡아먹으려고 하는 것은 그러한 이끼 낀 뇌에서 뇌파 심리가 작용하기 때문입니다. 그러한 심리는 곧 폭력과 전쟁으로 연결됩니다.

무명한 백성들은 독재자 마왕과 그 추종자들을 찬양하고 정당하지 않는 명분으로 이웃 형제들을 잡아먹는 인간마귀 즉 인간 좀비들이 됩니다.

인류 모두가 육식을 생활화해서 살아가는 오염된 인간들에게 "신이여 전쟁을 멈추게 하소서, 이 땅에 평화를 주소서, 신이여 생명을 구하소서."라고 기도하는 로마교황의 부질없는 기도는 허례허식일 뿐 통하지 않습니다. 그대로 대자연의 섭리에 따라 당하고 겪고 살아가야 합니다. 잡식성 동물의 속성을 가진 인간들은 끊임없이 독재자 마왕과 그 추종자들은 마귀가 되어 도처에서 세상을 폐허로 만들고 "화합과 상생" 대자연의 섭리와는 거리가 먼 행위를 역사가 반복되듯이 되풀이할 것입니다. 힘으로써 전쟁에서 이기면 독재자 마왕(좀비의 괴수)은 그 나라 국민들에게 길이길이 영웅으로 칭송받고 영웅 탑이 세워지게 됩니다.

☞ 초식성 동물들은 서로 다른 동물들끼리 전쟁을 하지 않습니다.

몽고의 칭기즈 칸, 나폴레옹, 알렉산드리아, 히틀러, 여타 정복자 이들이 모두 살인마 정복자요 수많은 자국민의 생명과 이웃 형제들의 생명을 빼앗아간 마귀들입니다. 얼마나 많은 사람들이 전쟁터에 끌려가 죽임을 당했고 당했던 나라는 폐허가 되었고 가족을 잃고 불행해졌을까요. 불구자가 되어 일평생을 고통으로 살아야만 하였고, 편모 가정, 고아들을 양산하였고, 전쟁의 정신적 공포로 정신병에 걸려 살아야 했으며, 파괴로 살곳이 사라졌으니 얼마나 비참한 삶의 지옥고통을 겪어야만 했을까요. 이들을 영웅으로 불러주고 칭송하며 길이 역사에 남긴다면 후세 다른 인간 좀비들이 수시로 출몰하여 세상을 분열과 파멸과 죽음으로 이끌어 갈 것입니다.

☞ 정복자들에게 음정의 에너지를 실어주는 국민들 모두 간접 살인마들입니다. 그와 그 후손들 모두 지옥의 나락으로 떨어질 것입니다.

무엇이든 사랑과 자비로써 정복하지 않고 폭력이나 무력으로 누르고 정복하고 찬탈한다면 일시적으로 굴복시키고 빼앗을 수도 있으나 영원하지 않습니다. 당한 상대방은 항상 춘추전국시대 "오월동주 와신상담"처럼 보복과 복수의 칼을 갈아 끊임없이 분쟁과 전쟁이 되풀이될 것입니다. 이것이 대자연의 이치와 섭리인 인과, 연기, 윤회가 삼위일체가 되어 되풀이되는 것입니다.

저서 『육식 살생의 대가는 무엇인가』 중 "오염된 영혼들이 일으키는 전쟁", "오염된 영혼들이 발작한 무서운 예들"에서 인간 좀비들의 출몰로 과거나 현재 헤아릴 수 없는 생령들이 죽임을 당하는 지옥 같은 이야기를 해 놓았습니다. 바로 지옥입니다. 러시아 우크라이나 전쟁에서 우크라이나 사람들은 "지옥이 따로 없다, 여기가 지옥이다."라고 했습니다. 좀비는 지옥사자입니다.

오늘날 도처에서 내전이 일어나고 종교분쟁, 영토분쟁, 인종분쟁이 일어나고 있습니다. 중남미 국가에서는 마약조직과의 치열한 전쟁을 하고 있습니다. 국가, 정치, 경제, 사회 모든 분야에서 좀비들이 창궐하여 나라마다 경제는 붕괴되고 사회는 혼란에 빠집니다. 먹고살기 위해 생명을 유지하기 위해 마약범죄, 도둑, 강도, 강탈, 폭력, 살상, 납치, 살인이 횡횡하고 도처에 죽음의 공포 불길한 기운이 돌고 있습니다. 옛날이나 현세나 조금도 변함없이 참혹한 비극의 역사가 되풀이되고 있습니다. 육식 살생의 대가는 반야수가 된 인간들의 영혼을 점점 더 야수화시켜 무자비하고 잔인하고 참혹한 광경이 세계 도처에서 일어나게 됩니다. 고문, 강간, 살생, 생매장과 같은 짐승 같은 영혼들이 무자비하게 예사로 자행하는 일들입니다.

만물 창조주 인간은 음속, 초음속, 극초음속 미사일을 개발하고 핵을 탑재하여 인류를 스스로 자폭시키는 데 대자연 정의 신이 부여한 정의 에너지를 집중하고 있습니다. 극초음속을 넘어서 광속 미사일이 개발되기 전에 인류는 파멸하고 멸망하게 될 것입니다.

인간 좀비들뿐만 아니라 마구잡이식 육식 생활로 인한 코로나 바이러스와 같은 악성 좀비들도 시시각각 출몰하여 인류를 파멸로 몰고 갈 것입니다. 점점 더 삶은 황폐해지고 살기 위해 발버둥 치게 되니 각종 범죄 폭력이 도처에서 일어나니 바로 이 땅이 지옥이 됩니다.

☞ "나는 생각한다, 고로 나는 존재한다." 무슨 생각들을 할까요?

존재를 증명하기 위해 형형색색의 모양처럼,

형형색색의 별별 생각을 하고 형형색색의 별별 행동을 합니다.

형형색색의 생각과 행동으로 생존을 위해서 몸부림치고 동분서주합니다.

형형색색의 생각과 행동으로 전쟁을 일으켜 자국과 이웃을 불행하게도 합니다.

형형색색의 별별 생각은 마치 새가 날개를 펼쳐 날아다니다가 아무 나무에나 앉는 것과 같습니다. 형형색색의 별별 생각으로 새로운 사상과 이념을 만들어 분열과 갈등을 만들어 냅니다. 육식, 초식동물들의 생각은 단순하나 잡식성 인간들의 생각은 좀 복잡하고 어지럽습니다. 생각은 나래를 펼치다 갑자기 이상한 생각도 합니다. 바로 5대탁에서 나오는 현상입니다.

초식동물은 오직 상생만 하나 잡식성 육식성 동물들은 상생(相生 = 서로 돕고 사는 것)도 하고 상해(相害 = 서로 해치며 사는 것)도 합니다.

상생과 상해는 대자연의 양면성 이치에 근거합니다.

"급한 불 끄고 보자~ 급한 불 끄고 나면 생각이 달라진다."

"똥 눌 때 급하지 똥 누고 나면 생각이 달라진다."

"환경이 바뀌면 생각도 달라진다."

생각은 시시각각 달라지니 믿을 수 있는 사람은 아무도 없습니다. 영원한 동지도 적도 없는 잡식성 동물세계입니다. 과거 태평양전쟁 당시 미국은 중국에게 많은 지원을 했습니다. 그런데 오늘날 배은망덕하게 등을 돌리고 있습니다.

가축들은 배고프면 먹을 것을 찾고

배부르면 조용하게 시간을 보낸다.

사람들도 배고프면 먹을 것을 생각하나 배부르면 조용하게 시간을 보내나?

자나 깨나 무엇을 할까 하고?

형형색색 나름대로 망상을 한다.

마음자리 잠시나마 붙들지 못해

이리 갔다 저리 갔다 원숭이든가

일을 내고 사고치고 문제를 일으킨다.

6진의 유혹으로 젊음을 불태우고

7욕의 욕 보따리 인생을 걸어두며

독재자와 한마음 좀비들 되면

이웃 형제 잡아먹는 마귀가 된다.

성경말씀 한마디 "범사에 감사하라."

그 누가 있어 이 말씀에 귀 기울여

모두 서로 돕고 화합하며 이해하고 살겠는가?

개가 낯선 사람을 보면 사납게 짖고 맹렬하게 달려들어 사람을 물어 죽입니다. 개, 고양이, 쥐, 돼지, 원숭이들 모두 잡식성 동물입니다.

사람도 낯선 사람을 보고 돌발적이며 순간적으로 막가파식 폭행과 살인을 저지릅니다. 개가하는 행동과 같습니다. 사람도 잡식성 동물입니다. 개, 사람을 포함해서 모두가 업보중생들입니다.

사나운 개 가까이 가서는 안 됩니다. "묻지 마" 물릴 수 있습니다.

낯선 중생들은 주의해야 합니다. "묻지 마" 폭행을 당할 수 있습니다.

잘못된 인연이 되지 않도록 주의해야 합니다. 아차! 하는 순간 몰릴 수 있습니다.

개도 친구도 이웃도 하나같이 어느 순간 마귀로 돌변합니다. 신중하고 신중하여 지옥 같은 운명을 스스로 만들지 않도록 해야 합니다.

많은 중생들이 모인 곳은 피해야 합니다. 사람들이 들끓는 장소는 절대 피해야 합니다. 업보 중생들의 살 기운이 주변에서 일어납니다. 살생 육식으로 어두워진 오염된 영혼들이니 살 기운은 순식간에 인과를 만듭니다.

평소에는 이성(理性)으로 별일 없이 지나갈 수 있으나 돌발 상황에서는 복잡한 심성에서 나오는 감성은 잡식성 속성으로 선악이 뒤섞여 복잡한 상황이 그대로 나타나게 됩니다. 때에 따라서는 우발적으로 혹은 때에 따라서는 계획적이고 의도적으로 어두운 영혼들은 마귀 즉 좀비의 행태로 나타납니다. 넓은 곳은 흩어져 쉽게 피할 수 있지만 좁은 곳은 피할 수 없게 됩니다.

미국에서 막가파 총기 난사 사건이 사람들이 모인 곳에서 빈번하게 일어나고 있습니다. 전 세계에서 사람들이 모인 곳에는 예기치 못한 돌발 사태로 많은 사람들이 죽어 나가고 있습니다. 전 세계에서 사람들이 모인 장소에서 테러나 무차별 총격 사건으로 많은 사람들이 죽어 가고 있습니다.

☞ 어린아이에게 총을 주면 총을 갈기고 칼을 주면 칼을 휘두릅니다. 잡식성 동물인 인간의 본능적인 행동 즉 공격성, 폭력성, 돌발성, 잔인성입니

다. 거의 모든 국가가 총기소지를 불법으로 처벌하고 있습니다. 만약 미국처럼 총기소지를 합법적으로 허용한다면 도처에서 총기 난사 사건이 발생하고 이 세상은 공포와 죽음의 세상이 되고 말 것입니다.

　가정에서, 이웃에서, 공항에서, 역에서, 공원에서, 예식장에서, 학교에서, 교회에서, 콘서트장에서, 백화점 쇼핑센터에서, 종교 집회에서, 스포츠 경기장에서, 대규모 행사장에서, 시위 군중들 속에서 총기사고가 일고 있습니다, 그리고 가정폭력, 학교폭력, 조직폭력, 집단폭행, 이유 없는 무차별 폭행 등 장소에 가릴 것 없이 각종 사건이 시시각각으로 일어나고 있습니다. 일반 가정에서도 직접적인 테러나 폭력이 아니더라도 겉으로 나타나지 않는 언어폭력, 시부모학대, 아동학대, 노인학대 등이 비일비재하게 일으키고 일어납니다. 조상 대대로 살생과 육식으로 오염된 어두운 잡식성 영혼들이라 피할 수 없는 운명이 됩니다.

　어떤 사람이 어디에서 인간 좀비가 되어 사람을 잡아먹는 마귀가 될지 모릅니다. 개개인으로서는 겉으로 표시가 나지 않습니다. 개개인으로서는 오랜 세월 만나서 겪고 관찰하며 현명한 판단을 해야 하지만 단체로 모인 곳은 많은 업보 중생들의 기운들이 모여서 음 기운이 일어날지도 모릅니다. 생명을 마구잡이 죽이고 잡아먹는 일을 예사로 여기기 때문이요, 선과 악이 함께 내재되어 언제 어디서 어떻게 순간 악이 표출될지 모르는 육식의 기름기 때에 가려진 어두운 영혼들입니다. 덧셈 셈법에만 빠져 있는 모든 인간들은 조그마한 손해에도 좀비로 둔갑될 수 있음을 명심해야 합니다.

　독재자, 정복자, 사탄들아

지구촌 이 땅의 소유권은 하나님 아버지이니라

너희들은 하나님 아버지의 자식으로

하나님 아버지는 형제들과 서로 돕고 화평하게 살기를 바라노라

빈손으로 태어나 한순간 존재하다 빈손으로 가는 자식들이

하나님 아버지의 땅을 두고 형제들과 다투니

하나님 아버지는 크게 실망하시고 분개하시니라

너희들은 하나님 아버지의 무서운 체벌을 알지 못하나니

감히 이르노라 너희들이 짓는 어리석은 짓은

멀지 않아 인과응보로써 스스로 받게 되리니

그때 가서 그 응보의 혹독한 대가는 감히 견디기 어려우리라

그 누구도 지은 죄업에 대한 무거운 형벌은 피할 수 없는 것이니

내가 지어 내가 받게 되는 것이로다.

☞ 모든 인류는 마왕이 출몰하면 마왕을 죽여야 하고 마귀가 침범하면 마귀를 쫓아내어야 살 수 있습니다.

☞ 모든 사람들은 요괴를 만나면 요괴를 피해야 하고 양의 탈을 쓴 요사스러운 요물들과 불의(不意)로 만날 수 있으니 경계하고 주의해야 합니다.

☞ 진정 인간으로서 내가 걸어야 할 것이 무엇이고 진정 하나님의 뜻이 무엇인지 깊이 생각하며 살아야 합니다.

화합과 상생의 이치

대자연의 이치인 화합과 상생은 모든 생명과 사물에 적용되는 자연의 절대적 법칙입니다. 이미 저서『살생 육식을 삼가야』에서 많은 예를 들어 설명하였습니다. 화합이란 서로 어울려져 조화를 이루는 것을 말하고 상생이란 서로 도우며 살아간다는 의미입니다. 화합은 결합을 의미하며 만생명, 만물 창조의 근간이 된다는 것을 많은 예를 들어 자세히 설명하였습니다.

우리 모두 어느 누구든 화합 없이 태어날 수 없으며 자연의 모든 생명들이 화합 없이 생겨날 수 없으며 만 물질들이 화합 없이 만들어질 수 없습니다. 음양이 화합하여 만물이 생성되고 이루어집니다. 나 홀로 무엇이든 이루어질 수 있는 것은 아무것도 없으며 살아갈 수조차 없습니다. 남녀가 화합하여 자식을 낳고 가정이 화합하여 평화로운 가정이 되듯이 이 은하계 우주, 세상 모든 것들이 화합하여 작용하기 때문에 일체중생들이 지구라는 작은 행성에서 안전하고 평화롭게 살아갈 수 있는 것입니다. 화합에 의한 대자연의 무한한 혜택을 받고 누리며 살고 있습니다.

대자연의 균형과 조화, 안정은 행성 서로간의 화합 작용 없이는 절대 이루어질 수 없는 불생불멸의 여래장입니다. 균형과 조화 화합이란 대자연의 법칙이 깨지면 파멸과 멸망이나 천지개벽이 일어나게 될 것입니다. 국가 상호 간, 부족 상호 간, 개인 상호 간에도 서로 균형 조화가 깨지고, 화합되지 않으면 전쟁과 살상, 폭력과 충돌, 반목과 질시, 불안과 공포가 생기고 생명은 살아갈 수 없게 되고 존재할 수 없게 됩니다.

어느 하나로만 이루어질 수 있는 것은 이 세상에 존재하지 않습니다. 그래서 『육식 살생의 세계 대가는 무엇인가』란 책에서 대자연의 양면성법칙을 상세히 설명하였습니다. 양인 태양만 있어도 안 되고 음인 달만 있어도 안 됩니다. 남자만 있어도 안 되고 여자만 세상에 있어도 안 됩니다. 암컷이 있으면 수컷도 있어야 하고, 습지가 있으면 사막도 있어야 하고, 바다가 있으면 육지도 있어야 하고, 남극이 있으면 북극도 있어야 하고, 하늘이 있으면 땅도 있어야 합니다. 이 세상 모든 것들이 대자연의 양면성법칙에 적용되지 않는 것들이 없습니다.

나가 있으면 너도 있어야 하고 여당이 있으면 야당도 있어야 합니다. 중요한 것은 서로 불화하지 않고 화합하는 것이 대자연의 섭리를 따르는 것입니다.

어떠한 물건들도 모두 화합되어 만들어지고 화합으로 나오게 됩니다. 원소들이 화학 작용으로 화합되어 각종 원자, 분자, 물질, 물건으로 탄생되고 형상을 갖추어 태어난다고 많은 예를 들어 설명했습니다. 우리가 먹고, 마시고, 가지고 살아가는 모든 물건들이 화합되어 나온 것들입니다. 바로 에너지 작용이라고 했습니다. 대자연은 화합할 수 있도록 모든 생명의 씨앗에는 에너지를 부여한 것입니다.

☞화합도 한쪽에서만 에너지를 가져서는 화합이 안 됩니다. 양쪽 모두에너지를 가져야만 종국적으로 서로 화합이 됩니다. 가정에서나 사회에

서나 어디에서나 계속 일방적이어서는 화합이 이루어지지 않습니다. 비록 당장은 아니더라도 세월이 가면서 쌍방이 노력하고 협력하고 배려하는 마음이 어우러져야 화합이 이루어지는 것으로 궁극적으로 각자의 역할을 다해야 화합이 되는 것은 인간이나 물질이나 삼라만상 똑같은 이치입니다. 이치법과 사물법 양쪽 모두가 적용됩니다. 이치법은 마음이 서로 맞아야 하고 사물법은 육체적인 역할이 서로 맞아야 합니다. 그래야 서로 화합되고 상생할 수 있습니다.

조화와 화합은 우리 주변 어디에서나 볼 수 있고 알 수 있습니다. 열쇠와 자물쇠가 화합되어야 문을 열 수 있고, 단추도 옷 구멍에 끼워야 단추로써 역할을 합니다. 열쇠 자물쇠도 음양의 이치로 서로 화합과 상생의 역할을 하고 있는 것입니다.

봄이 되면 아름다운 꽃들이 저마다 아름다움을 자랑합니다. 빨간 장미꽃만 있다고 한다면 보기에 단조롭게 보일 것입니다. 각종 색상의 꽃들이 어우러져야 아름답게 됩니다. 오케스트라가 피아노 하나만 놓고 연주한다면 단조롭게 되듯이 여러 악기들이 어울려 조화를 이루어야 아름답게 들립니다. 소리도 화음이라야 듣기가 좋습니다. 이처럼 자연의 이치대로 형형색색의 사람, 언어, 문화, 색이 어우러져야 아름다운 세상이 됩니다.

☞ 양의 기운을 주면 양의 기운을 받을 것이요 음의 기운을 내면 상대방도 음 기운을 일으킬 것이니 곧 자연의 give and take 이치입니다. 사람들이 서로 만나 곧바로 화합하여 서로 마음을 맞출 수는 없습니다. 원소나 인들도 화합반응에 의해 물질이나 물건으로 만들어지기 위해서는 오랜 화합반응 시간이 걸리고 꽃나무들도 태양, 물, 공기, 토양, 신의 손길이 모두 화

합하여 꽃을 피우기 위해서는 오랜 반응 시간이 걸리는 이치와 같습니다. 화합의 결실이란 오랜 세월에 걸쳐 서서히 나타납니다.

대자연도 여름이면 매미, 여치, 각종 벌레들의 합창이 이루어져 울울창창한 초록 세상과 어울려 한여름 더위와 조화를 이루게 됩니다. 가을에는 귀뚜라미 소리가 선선한 가을과 함께 아름다운 형형색색의 단풍과 조화를 이루게 되고, 겨울에는 하얗게 내린 눈이 겨울의 아름다운 풍치를 느끼게 합니다. 이러한 화합 작용들이 짧은 시간에 금세 이루어지는 것이 아닙니다.

꽃들만 있어도 안 됩니다. 상생의 뒷받침이 되는 나비, 벌, 잠자리, 메뚜기, 각종 곤충들도 있어야 서로 에너지 작용으로 화합과 상생이 이루어집니다. 예쁜 꽃나무들을 키우기 위해 물을 주고 비료를 주고 돌보아 줍니다. 꽃나무들은 그 화답으로 아름다운 꽃을 피워 키우는 사람들에게 영혼의 즐거움과 주변의 아름다운 경관을 만들어 줍니다. 상호 에너지 작용의 일종이요 반응 화합 작용입니다. 대자연 모든 생명들은 서로서로 연결고리가 되어 화합되고 상생하면서 나고 죽고 하는 윤회의 법칙, 신의 섭리를 따르게 됩니다.

화합도 자체 에너지로 자연적인 화합 즉 무위작용이고 대자연이 스스로 창조해 내는 화합입니다. 인위적인 화합 즉 유위 작용은 외부에너지에 의해 이루어지는 것으로 사람들이 만들어 내는 모든 물질과 물건들이 이에 해당합니다.

화합이란 각자가 가진 에너지를 서로 주고받는 음양의 이치요 작용반작용의 법칙입니다.

☞ 음양이 화합하지 못하고 충돌해서 일어나는 자연현상으로 번개와 천둥, 정전기 같은 것들이 있습니다. 서로 상극으로 에너지 충돌로 나타나는 자연현상들입니다. 충돌로 생긴 벼락 천둥, 번개와 소나기는 마치 전쟁에서 서로 충돌로 생긴 포성과 총포탄의 세례와도 같습니다.

화합도 아무렇게나 이루지는 것이 아니라 대자연 유유상종의 법칙에 따라 연(緣)에 의해서 이루어집니다. 사람은 사람끼리 유유상종으로 화합해야 하나 그렇지 못한 사람들이 많이 있습니다. 서로 만나면 잡식성 반야수의 동물인 개나 고양이가 싸우는 것처럼 사람들도 만나면 원수처럼 미워하고 싸우는 사람들이 많이 있습니다. 바로 잡식성 반야수처럼 심성이 복잡한 것이 원인입니다.

☞ 화합과 상생은 대자연 하나님의 율법으로 절대 철칙입니다. 이것을 어겼을 때 반드시 그 과보가 따르게 됩니다.

화합의 법칙
우주 은하계는 화합으로 조화를 이루고
만물은 화합으로 생성되며
만 생명은 화합으로 탄생된다.

원소가 화합하여 물질이 이루어지고
원자끼리 화합하여 공기와 물이 생겼으니
만 생명들이 화합으로 모습을 나타내어
모두가 서로서로 조화를 이루어 낸다.

남녀가 화합하여 자식이 탄생되고
음양의 화합으로 만 중생이 소생한다.
봄이 되면 꽃나비 화합으로 날아들고
아름다운 꽃나무 아름답게 피어난다.
여름 되면 녹수가 화합으로 우거지고
매미들은 땅속에서 기지개를 편다.
가을이면 형형색색 화합으로 색을 내고
귀뚜라미 노랫소리 가을 풍경 그려 낸다.
겨울이면 화합으로 얼음 눈 땅이 얼고
썰매 타고 눈사람 어린이들 즐거워한다.

연이 없고 유유상종이 되지 않아 화합이 되지 못하는 것은 대자연의 섭리에 따라 있는 서로 상생하며 그대로 유지됩니다.

유럽제국들이 구소련의 위협에 대비하여 서로 화합으로 집단 방위체재인 나토(NATO)를 형성하여 스스로를 보호하고자 하였습니다. 유럽제국과 구소련은 화합하지 않았으나 상생은 했습니다. 유럽제국은 러시아(구소련)산 가스나 기름을 사들이고 러시아는 대가로 돈을 벌어 국가를 유지했습니다. 이것이 화합하지 않으나 상생하는 것입니다.

러시아가 이웃 나라 우크라이나를 무력으로 침공하자 유럽제국과 러시아는 상생마저 끝이 나고 서로 죽이고 죽고 하는 좀비들이 되어 파멸을 맞이하게 되었습니다.

미국과 중국이 서로 패권다툼으로 화합을 하지 못했습니다. 그러나 그들은 서로서로 교역을 하면서 상생은 유지했습니다. 그러나 점점 이해가 충돌되고 감정이 격해지면 좀비로 변질되어 상생조차도 끝이 나고 파멸의 길로 갑니다.

【마태복음 12장 24절】
『분열하여 분쟁하는 나라는 파멸이요, 분열하여 분쟁하는 도시나 집은 서지 못하리라』

화합 상생하지 못하고 서로 잡아먹는 것을 상극이라 했습니다. 상극이라는 용어는 영혼과 관련된 용어입니다. 사람들은 마땅히 서로 상생해야 할 가축들과 화합 상생하지 않고 길러서 이용하고 죽여 잡아먹고 있습니다. 모든 생명들에게는 영혼이라는 것이 있습니다. 영혼은 대자연 정의신이 부여한 신비스러운 영적 에너지입니다. 그 신묘함은 인간으로서는 알지 못합니다.

죽임을 당한 중생의 살을 양식으로 취할 때 사람들은 어떠한 형태이든 응보의 대가를 받게 됩니다. 과거에도 받아 왔고 현재도 받고 있으며 앞으로도 인류가 종말을 고할 때까지 받을 것입니다. 각종 질병, 사고, 전쟁, 악성 바이러스의 출몰과 인간 좀비들의 출몰로 인간들도 죽임을 당해야 하는 과보도 일종의 응보입니다. 사람은 양(+)이요 사람이 기르는 가축들은 모두 음(-)에 해당합니다. 양의 밝고 아름다운 사람의 손길은 가축들의 영혼을 편안하게 해 주며 가축들도 사람들에게 보답의 은혜를 가져다줍니다. 서로 화합상생으로 동고동락하며 인간과 더불어 살아왔습니다. 요즈음은 대부분의 나라에서 잡아먹기 위해서 사육하는 불행한 현실이 되었습니다. 가축들이 없었다면 아마도 인류는 존재하지 못했을지도 모릅니다. 원시시대를 벗어나 농경시대에 그들은 절대적인 역할을 해 왔습니다. 소는 밭갈이, 말은 운송수단, 양 염소는 젖과 옷을 제공하였으니 그 공덕(功德)은 무한하다 하겠습니다. 그러한 공덕도 오늘날에 와서는 상극이 되어 잡아먹히는 현실이 되어 버렸습니다. 배은망덕에 대한 인과응보는 반드시 보이지 않는 그들만의 보복수단으로 인간은 당하고 있고 앞으로도 당할 것입니다.

그나마 순수했던 영혼들의 이야기
(화합과 상생 이야기)

때는 춘추전국시대 많은 작은 나라들이 분열되고 난립하여 전쟁이 끊임없이 일어난 시기였다. 그래서 춘하추동 사시사철 전국시대를 줄여 춘추전국시대라고 불렀다. 이 당시에는 전쟁에서 이기는 나라의 황제는 패하는 나라의 황제와 그 삼족을 죽여 후환을 없애 버리고는 하였다. 사람에 따라 죽이는 것도 단순히 극약을 먹이거나 도부수를 시켜 목을 자르는 것만이 아니라 잔인하게 무자비하게 죽이는 경우도 있었다.

어느 나라가 전력을 모아 힘이 강해지면 반드시 약하거나 작은 나라를 공격하여 영토를 넓히는 것이 관례였다.

어느 날 이웃 나라가 영토를 넓히기 위해 군사를 일으켜 작은 나라를 치러 갔었다.

그 작은 나라 왕은 이웃 나라가 쳐들어온다는 첩보를 받고 대신들을 모아놓고 상의한다.

"이웃 나라가 지금 쳐들어오고 있으니 어찌하면 좋은지 모든 문무 대신들은 의견을 말해 보시오."

어느 문관이 "폐하, 우리는 약하고 그들 대군을 막아낼 수 없으니 항복함이 옳을 줄 아옵니다."

어느 무관이 "무슨 소리를 하는 거요. 우리는 죽음을 각오하고 싸워 그들을 물리쳐야 합니다. 항복이라니 말이 아니 되옵니다."

다른 문관이 거든다. "폐하 만약 싸우게 되면 많은 백성이 죽을 것이고 지게 되면 종묘사직을 지키지 못하게 될 것이옵니다. 통촉하시옵소서. 항복함이 옳을 줄 아옵니다."

다른 무관 "우리는 결코 항복할 수 없소, 우리도 훈련된 많은 군사가 있소."

그러자 왕이 "그대들은 이길 수 있는 계책이라도 있소?"

어느 문관이 말한다. "그들은 멀리서 걸어와 피곤할 것입니다. 도착하자마자 급습을 하면 이길 수 있을 것이옵니다."

문관 하나가 "무슨 소리 하는 것이요, 싸움을 해 보지도 않고 이길 수 있다니, 만약 패하기나 하면 어쩔 것이요. 그들은 대군이고 강성하오."

모두가 결론 없이 어찌할 바를 모르고 웅성거린다.

그때 문관 하나가 "폐하, 옆 나라에 구원을 청해 보면 어떠하겠습니까?"

다른 문관이 "아니 되옵니다. 불가하옵니다. 그 나라도 우리나라를 잡아먹으려고 호시탐탐 노리고 있었던 터이옵니다. 군사를 일으켜 치러 오면 다른 나라가 그 틈을 타 뒤 허를 찌를까 두려워서 감히 오지 못하고 있는 것입니다."

왕은 절망 속에서 어떻게 해야 할지 몰라 초조한 얼굴로 대신들을 내려본다. 그 많고 강한 군사들과 대적하기는 어렵다. 설사 대적해서 이긴다 해도 이웃 나라 군주가 가만히 있을 리 만무하다. 더 큰 군사를 일으켜 후일 보복하러 올 것이 뻔하다.

대신 가운데 늙은 문관이 다음과 같은 생각을 올린다.

"폐하, 이렇게 해 보시면 어떠하겠습니까. 항복은 아니더라도 전쟁은 피할 수가 있고 종묘사직은 보존할 수 있을 것이라 사료되옵니다."

"어디 한번 말해 보게."

"그들은 멀리서 걸어왔으므로 필시 배도 고프고 지쳐 피곤할 것이옵니다. 우리 모든 백성들을 동원해서 음식을 만들고 선물을 준비해서 그들을 맞이하는 것입니다. 더구나 이번 상 장수(上 將帥)는 인덕과 지략을 갖춘 명장입니다."

"어떻게 맞이하면 되겠는가?"

"어린아이들과 노인 그리고 여자들을 앞세워 음식과 선물을 갖추어 성 밖으로 나가서 맞이하게 하여 그들의 마음을 누그러지게 한 후 사신을 보내어 화평을 청하는 것입니다."

한 대신이 "만약에 실패한다면 어떻게 하겠소?"

늙은 대신은 대답한다. "그때 항복해도 늦지 않소. 우리는 그들을 해치지 않았으니 그들도 우리를 해치지 않을 것이오."

임금은 뾰족한 대책이 없는 현실에 늙은 대신이 권고하는 방식을 받아들여 모든 대신들에게 지시를 내렸다. 그래서 모든 백성들에게 갖출 수 있는 것들은 형편껏 최선을 다해서 준비하도록 하였다. 성곽 위에는 군사들을 배치시키지 않고 평소처럼 평온한 분위기를 연출했다.

이웃 나라 군대가 가까이 몰려오자 늙은 대신의 권고대로 작은 나라 임금은 성문을 열고 어린아이를 선두로 하여 여자와 노인들에게 준비한 물건들을 갖추어 나아가게 하였다.

몰려온 군사들이 갑자기 뜻밖의 예상치 못한 이 광경을 쳐다보고 장수들을 위시하여 모두가 진격을 멈추고 서서 멍하니 바라보고 있었다. 수많은 어린아이들과 여자들 그리고 노인들이 가까이 다가와서 모두 엎드려 절을 하고는 가져온 음식들과 선물들을 내어놓자 가만히 있던 병사들은 저마다 창과 칼, 방패를 땅에 놓고 호기심으로 우르르 몰려간다. 그 중 일부 장수들도 말에서 내려 가져온 것들이 무엇인지 말에서 내려가 본다. 선봉장으로 군사를 몰고 앞장서 온 상장군도 이 상태에서 군사들을 몰아서 어린아이들과 여자들 그리고 노인들을 몰아내고 앞으로 나아갈 수 없는 상황이 되고 말았다. 진격 명령을 내리고 군기를 흔들었지만 모두가 주저하면서 나아가려고 하지 않았다.

모두가 멀리서 온 터라 마침 배도 고픈 때이라 음식들을 보고는 와글와글 먹기에 여념들이 없었고 아이들과 여자들 그리고 노인들과 이야기를 나누면서 군기는 확 풀리고 말았다. 장수들도 먹는 음식과 선물들을 챙기기에 바빴다.

그중 상장군이란 선봉장수가 호통을 치며 다시 군기를 잡으려고 시도하였으나 이미 수만의 모든 병사들이 마음이 풀려 있는 상태여서 서로 눈치만 보고 명령에 응하지 않게 되었다.

그때 작은 나라 왕은 화평을 청하러 사신을 보내는 동시에 혹시 상대방 장수가 의심할까 보아서 직접 성문 밖으로 나아가서 맞이한다. 작은 나라 왕은 선봉 상장군과 나란히 성내로 인도하여 성찬을 마련하고 대접하였다.

그리고는 그 자리에서 늙은 대신은
"우리나라는 귀국의 폐하를 존경하여 우러러보며 이웃 나라와 화평하게 살고자 원하오니 제발 군사를 거두어 주소서." 하고는 작은 나라 임금이 쓴 친서를 대장군에게 전한다. "전쟁은 서로 많은 군사들의 생명을 희생하게 할 뿐만 아니라 여기 많은 백성들이 피를 흘리게 되오니 그것을 모두가 원치 않습니다."

이웃 나라 병사들과 장수들은 대접을 받고 서로 교감이 이루어진 분위기였다. 서로 악수하고 껴안으며 서로 반가워하는 모습을 본 대장군은 김빠진 토벌을 멈추고 병사를 거두어 돌아가지 않을 수 없었다. 돌아가서 자기 군주에게 설명하고 싸우지 않고 항복을 받았다는 말을 전해야 했다. 이렇게 해서 피투성이의 살육을 막고 서로 화평하게 "화합과 상생"이란 자연의 이치에 따라 살았다고 한다.

옛날 예수가 탄생하기 전 시절에는 가능했던 이야기입니다. 요즈음같이 짐승 같은 독재자에게는 통하지 않는 방식인지도 모릅니다. 그들은 음흉한 야수 같은 마음으로 상대방을 기만하고 속여서 오직 힘만으로 잡아먹는 것 외에는 다른 생각은 하지 않을 것이기 때문입니다. 속고 속이는 일, 상대방을 기만하는 일은 잡식성 중생세계에서 흔한 일입니다.

☞ 작은 나라 무장들은 싸우자는 주장이었고 문관들은 항복하고 왕의 옥새를 받치자는 주장이었으나 늙은 대신은 싸우지도 않고 옥새를 받치고 신하로 전락되지도 않으면서 종묘사직을 지키고 전쟁을 막은 중도(中道)의 길을 생각했던 것입니다.

사랑이란 보따리를 풀어놓으니
자비라는 두 글자가 화답하도다.
사랑과 자비가 화합하더니

어두운 세상은 바람 따라 흩어지고
화합의 밝은 빛이 세상을 비춰주네.
손잡은 마음마다 꽃향기 가득하고
손에 손을 잡고 장벽을 넘어서
화합하는 모습들에 천사들도 감동한다.
나는 새도 즐거워서 노래로 화답하고
백성들은 즐거워서 춤으로 응답한다.

☞ 너와 나 내 편 네 편이란 경계가 없어진 영혼의 합일 이것을 혼연일체(渾然一體)라고 하고 대자연의 기와 합일된 상태로 화합과 상생의 이치이며 정의신을 움직이는 근간이 됩니다.

러시아와 우크라이나 전쟁을 보면 이웃 형제끼리 서로 참혹한 전쟁을 하여 지옥 같은 세상을 만들고 말았습니다. 러시아 독재자와 그 일부 추종자들은 자기들의 힘만 믿고 "전쟁을 하면 반드시 이길 것이다."라고 어리석은 생각을 했던 것입니다. 전쟁이란 피비린내 나는 폭력에 보복이란 인과가 반드시 따르는 것이 대자연 철칙입니다. 우크라이나 역사 속에 러시아는 영원히 원수로 남게 될 것이고 자자손손 러시아는 용서받지 못할 저주스러운 나라가 되고 말았습니다. 돌이킬 수 없는 원한의 역사를 만든 어리석은 중생들이 저지른 어리석은 짓이었습니다. 과거 구소비에트 연방 시절에도 이웃 나라들을 힘으로써 괴롭히고 피해를 주었기에 이웃의 작은 모든 국가들이 러시아를 외면하고 두려워하고 있는 것입니다.

사랑과 자비가 없는 세상에는 항상 피의 보복이 따르게 되고 주검이 여기저기 도처에서 늘어지게 됩니다. 사랑과 자비는 인류의 근본이요 대자연의 화합과 상생으로 이어집니다. 저서『육식 살생의 세계 대가는 무엇인가』에서 자세히 언급하였습니다. 대자연의 이치와 섭리가 곧 진리이며 부처요 예수입니다. 대자연의 이치와 섭리를 벗어나는 것은 반드시 그 대가인 인과응보가 따르게 됩니다.

힘의 논리로 이루어지는 것은 야생의 야수들입니다. 힘으로써는 그 어떤 것도 영원히 정복할 수 없는 것입니다. 일시적으로 영토를 정복할 수 있을지언정 영원한 것은 결코 될 수 없습니다. 법보다 폭력이 앞서듯 힘은 곧 바로 행사하여 효과를 거둘 수 있으나 사랑과 자비는 그 효과가 바로 돌아오는 것이 아닙니다. 그러나 그 결과는 영원한 것입니다.

화려하고 아름답게 껍데기를 포장하여 빠져서는 안 될세라 소리 높여 찬송한다.
가짜 신을 지어내어 참신인 양 숭배하며 그것이 본질인 양 중생들은 현혹된다.
천사되어 천국은커녕 세상만 어지럽고 좀비들만 시시각각 도처에서 일어나니
슬픈 일이로다. 세상에 이럴 수가! 하늘도 무심하다.
신은 위대하다 열심히 불렀건만 신은 오지 않고 찬바람만 부는구나.

예수님은 "스스로 영혼을 깨끗이 하고 거룩해야 한다."라고 가르치셨는데 거룩한 사람은 볼 수 없고 잘난 체하는 사람만 있도다. 예수님은 "원수를 사랑하라." 하셨는데 거꾸로 이웃 형제들을 죽이고 있도다. 모두가 하나님을 찬양하고 간절히 부르지만 오는 것은 마귀들과 좀비들뿐이로다. 세상에 이럴 수가! 여기저기 우는소리, 신음소리, 절규소리, 포성소리, 어

찌타 지구촌은 이 모양이 되었는가. 무덤 위에 십자가 우크라이나 지평선을 가린다. 젊은 영령들이여 고이 잠드시라, 그대들의 희생은 인류역사에 길이길이 남으리.

종교의 허례허식

예불, 염불, 기도, 찬송, 미사, 세례와 같은 행위는 아무리 엄숙하고 성대하게 치러지더라도 허례허식(虛禮虛飾)이요 형식일 뿐입니다. 종교 그 자체 본래의 목적이 아닙니다.

남녀가 결혼할 때도 결혼식이란 의례(儀禮)를 하고 대통령도 취임식 때 취임식이란 의례를 하며 모든 일에 서두부터 의식(儀式)을 행하는 것이 관례입니다. 그러나 의례, 의식, 예법(禮法) 그 자체가 본래의 목적이 아닙니다. 그것은 하나의 서론으로 껍데기 치장이요 형식에 불과합니다. 오늘날 종교는 허례허식 겉치장이 전부인 것처럼 행하고 있습니다. 본말(本末)이 전도되어 있습니다. 부처, 예수의 가르침은 허례허식 같은 형식적인 외적 치장을 가르친 것이 아닙니다. 종교마다 서로 예법이 모두 다른 것은 사람들마다 개성에 맞는 형형색색의 모양과 색깔의 옷을 입는 것과 같은 이치입니다. 옷은 겉치장입니다. 옷 입는 본래의 목적은 따로 있습니다. 밥을 먹기 위해 밥그릇, 숟가락이 필요합니다. 밥그릇, 숟가락은 밥을 담기 위한 겉 용기로 밥그릇, 숟가락이 필요한 본래의 목적은 밥을 먹기 위한 것입니다. 공부를 하는 것도 목적이 있습니다.

대자연의 양면성법칙에 따라 허례허식인 외적 예식도 있어야 합니다. 본론이 있으려면 서론도 있어야 하는 이치입니다. 몸이 있으니 옷이 있어

156

야 하는 이치요, 밥을 먹어야 하니 그릇, 숟가락도 있어야 하는 이치와 같습니다. 종교 본래의 취지는 양(+)이요 허례허식은 음(-)에 해당합니다. 몸은 양(+)이요 옷은 음(-)에 해당하고 밥은 양(+)이요 그릇은 음(-)에 해당하는 음양의 이치입니다.

공부는 음(-)이요 공부를 하는 목적은 밝은 미래를 위한 것이니 양(+)이 됩니다. 삼라만상이 음양화합(陰陽和合)으로 결실을 맺습니다.

조상님이 있으니 허례허식인 조상님의 제사도 있어야 합니다. 조상님을 위한 제사가 우상숭배라고 한다면 종교의 기도, 찬송, 미사, 세례, 염불과 같은 허례허식도 모두 껍데기를 중시하는 우상숭배가 됩니다. 대상이 다르다고 "허례허식이 아니다"라고 하지 못합니다. 종교가 내세우는 주하나님, 하느님, 천주님, 상제님, 기타 형형색색 모든 신들은 조상의 귀신처럼 실체가 없는 허상들입니다.

행하는 모든 의례적인 행사는 본래의 목적을 위해 존재해야 합니다. 순수한 나(참나) 즉 불성과 성령을 찾기 위한 방편으로 종교의 허례허식도 존재해야 합니다. 조상님에게 드리는 제사도 가족, 형제, 자매들이 모여 조상님의 음덕을 기리고 조상님에게 감사함을 나타내기 위한 방편으로 의례를 행하고 그 목적으로 존재하는 것입니다. 국립현충원에 가서 의례를 행하고 참배하는 일도 국가와 민족을 위해 희생한 영령들에게 감사함을 나타내고 그 정신을 영원히 기리기 위한 방편으로 의례를 행하고 그 목적으로 존재하는 것입니다. 그 본래의 목적을 떠나 행하는 형식에 그치는 제사나 참배, 종교의 예불, 기도, 찬송, 미사, 세례 등은 허례허식 껍데기를 중시하는 부질없는 짓이요 있어야 할 이유가 없는 것입니다. 그러한 것을 추구하는 행위는 모두 우상숭배(偶像崇拜)입니다. 양(+)이 빠진 오직 음(-)만 있는 현실 종교의 세계입니다.

불경, 성경, 코란경, 기타 종교 서적들을 고의적으로 혹은 의도적으로 더럽히거나 불에 태우는 것과 성령, 불성(양+)과는 아무런 관련이 없습니다. 서적(음-)들을 더럽혔다고 해서, 불에 태웠다고 해서 각자의 불성이나 성령이 더럽혀지거나 불에 태워 버려지는 것이 아닙니다. 서적(음-)들은 껍데기 치장에 불과합니다. 서적 자체가 본래의 목적(양+)이 아닙니다. 서적들은 강을 건너기 위한 수단인 뗏목에 불과합니다. 강을 건너고 나면 뗏목은 필요 없어지는 것입니다. 뗏목에 해당하는 서적은 종이재료만 있으면 얼마든지 다시 만들 수 있습니다. 모든 사람들이 종교를 믿는다고 하면서 강은 건너려고 하지 않고 뗏목에만 집착합니다. 뗏목 자체가 그들을 강 건너 보내 주는 것으로 착각하니 서적에 집착하는 것입니다. 강은 뗏목이란 수단을 이용해서 스스로 건너야 합니다. "강 건너 보내 준다."는 것은 "피안의 세계 즉 천국으로 보내 준다."는 것을 비유해서 표현한 것입니다.

☞ 고등학교 시절에 책들과 씨름하여 원하는 대학에 합격하면 고등학교 시절에 공부하던 책은 모두 버려지는 것과 같은 이치입니다. 오늘날 종교와 관련된 폭력적인 현상들은 종교가 하나같이 외형 허례허식에만 치중하는 결과물입니다. 허례허식을 우상숭배 하는 결과로 종교 본래의 취지는 없어졌습니다. 오히려 세속화되어 위선과 가식 그리고 먹고 사는 수단으로 전락했습니다.

옛날에는 대부분 정복자들의 정복전쟁이었으나 오늘날에는 인종, 종교, 영토문제로 도처에서 갈등, 분쟁, 내전이나 전쟁이 끊임없이 도처에서 일어나거나 일어날 것입니다. 종교가 다르다고 인도와 파키스탄처럼 나라가 갈라지고, 후계자가 다르다고 이슬람 시아파 수니파처럼 파가 갈라져 서로 원수가 되고, 종교가 다르다고 집단 폭행, 테러를 자행하는 5대 탁의 오탁한 말세적 현상입니다. 모두가 하나같이 껍데기 외형을 중시하는 색계(色界)의 반야수 잡식성 인간들이 일으키는 말세적 현상들입니다. 생명이 나고 종교가 났지 종교가 나고 생명이 나지 않았습니다. 생명보다 더 소중한 것은 없습니다.

【마가복음 제8장 36절, 37절】
『사람이 만일 온 천하를 얻고도 제 목숨을 잃으면 무엇이 유익하리요. 사람이 무엇을 주고 제 목숨을 바꾸겠느냐?』

☞ 모든 사건, 사고, 일에는 반드시 인과(因果)와 연기(緣起)가 있습니다. 결과에는 반드시 원인이 있습니다. 결과보다 원인이 더 중요하고 원인을 찾아야 예방도 할 수 있고 조치도 할 수 있습니다. "인과, 연기, 윤회"의 3대 대자연의 법칙은 어디에나 일상에 적용되고 삼위일체의 수레바퀴로 맞물려 돌아갑니다. 원인이 있으니 결과가 있고 원인을 제거하지 않으면 똑같은 사건, 사고, 일이 후일 되풀이되는 윤회의 법칙을 따르게 됩니다. 결과보다 원인 제공자가 더 죄가 크다는 것을 이미 저서『살생 육식을 삼가야』에서 상세히 설명하였습니다.

사찰에서는 수행스님들이 새벽예불, 저녁예불을 매일 열심히 올립니다. 비록 허례허식이지만 무엇인가 내면의 세계를 찾고자 목적의식을 갖고 좌선, 참선, 명상을 하며 인욕, 절제, 채식 등을 하면서 수행의 길로 노력하는 모습을 엿볼 수 있습니다. 그러나 일반 대중들 신도나 신자들은 주일예배나 한 번씩 참석하여 형식적인 기도나 찬송 그리고 스님, 목회자 설교나 듣고 곧바로 세속으로 돌아와 평소처럼 속박되어 세속적인 삶을 살아가고 있습니다. 일반 대중들은 아무런 목적의식 없이 종교에 발을 들여 놓고 장터에 장 보러 가듯 한 번씩 가서 빌고 오는 것이 고작인 현실입니다. 어떤 사람은 "나는 집에서 새벽기도를 열심히 한다, 나는 매일 염불을 한다, 나는 매일 사경(寫經 = 경전을 베껴 쓰는 일)을 한다."고 합니다. 하지만 그것도 형식적이요 일시적일 뿐 곧 세속적인 삶으로 돌아오게 되고 그것으로 속계의 7대 욕구본능, 욕구불만이 사라지는 것은 아닙니다. 누구나 태어날 때 가져온 욕구본능, 욕구불만의 씨앗은 죽을 때까지 말릴 수 없으며 생로병사의 진실을 따라 꽃처럼 낙엽처럼 짧은 세월가면 허망하게 떨어질 뿐입니다. 누가 감히 "나는 7대 욕구본능, 욕구불만의 씨앗을 완전히 말렸다."라고 말할 수 있겠습니까. 이 세상에 모든 일에는 하루아침에 이루어지는 것은 없고 피땀 나는 노력 없이 저절로 이루어지는 것은 절대 없습니다. 더구나 영적 세계는 더욱 어렵습니다. 강력한 본능의 적이 항상 내면에 잠재해 강력한 저항군으로 남아 있기 때문입니다. 그 저항군들은 대자연 정의 에너지에 의해 뒷받침되고 있어 미물인 인간으로서는 대자연의 힘을 극복할 수 있는 능력이 없습니다.

☞ 모든 사람들은 육안으로 외면세계 즉 외형만 보고 생각하고 판단합니다. 내면세계를 보는 사람은 거의 없습니다. 그래서 이 풍진세상을 색계(色界)라고 부릅니다. 껍데기 모양을 보는 세계입니다. 색이란 외적으로 나타나는 모든 형상, 존재하는 모든 생명, 물질을 총망라해서 색이라고 합니다.

"너 자신을 알라."
"그대 스스로를 돌아보라."

"그대의 내면을 성찰하라."

모두가 같은 말이요 뜻입니다. 스스로 내면을 성찰하여 인류 본래의 참모습을 추구하는 사람은 거의 없습니다. 내면세계는 무색계(無色界)요 육안으로 보이지 않는 형이상학적인 세계입니다. 나이가 들수록 내 눈은 안으로 돌려야 하고 바깥 잡다한 색계로 돌려서는 안 됩니다. TV 뉴스에 정치 논쟁이나 좋아하는 드라마 쇼 프로그램이나 유행흐름, 주식, 부동산 투기, 손익계산, 욕망성취 등에 빠져 정의신을 그곳에 두어서는 죽기 전 여러 가지 형상들이 부유물처럼 뒤섞여져 떠올라 숨이 끊어지는 순간까지 가지가지 긴 악몽을 꾸게 되는 원인이 됩니다. 혼 기운이 각종 잡다한 쓰레기로 어지러운 영혼이 되어 사전지옥(死前地獄)을 맞이하게 됩니다. 뇌가 오물 쓰레기통이 되어서는 안 됩니다.

어떤 사람이 "불경, 성경, 코란경을 읽을 때 손을 씻고 읽어라."라고 했습니다. 예수는 성경에 "손이 더러운 것이 아니라 그렇게 말하는 너 영혼이 더럽다."라고 했습니다. 본래의 내 모습은 보려고 하지 않고 껍데기 외형만 보는 그릇된 종교의 모습에 빠진 현상입니다. 외면 껍데기는 쉽게 보고 보이며 볼 수 있고 만질 수 있으나 내면의 세계는 보이지 않고 볼 수 없으며 만질 수도 없으니 쉬운 외면세계로 향하는 것은 지극히 당연한 일입니다. 종교가 추구하는 것은 무색계이며 경전들이 필요한 세계가 아닙니다. 경전은 색에 해당합니다.

☞ **이란에서 히잡을 쓰지 않았다는 이유로 젊은 아가씨가 사형에 처해지면서 대규모 반정부시위가 일어났습니다. 껍데기를 중시하는 종교의 전형적인 한 단면입니다.**

모든 사람들이 조상 대대로 먹어 온 식탁이 원인이 되어 영혼은 오염되고 세상이 어지럽습니다. 5대 탁(濁)의 영혼탁 세계요 오탁(汚濁) 세상입니다. 겁탁(劫濁 = 세월이 오래 흘러 쌓여 생긴 때로 혼란하고 어지러운 오염된 세상탁)은 식탁(食濁)에서 짐승들의 육 고기, 살 기운, 기름기, 호르몬과 더불어 오염된 음(飮)과 흡(吸)으로 생긴 때(垢)로 오랜 세월 신비스러운 뇌 속에 이끼가 낀 현상입니다. 더러운 그릇에 담은 물이 깨끗할 수 없는 것처럼 때(垢)가 누적된 뇌 속에 담은 영혼이 깨끗할 수 없는 것과 같은 이치요 섭리입니다. 짐승기름을 온몸에 칠하고 종교를 믿는다 하며 기도하고 예배하는 현상들은 그대로 오염된 인간, 사회, 세상의 단면입니다.

【마태복음 15장 14절, 20절】
『입에서 나오는 것들은 마음에서 나오나니 이것이야말로 사람을 더럽게 하느니라. 이런 것들이 사람을 더럽게 하는 것이요 씻지 않은 손으로 먹는 것은 사람을 더럽게 하지 못하느니라』

예수는 성령을 찾으라. "내가 거룩하니 너희도 거룩해야 한다." 부처는 불성을 찾으라고 했습니다. "모든 사람들에게 불성이 있다. 즉 모두가 부처가 될 수 있다." 각자가 품고 있는 정의신을 찾으라는 뜻과 같습니다. 우주 온 누리를 자비와 사랑으로 장엄하는 아름다운 영혼을 가진다면 죽기전에 꿈도 아름다울 것이요 죽어서는 니르바나 열반으로 드는 것입니다. 즉 살아서나 죽어서나 "천국의 열쇠"를 가질 수 있는 성자가 됩니다.

이런 사람은 마음속에 품은 상대방에 대한 기대, 미움, 편견, 불만, 불평, 원망, 저주, 원한 각종 집착 등이 마음으로부터 모두 사라질 것이고 오직 중생들이 불쌍하고 가엾다는 연민의 정이 마음속으로 우러나게 될 것입니다.

누구나 성령 불성을 찾을 수 있는 것이 아닙니다. 누구나 예수 믿고 천국 가는 것이 아닙니다. 누구나 대통령이 될 수 없고 누구나 올림픽에 금메달을 딸 수 없는 것과 같은 대자연의 이치입니다.

☞ 장엄이란 뜻은 온 누리를 화려하게 사랑과 자비의 아름다운 꽃으로 장식한다는 의미입니다.

교회 성당에 가서 나무 십자가 앞에서 열심히 기도를 하거나 사찰에 가서 금칠한 돌 부처상에 열심히 참배하고 절하거나 이슬람 신자들이 하루에 두 번씩 벽을 보고 예배를 보고 절을 하는 행위 종교에 따른 일체의 모든 외적 행위는 모두가 외적 형식에 집착하는 허례허식일 뿐입니다. 그러한 형식적인 예배로 내 영혼을 깨끗이 할 수 없습니다. 6진을 없애 버릴 수 없으며 5음의 작용을 지울 수 없습니다. 누군가가 "당신이 절을 하고, 예배를 보고, 가슴에 십자가를 긋는 목적이 무엇이요."라고 물었을 때 대답은 무엇이겠습니까?

☞ 다양한 형식, 다양한 허례허식처럼 다양한 문화, 다양한 인종, 다양한 모습을 이루는 아름다운 색상세계 즉 색계입니다. 그러나 모든 것들은 색계의 진리로 진리는 대자연의 법칙 아래 하나로 귀결됩니다.

모든 일에는 상관관계(相關關係)라는 것이 있습니다. 상관관계를 생각해 보아야 합니다. 대자연의 이치법(이법)과 사물법(사법)이 상관관계입니다. 이치법만 있어서는 우주 삼라만상이 존재하지 않고 사물법만 있어서도 우주 삼라만상이 존재하지 않습니다. 예를 들면 영혼은 이치법에 해당하고 육신은 사물법에 해당합니다. 영혼만 있어서는 생명은 존재할 수 없으며 육신만 있어도 생명은 존재할 수 없습니다. 영혼과 육신 모두가 갖추어져야 사람이란 엔진이 돌아가게 됩니다.

제사와 그 목적, 종교의 예배와 그 목적, 현충원의 참배와 그 목적, 공부와 공부하는 목적, 일과 일하는 그 목적 등 모두가 서로 상관관계입니다. 상관이 되지 않는 모든 것은 무용(無用)이요 허례허식이요 형식에 지나지 않습니다.

☞ 일체의 모든 것이 상관되어 일어나고 유지되고 존재합니다.
☞ 성자는 종교와 아무런 상관관계가 없습니다.
☞ 육식과 종교는 밀접한 상관관계가 있습니다.
☞ 기도나 찬송, 예배, 예불, 염불 등 허례허식은 우리 주 하나님 정신의 뜻과 아무런 상관관계가 없습니다.
☞ 성령을 지닌 성자 또한 기도, 찬송, 예배, 예불, 염불과 같은 행위와는 아무런 상관관계가 없습니다.
☞ 6바라밀행은 성령을 얻어 성자가 되기 위한 필연적인 상관관계가 있습니다.

만약 제사와 그 목적이 전혀 상관없다면 제사는 부질없고 쓸데없는 우상숭배입니다. 만약 종교의 예불, 예배에 그 목적이 없다면 예불과 예배는 부질없고 쓸데없는 우상숭배입니다. 만약 현충원의 참배에 그 목적이 없다면 참배는 형식적이고 쓸데없는 우상숭배입니다.

세상의 이치는 흐름입니다. 생각도 흘리면서 만 생명, 만물의 이치를 생각하고 깨달아야 합니다. 맹목적으로 누가 이야기하는 것을 듣고 그것이 진실인 양 떠들고 함부로 이야기해서는 안 됩니다. 오늘날 전 세계의 선지자들 수행자들 기타 성직자들이 자기 상상으로 생각으로 제각각 중구난방으로 개념 없이 이야기합니다.

부처님 예수님 가르침은 초현실적이며 형이상학적 진리로 모든 대중들이 따르고 행할 수 없는 것입니다. 그러니 약한 마음을 막연히 의지처인 신을 찾아 의지하고 빌고 구걸하고 위로받고 형식적인 예배를 보고 일상생활을 영위하는 것이 일반적이고도 당연한 일입니다. 모두가 깨달을 수 없으며 깨닫지 못한 중생들입니다.

예수님은 성경에 행(行 = 실천)함을 강조했습니다. "알고도 행하지 않으면 죄니라, 행하지 않는 자는 그리스도인이 아니다, 행함으로 믿음을 보이라, 행하지 않는 것은 토사 위에 집을 짓는 것과 같다." 행함에도 다양한 종류와 등급이 있습니다. 성령, 불성을 얻기 위한 행은 어떠한 것인지 모두가 알지 못하고 깨닫지 못하고 허례허식 형식에만 빠져 있으니 현세가 말세기 현상으로 그대로 있는 것입니다.

☞ 무명한 인간과 세속화된 종교는 껍데기 치장과 유유상종으로 어울리게 됩니다.

☞ 겉모양을 중시하는 세상에 세속화된 종교는 허례허식, 겉보기 외형 치장과 유유상종으로 어울리게 됩니다.

☞ 피라미드 약육강식의 세계에서 육식은 하나의 음식문화가 되어 있듯이 종교도 오염된 세속인들과 어우러져 욕계를 굴러가는 종교문화가

되었습니다.

☞ 종교단체가 집단화, 조직화, 세력화로 팽창을 목표로 하고 이란이나 중동국가처럼 교권세력이 강대하여 나라를 좌지우지하는 타락의 길로 가고 있습니다. 영토팽창정책처럼 종교팽창정책은 인류의 불행입니다. 옛날 로마제국에 교황의 권위가 황제보다 높았다합니다.

여담입니다.

어느 대스님이 "자기를 만나려면 3천 배를 해야 만날 수 있다."고 합니다. 일반 사람이 곧바로 3천 배를 절대 할 수 없습니다. 만나지 않겠다는 간접적인 표현일 것입니다. 역도선수가 곧바로 한 번에 100키로 200키로 무게를 들어 올릴 수 없는 것이나 일반 사람이 60키로 쌀가마를 갑자기 들어 올릴 수 없는 것이나 같은 이치입니다. 오랜 세월에 걸쳐서 조금씩 무게를 늘려 가며 신체를 단련해서 신체의 모든 부분이 무게에 적응이 되어 들어 올릴 수 있는 조건이 되어야 가능해집니다. 108배도 해 본 적이 없는 사람에게 갑자기 단계를 넘어 3천 배를 요구한다는 것은 있을 수 없는 어불성설입니다. 차라리 "만나지 않겠다."는 직설적인 표현이 상대방에게 쉽게 이해될 것입니다. 3천 배를 하려면 체력도 보강해야 합니다. 체력이 따라 주지 않으면 쓰러지게 됩니다. 역도선수나 운동선수가 육식을 하고 많은 보양식을 하여 체력을 보강하면서 육신을 단련시키는 것입니다. 3천 배는 육신의 단련과 관련이 있습니다. 정의신인 정신과 관련이 없습니다. 대자연 신의 기를 찾는 것과 아무런 상관관계가 없는 것입니다.

스님들은 육신을 위해 사찰에 들어가서 스님이 된 것이 아니라 부처님의 가르침을 따라 영혼을 위해서 스님이 된 것입니다. 영혼을 닦아 영적인 해탈 즉 열반을 구하고자 스님이 되었으면 차라리 육체적 단련이 요구되는 3천 배보다는 "당신의 지금까지 행한 선행 보따리를 먼저 풀어놓아 보라." 아니면 "당신의 영혼을 깨끗이 해야 만날 수 있다."라고 하는 것이 스님으로서 행의 실천적 관점에서 올바른 표현일 것입니다. 그렇다면 어떻게 영혼을 깨끗이 할 수 있습니까? 하고 질문이 있을 수 있습니다. 일생 동안 의를 행한 선행 보따리를 열어 보면 결국 인간으로서, 생각하는 중생으로서 영혼 오염도를 짐작할 수 있습니다. 7욕7정에 빠진 거의 모든 사람들은 내어놓을 만한 선행 보따리가 없다 해도 과언이 아닙니다. 단순히 분별로써 일시적이고 위선적이고 의도적이고 과시적이고 즉흥적인 마음에서 나오는 작은 선행 보따리 정도가 전부일 것입니다. "고기를 즐기는가, 고기를 먹고 있는가?"라는 질문 하나로 그 답은 바로 얻을 수 있습니다. 짐승기름을 일생 동안 온몸에 바르고 불상 앞에 서는 것 자체로 부처님은 거부할 것입니다.

태어난 이후로 오랜 세월 뇌 속에 입력된 각종 세속적인 색계의 오물 쓰레기들이 짐승기름때와 눌러붙어 쉽게 씻어 낼 수 없습니다. 만나려고 하거든 "육식을 끊고 오라."는 요구를 하는 것만으로도 거의 불가능한 일이니 "만나지 않겠다."는 간접적인 표현이 됩니다.

☞ 모든 사람들이 짐승의 살을 양식으로 삼고 맛으로 즐기고 몸보신으로 즐겨 먹고 짐승기름 바르고 사찰을 찾아갑니다. 부처님은 결코 환영하지 않을 것입니다. 살아 계셨다면 아마도 절 출입금지령을 내렸을 것입니다.

108배이든 1000배이든 3천 배이든 행사의 일종으로 형식적인 일에 불과합니다. 일반 사람들이 3천 배를 했다고 해서 신비스러운 뇌 속에 쌓여 있는 오물들이 깨끗이 씻겨졌다고 할 수 없습니다. 3천 배를 했다고 해서 대사랑, 대자비심이 용솟음치는 것도 아닙니다. 육체적으로 어려운 일을 극복하며 오랜 세월 노력으로 체력 단련을 하여 체력의 한계를 뛰어넘어 얻은 결과이니 뿌듯한 자부심은 가질 수 있을 것입니다.

어느 왕이 큰 스님을 만나고자 하자 스님은 농부에게 3배를 해야 만날 수 있다고 한다. 그러자 왕은 화를 내며 "감히 왕에게 무엄하다." 하고는 가버렸다.

☞ 농부에게 3배 한마디로 만날 수 없는 관계임을 왕은 스스로 증명한 것이다. 어리석고 오만한 왕은 농부가 지은 쌀로 밥을 지어 먹지 않을까.

열심히 땀 흘려 농사를 짓는 농부나 근로의 가치를 창출하는 근로자들에게 3배를 해야 합니다. 그들은 뿌리와 같은 밑바탕을 이루고 있습니다. 그리고 민원이나 행정을 담당하는 공무원들은 줄기나 가지에 해당하는 것으로 뿌리와 함께 풀뿌리 민주주의 근간이 됩니다. 정치인이나 국회의원들은 잎사귀에 해당하는 것으로 잎사귀는 없어져도 국가가 돌아갈 수 있지만 뿌리와 가지가 없어지면 국가는 유지되지 않습니다.

자연 따라 세월 따라

인생에 대한 답을 구하려고 하지 말아야 합니다. 흔히들 인간들은 다음과 같은 의문에 답을 찾고자 합니다. 유행가 가사 "인생은 나그네길 어디서 왔다가 어디로 가는가. 구름이 흘러가며 떠돌다 가는 길에 정일랑 두지 말자 미련일랑 두지 말자" 답은 간단합니다. 땅에서 왔다가 땅으로 가니 정도 미련도 애착도 집착도 두지 말고 가야 합니다.

내생이 있는가?

환생을 하는가?

오늘날 이 질문들은 흔히 하는 질문으로 많은 사람들이 의문을 가지고 있습니다. 좀 더 과학적인 근거를 예로 들어 이 책 마지막 장 "파동설로 내생 환생의 이치"에 대해서 자세히 설명하여 이해를 돕도록 했습니다.

무한한 대자연 신의 이치와 섭리에 답을 찾고자 하지만 부질없는 것입니다. 무한한 우주은하계 가운데 지구라는 작은 행성 속에서 바글거리는 무든 중생들은 대자연의 미물들입니다. 일시적으로 왔다가 순간적으로 사라지는 존재들로 존재 그 자체가 "있다 없다."를 떠나 있습니다. 생각하는 인간만이 그 답을 구하려고 합니다.

삶이 있으면 죽음이 있습니다.

사는 곳이 있으면 죽는 곳도 있습니다.
오는 곳이 있으면 가는 곳도 있습니다.
오는 때가 있으면 죽는 때도 있습니다.

대자연의 양면성 이치에 따라 무위자연으로 이루어집니다. 태어날 때 어디에서 태어날 것인가 그리고 죽을 때 어디로 갈 것인가 하는 것은 대자연 신(神)만이 알고 있습니다. 태어나는 시기도 형형색색이고 태어나는 장소도 형형색색 모두 다릅니다. 죽는 시기도 형형색색이고 죽어 혼 기운이 가는 장소도 형형색색일 것입니다.

인간들의 영혼은 날개를 단 새와 같아 시시각각으로 여기저기 날아다니며 잠시도 가만있지 못하고 이런 생각 저런 생각을 하게 됩니다.
날아다니는 새가 날다가 어디에 앉을지는 아무도 모릅니다. 사람이 살다가 죽고 나서 어디에 갈지도 그 누구도 스스로 알지 못하고 생각조차 하지 못합니다. 모두가 살아생전에 지은 업보를 안고 영혼이 쌓아 놓은 업의 기운에 따라 대기로 흩어지게 됩니다.

모든 중생들은 태어나는 곳과 죽는 곳들이 정해져 있으며 정해진 장소는 중생들마다 모두 다르고 가는 곳 또한 중생들마다 다릅니다. 모든 것들은 정해져 있으며 정해진 법칙에 따라 살아가고 정해진 인생행로를 따라 정해진 운명대로 가게 됩니다.

기차나 버스 비행기를 타면 정해진 좌석에 앉아야 하고,
영화관이나 공연장에 가도 정해진 장소에서 지정된 자리에 앉아야 하고,
고속버스, 화물차, 승용차는 고속도로에서 정해진 차로를 따라가야 하고,

열차나 지하철은 정해진 선로를 따라 달려야 하고,

사람은 정해진 인도로 걸어야 하며,

정해진 법에 따라 법과 규칙, 관습에 따라 살아야 하고,

본인에게 맞는 정해진 옷을 입고 발에 맞는 신을 신고,

담배도 지정된 장소에서 피워야 하고,

쓰레기도 정해진 곳에 버려야 하고 아무 곳에나 버려서는 안 되며,

가래침도 아무 곳에서나 뱉어서는 안 되며 대소변도 아무 곳에서나 실례해서는 안 되며 정해진 곳에서 볼일을 봐야 하고,

정해진 집에서 살고 정해진 직장에서 일하고 정해진 일을 해야 하고 정해진 시간에 출퇴근을 해야 하며 음식 또한 사람 체질에 따라 정해진 음식을 먹어야 합니다. 마구잡이 아무것이나 먹어서는 안 되는 이치입니다.

대자연 하나님은 인간들에게 아무것이나 마구잡이 잡아먹도록 절대 하지 않았습니다. 인간들이 걸어야 할 도덕의 길도 정해져 있습니다. 말도 가려서 해야 하고, 행동도 가려서 해야 하고, 잠도 장소를 가려서 자야 하고, 먹는 것도 가려서 먹어야 합니다.

운명은 정해진 것입니다. 그러나 정해진 운명도 바꿀 수 있습니다. 차표의 좌석도 바꿀 수 있고, 가는 길도 바꿀 수 있고, 법과 규칙도 바꿀 수 있고, 사는 집과 직장도 바꿀 수 있듯이 운명도 바꿀 수 있으나 숙명은 바꿀 수 없습니다.

모든 사람들이 죽은 짐승의 살을 몸속에 퍼부어 넣어 잡식성 동물이 된 것은 피할 수 없는 숙명입니다. 순풍에 돛을 달고 살아가다가 언젠가 역풍을 당해야 할 각오로 살아야 하는 운명이요 인과의 과보로 살면서 받아야 할 운명입니다.

언젠가 운명에 따른 오재팔난 등으로 고통을 겪어야 하고, 다른 인간들로부터 모함, 시기, 질투, 차별, 등을 당해야 하고, 전쟁, 고문, 테러 등으로 죽임을 당할 수도 있습니다. 그러나 운명은 스스로 바꿀 수가 있으니 부처님, 예수님, 공자 맹자, 노자, 주자 같은 성인들이 희망을 가지고 나타나시어 인간들의 운명을 바꾸도록 가르치신 것입니다. 그러나 불행히도 허사(虛事)로 모든 인류는 숙명적인 삶을 살아야 하는 말세적 현실입니다.

태어나는 방식에 대해서도 형형색색 다릅니다. 이처럼 죽는 방식도 모두 다릅니다.

난생(卵生) 즉 알로 태어나는 것으로 닭이나 오리, 뱀, 악어, 조류,

화생(化生) 즉 화해서 태어나는 것으로 누에, 나방, 매미, 나비, 잠자리, 곤충, 하루살이,

습생(濕生) 즉 습기에 의해 태어나는 것으로 지렁이, 달팽이, 거머리, 벌레,

수생(水生) 즉 물에서 태어나는 모든 중생들 물고기,

아생(芽生) 즉 씨앗으로 태어나는 것들로 꽃나무, 잡초,

태생(胎生) 즉 태로 태어나는 것으로 사람을 포함하여 모든 동물들입니다.

자연사, 병사, 중독사, 고독사, 안락사, 치사, 음독사, 익사, 열사, 급사(돌연사), 비명횡사, 동사, 실족사, 추락사, 혹사(과로사), 압사, 질식사, 분신사, 폭사, 전사, 의문사, 감전사 그리고 자살 등 형형색색입니다.

땅속에서 태어나는 약 습생들은 땅속 기운을 받아 태어나고 죽어 가는 곳은 땅속입니다. 땅속도 형형색색의 장소가 있습니다. 물에서 태어나는 물고기들은 물속 기운을 받아 태어나고 죽어 가는 곳은 물속입니다. 물

속도 형형색색의 장소가 있습니다. 태로 태어나는 사람을 포함한 모든 동물들은 대기에서 기운을 받아 태어나고 죽어 가는 곳은 땅입니다. 땅에도 형형색색의 장소가 있습니다.

태어나는 곳이 아름답고 평화스러운 곳이 있는 반면에 더럽고 냄새나고 어지러우며 살벌한 곳도 있습니다. 그래서 모든 종교의 가르침이 의를 행하고 선을 쌓아 내생에 태어날 때 좋은 곳에 선택되어 태어나도록 하라고 가르쳤습니다. "좋은 곳"이란 흔히들 지상낙원을 생각합니다.

그 누구도 태어날 곳과 죽어 갈 곳을 미리 알지 못하니 영혼을 깨끗하게 하고 살아생전에 최선을 다하고 선업을 많이 쌓도록 가르치신 것이 대자연의 천리(天理)에 부합하는 것입니다.

예수와 그 제자들은 지행합일(知行合一)을 외쳤습니다.

【빌립보서 4장 9절】
『너희는 내게 배우고 듣고 본 바를 행하라』
【야고보서 4장 17절】
『사람이 선을 알고 행치 않으면 죄니라』
【로마서 2장 13절】
『하나님 앞에서 말씀을 듣는 자가 의인(그리스도인)이 아니요 오직 말씀을 행하는 자라야 의롭다 하심을 얻으리라』
【누가복음 6장 46절】
『너희는 나를 불러 주여, 주여 하면서도 어찌하여 나의 말 하는 것을 행치 아니하느냐?』

【누가복음 6장 49절】

『듣고 행하지 아니하는 자는 주초 없이 흙 위에 집지은 사람과 같으니 탁류가 부딪치매 집이 곧 파괴되어 무너지느니라』

거리에서 어리석은 천사를 보고 "예수를 믿으세요, 예수 믿고 천국 가세요."라고 하며 교회선전을 위한 전단 물을 사탕봉지와 함께 건네는 사람이 있어 어리석은 천사는

"성경에 예수님은 믿으라."고 하지 않았습니다. "믿고 행하라."고 했습니다.

전단지 건네는 사람은

"행하고 있습니다."

"무슨 일을 행하고 있습니까?"

"교회에서 무료급식 봉사를 하고 있습니다."

"훌륭한 일을 하시네요."

"비용은 무엇으로 하시는가요?"

"교회 헌금으로도 하고요 기부금이나 찬조금으로 운영하고 있습니다."

"열심히 계속해 주세요."

하고는 전단지와 사탕봉지를 받아들고 발걸음을 옮겼습니다.

이분이 말하는 행함은 일시적일 수 있으며, 의도적일 수 있으며, 위선적일 수도 있으며, 보여 주기 식 과시적일 수도 있습니다. 아프거나 바쁘거나 자금이 부족하거나 후원금이 적거나 하면 형편에 따라서 중단될 수도 있습니다.

행함의 3대 실천 강령은

첫째 몸으로 행하는 직접적인 보시, 실천적 보시입니다.

둘째 물질로 하는 금전적인 보시, 마음을 비울 수 있는 실천적 보시입니다.

셋째 영혼 즉 마음으로 하는 보시, 연민의 정, 사랑 심, 정의신과 같은 에너지 작용으로 무한합니다.

이러한 3대 보시에는 타고난 천품을 바탕으로 상에 집착하는 일이 없이 무위자연(無爲自然)으로 이루어지는 한량없는 사랑과 자비를 바탕으로 해야 하는 것이 천신의 정기입니다. 실천함에 일체의 사사로운 감정과 분별이 마음으로 일어나지 않고 아가페적인 사랑을 바탕으로 합니다. 바로 우주의 정기와 합일이 되는 신비하고 거룩하고 성스러운 일이 됩니다.

예수님의 제자가 "나는 예수님이 가르치신 대로 모든 것을 행하였습니다. 그다음 어떻게 해야 천국을 갈 수 있겠습니까?"

예수님 가라사대 "재산을 털어 가난한 자에게 나누어주라 그리고 난 후 나를 따르라."

이 가르침대로 사유재산을 털어 가난한 자에게 나누고 베풀 수 있어야 합니다.

여기에는 일체의 상에 머물러서도 안 되고 사심과 분별이 있어서도 안 됩니다.

전단지를 뿌리는 사람과 교회 사람들은 무료급식소를 운영하며 무료봉사를 하지만 타고난 본능인 7욕7정을 버린 것도 아니며 6진의 작용이 소멸된 것도 아닙니다. 7욕과 6진이 작용하고 그것을 영혼에 두고 하는 봉사 즉 보시는 언제든지 그만두게 되면 본래의 잡식성 인간으로 회귀하게 됩니다.

가축과 짐승의 살을 양식으로 삼아온 잡식성 영혼에는 결단코 아가페적인 사랑 심은 싹트지 않습니다. 위선으로 싹은 나올 수 있으나 곧 머지 않아 진흙 속에서 시들어 버리고 꽃 봉우리를 피우지 못합니다. 진흙이란 더러운 속세를 말하고 속세에 물들어 연꽃처럼 꽃을 피우지 못한다는 비유입니다.

☞ 사람들은 부처, 예수가 가르치신 "행함에 대한 즉 실천에 대한 개념"이 없습니다.

예수는 선과 의(義)를 행하라 하심에 어느 성직자는 실천을 하라 한다.

무엇을 어떻게 얼마나 실천해야 하는가 듣는 대중들은 방향을 모른다.

행함에도 종류와 클라스(class)가 있다.

행함의 깊고 넓음이 황허 강의 모래수와 같아 헤아릴 수가 없어야 한다.

한량없이 넓어서 측량할 수 없는 우주정기 진여허공과 같아야 한다.

부처는 말한다. "수보리야 동서남북 허공을 잴 수 있느냐?"

또 부처는 말한다. "수보리야 황하강의 해변에 모래의 수를 헤아릴 수 있겠느냐?" 수보리야 행함도 이와 같아야 그 복덕이 무한하다.

예수는 말한다. "왼손이 행함에 오른손이 모르게 하라."

또 예수는 말한다. "너가 가진 것을 모두 내놓아 가난한 자에게 나누어 주라. 그리고 나를 따르라. 내 이웃을 내 몸과 같이 사랑하라. 사랑은 내 율법의 완성이다."

예수가 가르친 의가 무엇이고 행이 무엇이고 천국을 가기 위한 실천이란 무엇인가 무명한 중생들은 넓고 깊은 뜻을 이해하지 못한다.

무한한 사랑과 자비는 타고난 인성을 바탕으로 무위자연으로 이루어지는 것이다.

아무리 종교적으로 믿음이 강해도 오탁한 속세의 모진 바람에는 속절

없이 무너지게 됩니다. 7욕7정이 마음바탕에 깔려 있어 언제든지 파도처럼 솟아오르게 됩니다. 마음바탕은 바다를 비유한 것이고 파도는 욕심과 욕정이 수시로 파도처럼 생긴다는 비유입니다.

속담에 "태산이 흙을 싫어하지 않는다."는 이치입니다.
"속세의 모진 바람"이란 모두가 우상으로 여기는 돈과 권력, 사치품, 명품, 부귀영화 등 탐욕스러운 욕심쟁이 인간들이 추구하는 속세 오물들의 유혹을 비유적으로 말합니다. 그 유혹은 대자연의 힘이며 강력하여 7욕과 6진이 용솟음치는 인간들이 극복하기에는 역부족입니다.

사람들이 살아가면서 실천해야 할 일들은 한없이 많이 있고 종류도 형형색색입니다. 부처, 예수가 설하신 실천하고는 완전히 개념이 다른 종류입니다.
사찰에서 망자에게 지내 주는 천도제니 49제니하고 돈을 받습니다. 교회에서 예수님 말씀을 전했다고 해서 11조나 헌금을 받습니다.
시장에서 물건을 판매하고 돈을 받는 것이나 다를 바 없습니다.

사찰도 교회도 성당도 운영해야 하니 헌금을 받아야 합니다. 그러나 오늘날 수많은 스님, 신부, 목사, 선지자가 있는데도 불구하고 옛날이나 오늘날 모두 똑같습니다. 사람들이 달라진 것이라고는 아무것도 없습니다. 중생들에게 무엇을 어떻게 전했는지 의심할 수밖에 없는 비참한 현실이며 미래 더욱더 세상은 비참해질 것입니다.

불교를 믿는 망자의 가족들은 당연히 사망자를 위해 천도 제나 49제를 올려야 한다고 생각하며, 기독교를 믿는 가족들은 당연히 기도와 찬송을 드려야 망자의 혼백이 천국으로 간 것처럼 생각하고 위안을 얻겠지요. 지금도 역이나 버스정류장, 지하철, 거리 곳곳에서 "예수 믿고 천국 가세요." 하고 확성기를 동원해 선전을 하고 소음공해를 일으키고 있습니다.

모든 중생들에게 묻습니다.

잠자리에게 "너는 어디서 왔고 죽어 어디로 가느냐?"라고 물었을 때

잠자리는 "나는 그런 생각해 본 적이 없소, 나는 오직 자연 따라 살 뿐이요."

나비에게 "너는 어디서 왔고 죽어 어디로 가느냐?"라고 물었을 때

나비는 살랑살랑 날면서 "우리 그런데 관심이 없소. 오직 꽃에 있는 꿀이나 마시고 꽃가루나 묻혀서 갈 뿐이요."

벌에게 "너는 어디서 왔고 죽어 어디로 가느냐?"라고 물었을 때

벌은 윙윙거리며 "우리 그러한 것 모르오. 오직 꽃에서 꿀과 꽃가루나 나를 뿐이요."

메뚜기, 여치에게 "너는 어디서 왔고 죽어 어디로 가느냐?"라고 물었을 때

메뚜기, 여치는 소리 내며 "무슨 소리요. 우리는 그저 나락이나 풀이나 뜯어먹고 있을 뿐이요."

바람에게 강에게 묻습니다. "너희들은 어디서 왔고 죽어 어디로 가느냐?"

바람과 강은 대답합니다. "그것을 알아 무슨 의미가 있나. 낮은 곳이 있으면 내려가는 것이 자연의 이치인데." 그리고는 휙 사라집니다.

어느 시골 할머니에게 물어봅니다. 할머니는 스스로 밭농사를 지어 푸성귀로 김치나 된장, 채소 반찬으로 살아가는 소박하게 사는 할머니입니다.

"할머니, 할머니는 어디에서 왔고 죽어서 어디로 가시는지 생각해 본 적이 있으신가요."

할머니는 "내가 그거 알아서 무얼 하겠소. 아침에 눈뜨면 밭에 가서 일

이나 하고 배고프면 밥이나 먹는 것이지."

　모두가 언제 왔는지 언제 죽는지조차도 모릅니다. 하나같이 자연 따라 살아가고 자연 따라 사라지고 있습니다.

　살아 있다는 것은 육신을 가지고 육안에 보이는 것이고 눈으로 볼 수 있고 볼 수 있다는 것이요, 죽었다는 것은 몸의 기능이 작동되지 않으니 눈으로 볼 수 없다는 차이일 뿐입니다. 살아 있어도 이미 영혼은 대자연의 기운을 받으면서 살아가고 있으므로 대자연의 일부입니다. 살아 있느냐 죽었느냐 하는 것은 단지 육신만을 두고 하는 말입니다. 그래서 모두가 육신에 집착하는 것입니다.

　살아 있다는 것은 눈에 보이고 삼라만상을 볼 수 있다는 것이고 죽었다는 것은 삼라만상을 볼 수가 없다는 것 그 차이입니다. 이미 영혼은 살아 있으나 죽어 있으나 대자연 기의 일부임으로 육신의 5장6부 장기(臟器)들이 제대로 기능을 하면 삼라만상을 보고 분별하고 판단하고 움직일 수 있을 것이요 육신이 죽어 장기들이 기능을 멈추면 삼라만상을 볼 수 없게 됩니다.

　살아 있다는 것은 육신의 형상을 갖추어 일시적으로 나타나는 현상에 불과합니다. 대자연 신의 장난으로 나타나는 현상들입니다. 단지 생각을 접으면 다른 미물들처럼 자연 따라 살다가 자연 따라 가면 됩니다. 노자가 말한 "무위자연(無爲自然)"으로 무엇인가 인위적으로 생각으로 찾으려고 하거나 이루려고 하지 않고 자연의 흐름에 맡기는 것을 말합니다.
　무엇인가 부처의 깨달음, 예수의 성령을 이루려고 하는 사람들은 부처,

예수의 가르침을 바로 알고 의를 행하며 최선을 다함에 있어 무위자연으로 흘러야 합니다. 대자연의 이치와 섭리는 '무위자연'입니다.

삼국지 무위자연 이야기

삼국지에서 촉나라 제갈공명이 출사표를 내고 군사를 동원하여 위나라 정벌에 나섰습니다. 제갈공명의 지략에 대응할 상대방의 모사는 '사마의'라는 지략 있는 사람이었습니다. 사마의의 지략은 제갈공명에 미치지 못하여 항상 패하였습니다. 한번은 제갈공명의 모사에 걸려들어 그것을 사마의가 뒤늦게 알아차리고 "내가 또 제갈공명에게 속았구나." 하는 절망의 순간 촉나라 군사들은 독안에 간힌 사마의와 위나라 병사들을 불화살로 순식간에 화염 속으로 몰아넣었습니다. 모두가 거의 타죽을 순간에 이르렀을 때 갑자기 하늘에서 비가 쏟아져 불은 모두 꺼져 버리고 사마의와 위나라 병사는 천운으로 탈출할 수 있게 되었습니다.

그때 제갈공명은 한탄하며 탄성으로 한마디 내놓은 말이
"모사재인 성사재천(謀事在人 成事在天)이로구나."
이 뜻은 일은 사람이 꾸미지만 이루어지는 것은 하늘의 뜻에 달렸다는 말입니다. 제갈공명은 꾀를 내어 사마의를 잡고자 했지만 그만 하나님의 방해로 무산되고 말았습니다.

제갈공명이 꾸민 일은 사람이 하는 유위 작용이었고 하늘이 비를 내린 것은 무위작용이었습니다. 결국 무위로 끝난 예입니다.
진인사 대천명(盡人事 待天命)도 무위자연을 나타내는 구절입니다.
"사람이 할 수 있는 최선을 다하고 하늘의 뜻을 기다린다." 즉 결과는 하늘에 달렸다는 말로 인간으로서의 한계를 말합니다. 나약한 인간들은 보이지 않는 신에게 의지해야 하는 속뜻이 내포되어 있습니다.

어떤 사람이 성인병이나 암과 같은 중병이 들었을 때 우선 병원에 가서 치료를 받고 처방을 받아 치료약을 완치될 때까지 약에만 의지할 수 없습니다. 약으로만 완치가 어려운 만성병들이 많이 있습니다. 그래서 많은 사람들이 자연치유에 의지하게 됩니다.

자연치유는 음식이나, 적절한 운동, 한약재 사용 기타 쑥뜸, 물리치료, 자연생활 등 여러 방식을 이용하나 세월이 오래 걸리게 됩니다. 약 처방은 초기단계이지만 무위자연의 이치에 따라가는 자연치유는 후속단계로 마지막 완치를 이룰 수 있는 유일한 길입니다.

모든 법도 마찬가지입니다. 무엇인가 얻으려고 하면 그 방면에 최선을 다해서 공부나 연구를 하고 경험하며 시행착오 및 실패를 거듭하여 땀과 공이 쌓이면 후일 그 결과는 무위자연으로 자기도 모르는 사이에 큰 성과를 보게 되는 이치입니다. 천운을 타고나 우연히 로또 복권 당첨 이외에는 하루아침에 금방 이루어지는 것은 아무것도 없습니다.

예수가 20대 나이에 만난 어느 이슬람 지도자가
"당신이 믿는 신은 누구이고 어떠한 신이요." 묻자
예수는 "그런 질문은 그만두고 우선 당신 영혼이나 깨끗이 하시오."
종교는 신을 찾고 믿는 것이 아니라 각자의 영혼을 깨끗이 하는 것입니다.

서양 속담에 "cleanliness is godliness"라는 말이 있습니다. 영혼과 육신(영체 = 靈體)을 깨끗이 하는 것이 신의 섭리요, 경건한 것이요, 신앙심이 깊은 독실한 것이라는 뜻입니다. 즉 성경이나 불경을 손에 들고 주말마다 교회, 성당, 사찰이나 모스크에서 예배 찬송하는 것이 신의 뜻에 따르는 것이 아닙니다. 겉이 경건하다고 해서 속이 경건한 것이 아닙니다.

오늘날 분진, 미세먼지, 자동차 매연, 공장 매연 등 허공에는 먼지가 가득합니다.

입은 옷을 털면 먼지가 나지 않을까요, 옷이 깨끗하다고 생각하면 착각입니다.

몸을 씻으면 때가 나오지 않을까요, 겉몸이 깨끗하다고 생각하면 착각입니다.

입은 옷과 몸은 분진, 미세먼지, 매연 그리고 땀 등으로 순식간에 더러워집니다.

몸속에는 때가 없을까요, 몸속이 깨끗하다고 생각하면 역시 착각입니다. 몸에 붙은 겉 때는 목욕탕에 가서 씻어 낼 수 있습니다. 몸속 더러운 때는 무엇으로 씻어 낼 수 있겠습니까? 일생 동안 짐승의 살과 호르몬 기름으로 매일 더러워지고 있습니다. 더러워진 몸속에 영혼을 담은 아주 중요한 장기가 있는데 바로 "대뇌, 소뇌, 간뇌, 연수"라는 장기(臟器)입니다.

평소에 잡식 육식으로 인한 음식물들이 체내에서 체내 호르몬 그리고 각종 오물들과 뒤섞여 뇌를 포함한 몸 전체에 때가 쌓이는 것입니다. 포화지방 짐승기름은 찐득하게 눌러붙어 씻겨 내려가지 않고 체내에서 단단한 지방, 단백질, 탄수화물 덩어리로 남게 됩니다. 이것을 착염이라고 합니다. 평생 동안 얼마나 많이 쌓아 놓았을까요. 신비한 뇌에도 잔뜩 끼여 영혼은 어두워지고 쉽게 감성 작용이 일어나며 성품은 거칠어지고 들뜨게 됩니다. 영혼을 담은 그릇인 뇌가 더러워져 있는데 영혼이 깨끗해질 수가 있겠습니까. 우물물이 더러운데 샘이 깨끗할 수 있겠습니까? 역으로 샘이 더러운데 그곳에서 생기는 우물물이 깨끗할 수 있겠습니까?

흔히 "털어서 먼지 안 나는 사람이 어디 있습니까."라고 합니다. 즉 영혼이 더러워져 탐욕과 욕정이 넘치는데 조사하여 찾아내면 각종 비리, 부정, 부패, 거짓, 위선, 사기 등에 모두가 연루되어 있다는 비유적 표현입니다. 이 세상 모든 사람들은 돈과 권력 그리고 정욕을 우상으로 여깁니다. 즉 우상숭배로 모두가 예외 없이 부러워하는 것들입니다. 예수가 "그대 영혼을 깨끗이 하라, 내가 거룩하니 너희도 거룩해야 한다."라는 말은 7욕7정에 빠진 인류에게는 환상에 불과합니다. 부처의 8정도(正道)란 허울입니다.

모든 사람들은 육신에 집착합니다. 모두가 육신이 나의 전부인 것으로 여기기 때문입니다. 그래서 "백세인생"이란 노래도 나오고 "보양식"이란 음식도 생겨났습니다. 육신에 집착하니 "인생"이라는 말도 나옵니다. 그래서 인생에 대한 답을 찾으려고 하니 형형색색의 선지자들 성직자들이 형형색색의 말을 정답인 양 합니다.

불경에 "응무소주 이생기심(應無所住 以生起心)"이 있습니다.
"응당 머무르는 곳 없고 가는 곳 없는 그러한 마음을 가져야 한다."

서울 강남에 아파트를 사겠다고 혈안이 되어 권력자, 부자는 모두가 서울 강남에 마음을 둡니다. 서울 강남 아파트값이 올라가니 너도 나도 그곳에 투기하니 "강남불패"라는 용어가 생겨났습니다. 그리고는 강남판 투기 열풍이 전국으로 번져나가 전국이 부동산 투기판이 됩니다.

권력자와 부자들은 서로 끼리끼리 모여 살기를 원합니다. 유유상종의 이치입니다. 그곳에 살면서 나도 잘난 척하고 싶다는 심리도 있습니다. 이 우주가 내 집이요 몸뚱어리 육신은 어디에 두어도 개의치 않는 사람은 오직 산속 수행자에게나 찾아볼 수 있습니다. 모두가 으리으리한 집, 넓은 아파트 평수, 위치 좋은 도심지, 재개발이 기대되는 투자지 등 오로지 마음은 그러한 곳으로 가고 욕심에 머무르게 됩니다. 모두가 짐승들처럼 특정 테두리를 정해 놓고 그 울타리에 갇혀 살고 있습니다. 지옥이라고 합니다. 지는 땅이고 옥은 테두리에 갇혀 살면서 7대고와 5재8난을 피할 수 없이 당해야 하는 운명입니다.

"있다."라는 존재의 관념에서 공자의 유교가 만들어졌고 "없다."라는 무존재의 철학에서 부처, 예수의 불교와 예수교가 만들어졌습니다. "있다와 없다."는 대자연의 양면성 이치에 따른 것으로 "있다."가 있으면 당연히 "없다."도 있는 것입니다. 있다는 "나타난 모든 색(色) 즉 형상"을 보고 말하는 것이고 없다는 "나타난 형상조차도 허상이요 찰나의 존재"이니 공(空)을 말합니다.

그러하니 "있다."는 것도 진실이요 "없다."는 것도 진실입니다. "있다 없다."를 분별할 필요도 없으며 분별해서도 안 됩니다. 어느 쪽 양단에 치우쳐서는 안 되며 중용을 취하는 것이 대자연의 이치에 합일되는 것입니다.

현생에서 질서를 유지하며 서로 평화롭게 살아가기 위해서는 공자, 맹자, 주자의 가르침도 받들어야 하고 노자, 부처, 예수의 가르침도 알아야 합니다. 복잡한 심성을 가진 사람들은 그러한 성현들의 가르침만으로도 질서 유지가 어려우니 강제 처벌법인 형법, 민법, 소송법, 보안법 등 각종 국내법을 만들었습니다. 국가 간에도 국제법을 만들었습니다. 대자연 신께서는 인간들이 점점 사악해질 것이라는 것을 아시고 인과응보 법을 만들어 놓으신 것입니다.

만약 강제 처벌법이 없어진다면 반야수 잡식성 동물이나 야수인 육식성 동물처럼 좀비들의 천지가 될 것이고 지구촌 세상은 혼란과 파멸로 갈 것입니다. 힘이 곧 정의이고 힘만이 평화를 유지하고 생명을 유지할 수 있는 유일한 수단이 됩니다. 초식동물들에게는 힘도 법도 필요 없습니다. 그들은 자연 따라 살아갑니다.

☞ 잡식성, 육식성 동물의 세계에서는 오직 힘만이 공격을 막을 수 있는 유일한 길입니다. 잡식성, 육식성 동물들은 힘이 약한 것을 알면 공격하는 속성이 있습니다.

전 세계에 수십만 개의 종교와 토속신앙을 만들어 모두가 믿는다고 하지만 세상이 변한 것은 아무것도 없습니다. 거짓, 도둑, 사기, 부정, 부패, 시기, 질투, 위선, 원한, 저주, 그리고 편 가르기와 차별의 역사, 마찰과 충돌의 역사, 테러와 전쟁의 역사, 육식과 살생의 역사와 악성 세균, 악성 바이러스의 출몰은 영원히 되풀이됩니다. 현세 속세는 음의 세계인 습지입니다. 모두가 습의 본능을 가지고 7욕7정의 습성으로 모두가 정해진 인생 항로를 따라 파도를 타고 항해합니다. 껍데기 외형 즉 파도(음의 세계)에 휩쓸려 종교란 본래의 목적인 고요한 바다, 순수한 나, 참나 즉 성령과 불성(양정의 세계)이란 먼 나라 이야기입니다.

☞ 허례허식에 치장된 종교는 하나의 지구촌 장식품으로 접어두고 자연 따라 살다가 세월 따라가면 됩니다. 참나와 참된 종교를 찾는다는 것은 허구이니 위선의 탈은 벗어 던져버리고 맛을 찾아 먹고 육식도 즐기면서 살다가 세월 따라가면 됩니다.

어리석은 천사의 지구촌 일대기
(복잡한 인간의 심성)

어린 작은 천사가 하늘나라에서 예수님과 부처님이 사셨던 지구촌의 이야기를 재미있게 들으면서 지내고 있었다. 어린 작은 천사는 점점 하늘 밖 지구촌 세상에 관심을 가지게 되고 호기심이 생겨 부처님 예수님이 살았던 지구라는 행성에 가 보고 싶어 했다. 지구촌이 어떻게 생겼는지 지구촌 생명들이 어떻게 살아가는지 다양하고 복잡한 지구촌 모습이 궁금해지기도 했다. 어느 날 지구라는 행성에 가기 전 허락을 구해 보았지만 부처님 예수님의 반대에 부딪히고 말았다. 그럴수록 작은 천사의 궁금증이 커져 지구촌 기행을 결심하자 부처님과 예수님은 다음과 같이 조언한다.

부처님의 조언

내가 살던 곳에는 가난하여 거지, 병자, 불구자, 노인, 그리고 각종 질병으로 고통받고 죽어 가는 사람들로 가득하고 전쟁으로 서로 죽이고 죽고 하는 약육강식의 세상이요 어지러운 곳이었으니 그곳에 가거든 항상 조심하여야 하느니라. 나는 작은 나라의 왕자로 태어나 부왕(父王)의 크나큰 도움을 받아 가르침을 펼치고 제자들을 거느리고 무사히 80살까지 살 수 있었느니라.

또 예수님에게 조언을 구하니

예수님의 조언

내가 살았던 곳은 척박한 사막이 많은 땅이고

그곳에는 서로가 갈라져 다투고

아버지 하나님의 생명을 사고, 팔고,

마구잡이 잡아먹는 세상이니

지옥으로 떨어질 사람들로 가득하도다.

나 또한 그들을 위하여 기도하고

하나님 아버지 곁으로 가도록 애를 썼으나

그들은 나의 가르침을 따르지 않고

도리어 원한들을 품어 30세 젊은 나이에

십자가에 나를 매달아 사지에 못을 박아

잔혹하고 고통스러운 죽임을 당했으니

내 몸은 그곳에 묻히고 말았느니라.

형상만 사람이지 사람들이 아니라

그러하니 그곳에 가거든 항상 조심하여야 하느니라.

부처님 예수님은 이구동성으로 계속한다.

지구촌 체험을 위해서는

육신이란 형상을 갖추어야 하느니라.

육신은 영혼과 한 몸으로 유기체가 되니

육신이 아프면 영혼도 고통을 받게 되느니라.

그래서 항상 몸조심을 해야 하느니라.

지구촌은 혼탁하고 어지러운 세상이니라.

각종 사건 사고가 끊임없이 일어나고

각종 질병 세균 바이러스가 창궐하며

사이비 사기꾼 위선자들이 가득하고

서로 죽고 죽이는 마귀들의 세상이니

살아서나 죽어서나 지옥에서 방황할까

염려하니 조심하고 조심하여라.

육신의 욕망을 좇으면 영혼은 죽음이니

정신을 차리고 육신을 관리해야 하느니라.

모두가 오염된 영혼의 중생들로

너 또한 어울려 물들지 않도록 하여라.

사탄과 요괴가 가까이할 것이요

그들의 유혹도 따를 것이니

정의신을 빼앗기면 아니 되니

영혼은 항상 깨어 있어야 하느니라.

사랑과 자비, 인욕과 관용, 겸손과 절제, 희생과 봉사

친절과 지혜, 은근과 끈기로써 우리들의 가르침을 전파하고

육신의 기능이 다하게 되면 너의 껍데기 육신은 지구촌에 버리고

하늘나라로 다시 돌아와야 하느니라.

속세에 물들어 영혼을 더럽히고 어두운 길로 가는 순간

더 이상 여기 있는 천사들과 우리를 만나지 못하게 될 것이니 명심하여

야 하느니라. 그리고는 다시 무사히 돌아오길 바라노라.

어린 작은 천사는 부처님과 예수님의 조언을 듣고 나서 머나먼 지구촌
기행을 위해 지구촌으로 향하였다. 지구촌 대기권 안에 도착하자 헤아릴

수 없는 중생들이 바글거리는 사람들 가운데 어느 착하고 자비로운 어머니 품을 통해 생명을 받게 되었다. 그러나 그곳은 무척이나 가난했고 모두가 먹고살 길이 어려운 때였었다.

어린 시절

그는 하늘나라에서 살았던 모든 일은 까맣게 잊어버리고 자라면서 어머니의 사랑을 받으면서 자라고 같은 동년배의 어린애들과 어울려 장난도 치며 재미에 빠져 정의신을 잃고 살았다. 자라면서 가난하여 비록 감자, 고구마, 보리밥, 국수, 수제비, 옥수수, 밀 빵을 먹으면서도 항상 배가 고픈 터이라 먹을 것이 있으면 무엇이든지 맛을 모르고 먹고 자랐다.

요즈음처럼 각종 가공식품, 인스턴트식품, 라면, 소시지, 햄버거, 스테이크 등은 없었고 그 당시 상상도 못 할 고급 음식들이었다. 간혹 가뭄에 콩 나듯 꽁 보리쌀에 흰쌀을 조금 섞은 보리밥은 최고의 밥이었으나 때로는 죽은 쌀벌레와 돌이 있어 제대로 먹기가 어려웠다. 그 당시 쌀은 석발(石拔)이 되지 않아 온통 쌀에 작은 돌 천지였다. 어머니는 항상 조리로 돌을 걸러내고는 하셨지만 그래도 완전히 잔돌을 제거할 수 없어 밥을 씹을 때마다 주의하지 않으면 안 되었다.

물은 집안에 우물을 파서 두레박으로 퍼서 사용하였다. 그런데 엄동설한(嚴冬雪寒)에 간혹 두레박이나 우물이 얼어붙어 버릴 때는 아주 큰 곤란을 겪으셨다. 찬바람이 몰아치는 추운 새벽에 일찍부터 장작불을 피워 얼음을 녹이고 데워서 세수도 해야 하고 쌀도 씻어 커다란 밥솥에 밥도 짓고 채소를 씻어서 반찬도 만들어야 했다. 요즈음 아파트처럼 부엌이 거실에 있는 것도 아니었고 도시가스가 있는 것도 아니었고 보일러가 있어 따뜻한 물을 늘 사용할 수 있는 것도 아니었다. 바깥부엌은 열악하기 그지없었다. 찌그러진 나무 문 틈새로 찬바람이 쌩쌩 들어왔다. 전깃불이 없어 호롱불 촛불로 캄캄한 겨울 새벽 부엌을 밝히다가 부엌에 장작개비로 불이 피면 조금 주변이 밝아졌다. 장작개비 타고난 재(滓)를 수시로 퍼내어 마당에 쏟아부어야 했다. 바람이 불면 재가루가 하늘에 날아다녔다. 도로라고 하는 것은 모두가 비포장도로이어서 길은 온통 흙, 먼지투성이고 비가 오면 진흙투성이가 되었다. 길에는 온통 돌들이 박혀 있어 달리기라도 하면 돌부리에 걸려 넘어져 무릎을 깨고 코가 깨져 피가 흘러내리기가 일쑤였다.

집은 찌그러진 폐가처럼 기와 목조건물로 지은 낡은 한옥집이라 걸으면 바닥이 삐걱거리며 소리가 났다. 밤만 되면 쥐들이 온통 마당을 해매고 다녔다. 위생은 엉망이어서 이, 빈대, 벼룩이 설쳐대고 각종 굼벵이나 집게벌레 와 같은 벌레들이 구석구석에서 기어 나와 다녔다. 수시로 DDT라는 흰 가루약을 머리나 온몸에 뿌리고 다녔다. 겨울이면 목욕이라고는 장작개비로 물을 덥혀서 온돌방 안에서 한번 씻고는 했다. 여름이 되면 개울에 가서 물놀이를 하니 저절로 목욕이 되는 것이었다.

요즈음처럼 각종 형형색색의 양질의 휴지가 있는 것도 아니었고 수세식화장실은 구경조차 할 수 없는 시절 화장실은 모두 재래식으로 여름이면 구더기가 바글거리니 집집마다 똥파리가 와글거렸다. 세제가 있지도 않아 빨래는 방망이를 두들겨 가면서 비누칠을 해서 손으로 문질러 대야 했다. 세탁기라는 것은 그 시대에 상상조차 할 수 없는 하이테크 물건이었다. 마른 빨래는 장작개비가 타고 불이 남은 숯을 고대기에 넣어 다려야 했다. 역시 전기다리미라는 것도 없었다. 그러한 삶을 살아야만 하는 시절, 불편하고 힘들고 여간 고통스러운 일이 아니었다. 잠시도 게을리해서는 생활이 안 되었다. 김치를 담그고 장을 담그고 메주를 쑤고, 쉴 틈이 없었던 그 당시의 어머니들 그리고 여자들은 모두들 그렇게 고생들을 많이 하면서 자식들을 키우셨나 보다. 옛날 어머니들의 값어치 있는 헌신과 희생으로 오늘날의 찬란한 결과가 노동의 대가로 이루어진 것이다.

도처에 거지들이 우글거렸고 매일 거지들이 깡통을 들고 집집마다 밥을 얻으러 다녔다. 어린 거지, 젊은 거지, 여자 남자 늙은이 거지 할 것 없이 모두가 비참한 생을 영위하고 있었던 시절이었다. 어느 집에서 결혼식이 있으면 여지없이 주변 거지들이 소문을 듣고 대거 몰려왔다. 초대받지 않는 손님들이었다.

커다란 잔칫상(床) 한상을 차려 주어야 했다. 그 시대에는 예식장이라는 것은 없었다. 집에서 예식을 치러야 하는 시대였다.

작은 동자의 어머니는 생활이 어려운 가운데서도 항상 다른 사람들의 가난과 불행을 가슴 아파하시며 자식들의 배를 굶기지 않기 위해 생활전선에 뛰어들어 돈을 벌어야만 했었다. 아버지는 6.25 전쟁의 후유증을 앓고 계셨다. 모두가 가난해 현금을 주고 물건을 사가는 사람은 드물었고 장부에 기록해 놓고 후불로 물건을 가져갔었다. 요즈음 기업에서 발행하는 어음과 유사하다. 그런데 좀처럼 약속한 날에 돈을 갚지 않았다. 수금하려 밤마다 돌아 다녀야 했다. 요즈음 어음은 부도가 나면 망하고 잡힐세라 몰래 밤에 도주한다. 그러나 옛날에는 돈을 떼어 먹고도 버젓이 다녔다. 양심의 가책도 느끼지 않았던 것 같았다. 많은 사람들이 도둑심보였다. 가난에 찌든 궁핍한 시절이라 어쩔 수 없는 비참한 일이었던 것 같다. 굽이굽이 산을 넘어 장사로 겨우겨우 간신히 입에 풀질을 하고 살았던 것 같다.

추운 겨울 찬바람이 세차게 부는 한밤중에 누가 대문을 두드리며 하룻밤 재워주기를 간청한다. 처량한 목소리가 젊은 여자인 것 같았다.

"제발 헛간도 좋으니 이 밤 하룻밤 지내게 해 주세요. 내가 파는 맛있는 찹쌀떡도 조금 드리겠습니다."

밤늦게까지 찹쌀떡 장사를 하고 밤이 깊어 잘 곳이 없었던 것 같았다. 불행히도 오두막 찌그러지는 판잣집 방 한 칸에 여러 식구가 오므리고 자는 좁은 곳에 다른 사람의 잠자리를 제공할 여유가 없었던지 사람을 달래서 다른 곳으로 가도록 하였다. 그 당시에는 대가족이 조부, 조모, 아버지, 어머니, 아들, 딸 모두 한집 좁은 곳에 옹기종기 사는 시절이었다.

"이 추운 겨울밤에 그 찰떡 장사는 어디에 가서 잠을 잘 수 있을까?"

작은 동자는 여러 가지 생각을 하면서 자기도 모르게 잠에 빠져들었다.

다음 날 아침,

"어머니, 왜 어젯밤에 그 사람을 재워 주지 않았습니까?"

"응. 재워 줄 장소도 없거니와, 잠들은 사이에 옷이랑 먹을 것이랑 모든 것을 갖고 달아나 버릴 수도 있단다. 그러면 우리도 가난하여 옷이나 먹을 것을 살 돈이 없으니 불쌍하여도 어쩔 수 없단다."

1950~1960년대의 생활은 비참했다. 모든 사람들이 7대고를 그대로 당하면서 살아야만 했던 지옥의 나날이었다. 대부분 병고로 고통을 겪다가 일찍 죽어 60세 환갑을 넘기기 어려웠다(병고). 대형 병원과 의료시설이란 없었고 요즈음처럼 좋은 약도 없었다. 돈이 없으니 병원과 약이란 상상도 할 수 없는 비참한 시절이었다(구득불고, 경제고). 오랜 병고의 와병에 등에는 등창이 생기고 에어컨이라는 것은 없어 더위에는 더욱 병고

에 한없는 고통을 겪다가 죽고는 하였다(날씨고).

생활고로 먹을 것도 입을 것, 신을 것도 부족했고 먹고 싶어도 먹지 못하고 굶어야 했다. 요즈음처럼 웰빙 시대에 걸맞게 형형색색의 식재료와 가공식품, 수입품 등이 넘쳐나고 도처에 대형마트, 백화점, 편의점 등이 있어 원하는 것을 쉽고 구입할 수 있는 시대가 아니었다(구득불고).

모두들 10대 20대 초에 일찍 결혼하여 빨리 애기를 낳아서 길러야만 했다. 여자들은 애기를 낳다가 산고를 겪고 순산하지 못해 많이 죽어 나갔다. 요즈음처럼 제왕절개수술이라는 것은 없었다(산고, 의식고). 일찍 누가 치매라도 걸리면 여자들의 운명은 더욱 비참해졌다. 옛날에는 경로사상이 투철해 치매 노인을 집에서 여자들이 돌봐야만 했었다(중생고). 요즈음처럼 수도가 있어 물을 마음대로 쓸 수 있는 것도 아니었다. 세제가 있어 소독이 되는 것도 아니었다. 정신적, 육체적 고통이란 말을 할 수 없었다(의식고, 노동고).

냉장고라는 것이 없어 여름이면 음식물들이 순식간에 부패되어 버려야 했고 똥파리가 와글거리며 구더기 새끼를 까놓았다. 매일 그때그때 음식물을 일일이 만들어 먹어야만 했다. 매일 겨울 땔감을 걱정해야 했고 쌀 곳간이 비어 가면 먹을 것을 걱정했다(날씨고, 생활고).

1950년대 후반 4월 1일 식목일이 정해져 산에 나무 심기 운동이 펼쳐졌다. 벌거숭이산을 푸르게 옷을 입히고 메아리가 살게 나무를 심어 오늘날 푸르고 아름다운 금수강산을 이루었다. 5.16 군사혁명이 일어났다. "새벽종이 울렸다, 새 아침이 밝았다, 너도 나도 일어나 새마을을 만드세" 그리고 "잘 살아보세 잘 살아보세 우리도 한번 잘 살아보세"라는 새마을 운동 노래가 라디오를 통해 마을을 울렸다.

산에 나무심기 운동
1차 경제개발 5개년 계획 경공업 육성

2차 경제개발 5개년 계획 중화학 공업의 육성, 고속도로 건설

3차 경제개발 5개년 계획 서비스산업의 육성, 조선, 철강, 자동차 산업의 육성

그리고는 월남전이 발발하였다. 맹호부대, 청룡부대 월남파병 노래 소리가 울려 퍼졌다.

새로이 동네에 공동우물이라는 것이 생겨났다. 최초로 수도가 생긴 것이었다. 샘물을 두레박으로 퍼서 먹던 시절은 끝나고 공동 수도에 양동이 물통을 들고 지정된 급수 시간에 길게 줄을 서서 기다려야만 했다. 추운겨울에는 발발 떨고 수돗물을 받기 위해 매일 줄을 서서 기다렸다. 그러다가 감기도 걸리고는 하였다. 모두가 수돗물의 수질은 생각조차 하지 못했고 그저 시(市)에서 공급하는 하이테크 물로 귀중한 식수였을 뿐이었다. 수돗물에는 간혹 실지렁이가 헤엄을 치고는 했다.

초등학교 시절
새로이 입학한 아이들이 바글거렸다. 한 반(班)에 80명에서 90명씩 교실 바닥은 나무로 되어 있었고 신발은 신주머니에 넣고 슬리퍼를 신고 다녀야 했다. 매일 오후 마룻바닥 청소를 할 때면 왁스를 칠해 마른걸레로 모두가 대열을 갖추어 박자에 맞춰 엎드려서 문질러 대야만 했다. 게으름을 피울 수가 없었고 급장이 매 눈처럼 감시하고 있었다. 나중에 선

생한테 매를 맞지 않기 위해 호흡과 박자를 맞추어 양팔 왕복운동을 해 댔다. 마치 소나 말이 게으름 피우지 못하게 매를 때리며 독려하는 것과 같았다.

학용품이라고는 색 바랜 누른 종이로 만든 질도 좋지 않는 노트와 연필, 지우개 그리고 양철로 만든 필통이 전부다. 요즈음처럼 형형색색의 볼펜, 샤프펜, 양질의 노트나 종이는 상상조차 어렵다. 연필도 품질이 나빠 수시로 부러져 연필 깎기 칼로 깎아서 몽땅 연필이 되곤 하였다. 점심 도시락 반찬은 거의 한 가지씩뿐이었다. 흑콩 조림(그 당시에는 염소 똥이라 불렀다), 김치, 마른 오징어 무침, 젓갈 등이었고 계란은 최고급 반찬이었다. 그나마 가난해서 반 수 이상은 도시락이 없었고 대부분 배급해 준 옥수숫가루를 쪄서 만든 옥수수떡을 나누어 주는 것으로 받아먹고 끼니를 때웠다.

초등학생 어린아이들 사이에도 패거리가 생겨 서로 패거리끼리 놀고는 하였다. 어느 날 심성이 나쁜 장난꾸러기 애들이 작은 어린 동자와 다른 꼬맹이하고 싸움을 붙이려고 시도하였다. 꼬맹이는 성격이 표독하고 못되어 비록 키가 작지만 야무지게 생긴 아이였다.

"너 임마! 꼬맹이하고 싸워서 이길 수 있어? 한번 붙어봐."

다른 애들이 떠들면서 와글거렸다.

"야, 한번 붙어라. 누가 이기나 보자."

작은 어린 동자는 싸움이라는 것을 몰랐다. 작은 동자는 상대방을 쳐다보기만 하고 서 있었으나 주변의 몇몇 애들이 자꾸 싸움을 부추겼다. 상대방 꼬맹이도 처음에는 가만히 작은 동자를 쳐다보고만 있다가 주변의 열화 같은 성원에 우쭐해지더니 그만 한판 싸움으로 마음으로 기울어졌던지 작은 동자에게 한 방 주먹을 날리려고 했다. 어린 동자도 얼떨결에 그만 덩치와 몸이 엉키면서 서로 주먹질을 하며 작은 동자의 코에서 코피가 터지자 싸움은 그쳤다. 코피가 터지면 졌던 것이다.

꼬맹이의 부모는 시장에서 생선 장사를 하며 돈을 벌어 집안의 형편이 좋았다. 그의 아버지는 그 당시에 외제 오토바이를 가지고 있을 정도로 부자였다. 그래서 그의 부모는 항상 아들의 담임선생에게 뇌물을 바치고 자주 담임선생에게 찾아가 아들을 위해 선심을 쓰니 담임선생은 꼬맹이를 급장으로 임명하여 주었다. 그의 학교 성적은 별로 뛰어나지 못했다. 그러나 꼬맹이는 무엇이든지 무조건 "수(秀) 우(優) 미(未) 양(不良) 가(不可)"에서 '수(秀)'를 받았다.

그 당시 '수'만 받은 이유는 알 수가 없었다.

반장이 된 꼬맹이는 늘 작은 동자를 괴롭혔다. 괜히 심성이 나쁜 애들이 아무런 이유 없이 싸움을 시켜 그만 서로 사이가 나빠지게 된 것이다. 그래서 꼬맹이는 늘 작은 동자를 나쁘고 더러운 청소에 배당시키거나 수시로 이유 없이 나쁜 구실을 만들어 담임선생에게 고자질하여 매를 맞도록 만들면서 그러한 일에 쾌감을 느끼고는 하였다. 반장이 되니 다른 애들도 모두 꼬맹이에게 붙어 아부하기도 하고 꼬맹이의 패거리가 되어 그를 따랐다.

그는 어린 시절 그러한 괴로움도 잊고 매일 잠자리, 메뚜기, 나비, 매미 등 곤충을 잡으며 동네 애들과 어울려 구슬치기, 딱지치기 등 노는 일에 빠져 살았다. 학교 방학 과제로 곤충채집이 들어 있었다. 무명 속에서 하

나님이 창조하신 미물들을 재미로 마구잡이 잡고 죽이고 했으니~

원래 하늘나라에서 깨끗하고 순수했던 영혼이 지구촌에 오면서 그만 오염이 되었나 보다. 눈앞에 보이는 색에만 빠져들었다. 여름에는 물총을 쏘아대고, 겨울에는 눈싸움을 하고, 장난감 칼과 총을 가지고 놀기를 좋아했다. 상대방이 총을 쏘면 죽는 시늉까지도 했다.

작은 동자가 살던 집 뒤에는 작은 사탕공장이 있었다. 사탕공장의 며느리는 거의 매일 늙은 노파인 시어머니로부터 잔인한 학대를 받고 있었다. 어느 날 늙은 노파의 날카로운 목소리가 작은 동자가 살던 집을 울렸다. 자그마한 창을 통해 옆집을 쳐다보니 슬립파로 며느리의 뺨을 사정없이 후려갈기고 있었다. 며느리는 노파가 후려치는 매를 피하지 않고 앉아서 그대로 맞고 있었다.

"야! 이 쌍년아~" 하고 매섭게 며느리의 뺨을 내려치고 있었다. "왜 저렇게 맞는 것일까? 왜 피하지 않는 것일까? 저 노파는 왜 저렇게 잔인하고 못돼먹었을까? 며느리가 무엇을 잘못했기에." 하고 어렸지만 그 참혹한 광경을 볼 수가 없었다. 후일 할머니의 천성이 잔인한 것을 알았다.

그 당시에 여자들의 시집살이는 무조건 시어머니에게 복종이었다. 쫓겨나면 먹고살 길이 없는 시절이었고 사회적으로 이혼이라는 것은 상상조차 할 수 없는 시절이었다. 출가외인으로 요즈음처럼 흔히 쉽게 이혼하고 친정집에 가거나 스스로 독립할 수 있는 그러한 시대가 아니었다.

작은 동자가 살던 앞집에는 술 팔며 아들 하나 데리고 사는 과부였다. 그 당시에는 막걸리가 대세였다. 그런데 밤만 되면 뒷간에 어린 아들을 몰아넣고 매질을 해대는 것이었다. 작은 동자는 밤만 되면 앞집 과부의 매질하는 소리를 들으면 마음이 편하지 않았다. "도대체 어린 아들은 무엇을 잘못하고 있을까?" 아니면 "공부를 하지 않는다고 때리는 것일까?" 요즈음 같으면 아동학대 사건으로 처벌받아야 했다. 작은 동자의 어머니는 단 한 번도 작은 동자에게 매를 든 적이 없었다. 하루 종일 농땡이를 쳐도 말이다.

☞ 사랑과 자비는 타고난 성품에서 나오는 것이다. 의도적으로 하는 사랑과 자비는 일시적이요 위선적이며 과시적이다. 타고난 모진 마음에는 사랑과 자비를 기대할 수 없는 것이다.

중학생 시절

집이 가난하여 버스를 타지 않고 10리 나 되는 먼 거리를 걸어 다니면서 학교에 다녔다. 가까운 이웃에 사는 어느 중년 아주머니가 자선사업을 한다고 작은 동자에게 참여를 구했다. 그 아주머니도 형편이 어렵기는 마찬가지였다. 마음으로는 더 어려운 사람들을 돕고 싶었던 모양이다. 그래서 버스 차비를 절약하여 매번 적은 돈을 아주머니에게 갖다 주곤 하였다. 아주머니는 그러한 보시에 작은 동자를 기특하게 생각하고 매우 기뻐하는 모습이었다.

작은 동자의 집은 가난하여 신발이나 옷 그리고 먹고 싶은 것들을 살 수 없었다. 작은 동자는 점점 자라서 중학생이 되자 그러한 것들을 자급자족해야 하니 용돈이 필요하게 되었다. 그래서 그 당시 새벽 이른 아침에 신문을 집집마다 돌리는 신문배달 일을 하게 되었다.

첫날 새벽 3시에 신문 집합소에 가니 작은 동자와 같은 또래 애들이 신문 배송 감독이라는 사람들에게 보기만 해도 무시무시한 막대기로 엉덩이 허벅지를 사정없이 무자비하게 두들겨 맞고 비명을 지르며 퍽퍽 쓰러지는 광경을 보게 되었다.

"야! 이 새끼 일어나! 벽에 손 대고 엎드려 임마!"

배송 감독의 험악한 고함소리가 새벽공기의 차디찬 사무실 공간을 가득 채웠다. 쓰러진 어린 애들을 다시 세워 또 궁둥이에 일격을 가하자 그만 막대기가 딱 하고 부러져 버린다. 어떤 애들은 무릎을 꿇고 배송 감독에게 싹싹 빌고 있다. "살려 주세요, 살려 주세요 잘못했어요."

작은 동자는 갑자기 온몸이 오그라지고 마음이 후들후들 떨리기 시작했다. 그러면서 생각했다.

"왜 저토록 맞아야만 되는 것일까? 도대체 무엇을 잘못했을까."

"가난한 어린아이들은 먹고살 길이 없어 나처럼 모두가 잠든 이 새벽에 나왔을 텐데 저렇게 무자비하게 두들겨 맞아야만 하는 것일까?"

"무서운 곳이다."

고개를 돌리며 무시무시한 광경에 놀라 떨면서 신문을 받아 겨울 찬바람 부는 거리로 나왔다. 윙윙 찬바람 부는 차디찬 새벽공기는 얇은 옷 속을 파고들어 몸을 더욱 오그라들게 만들었다. "세상도 차고 사람도 차구나."

그는 무거운 짐을 팔에 안고 뛰었다. 늦으면 안 되기 때문이었다. 이른 새벽 온 동네 수십 군데를 돌고 학교에 가야 했다.

그다음 날 새벽 똑같은 광경이 되풀이되었다. 작은 동자는 "나도 저렇게 두들겨 맞을 수도 있겠구나." 생각을 하고는 작은 동자 담당 배송 감독으로부터 신문을 받아 들었다. 그는 작은 동자에게 "똑바로 해. 너도 저렇게 두들겨 맞을 수가 있어." 작은 동자는 잔인하고 무거운 체벌을 받아야

만 하는 이유를 알지 못한 채 폭력과 폭행이 난무하는 지옥을 벗어나 어둡고 차가운 겨울바람을 맞으며 갈 길을 서둘렀다.

캄캄한 밤 어느 골목 모퉁이를 돌아가자마자 갑자기 사납고 무시무시한 개가 왕왕 하고 튀어나와 작은 동자를 덮치려는 순간이었다. 그는 예상치 못한 상황을 당하고는 기겁하게 놀라 사나운 개를 피하려고 하다가 그만 개에게 팔에 안긴 신문의 일부가 물려 찢기고 떨어지는 바람에 온 사방에 신문이 널브러지게 되었다. 작은 동자는 너무나 무섭고 놀란 나머지 땅에 흩어진 신문을 줍지도 못하고 개가 있는 곳을 허둥지둥 황급히 빠져나왔다. 다행히 골목길 찌그러진 집 어디에 줄로 개의 목이 묶여 있었던 모양이다. 더 이상 따라와 그를 덮칠 수 없었던 것이다. "아이고 휴~" 너무나 다행스러운 일이었다. 개 짖는 소리는 계속 들리며 놀란 가슴을 진정시키며 더 그곳을 지날 수가 없게 되고 말았다. 그날 밤은 다른 골목길을 돌아 몇몇 집에 배송을 하지 못하게 되고 말았다.

그다음 날 새벽 신문 집합 장소에 가서 작은 동자 담당 배송 감독에게 이 사실을 이야기하자 그날 낮에 학교를 마치고 오라고 지시한다. 배송하지 못한 곳을 찾아가서 주인들에게 설명하고 용서를 구해야 한다고 한다. 작은 동자는 학교를 마치자마자 급히 담당 배송 감독을 찾아갔다. 함께 빠뜨린 몇 군데의 집을 돌면서 신문을 주기 위해서였다. 개 있는 집을 피해 역방향으로 우선 가기로 했다.

첫째 집에 대문을 두드리며 신문사에서 왔다고 하자 어떤 중년 남자가 화를 내며 감독에게 소리치며 말한다. "신문은 아침 일찍 일어나서 보는 것이지 지금에 와서 보라고 줘." 감독은 상황을 이야기하고 용서를 구한다. 그러자 그 사람은 휙 돌아서면서 "이번만 봐주지, 알겠어?"

왜 신문을 꼭 새벽 일찍 보아야 하는지 알 수가 없었다.

이번에는 발길을 옮기고 싶지 않는 집이었다. "신문 때문에 왔습니다." 하고 그 집 대문을 두드리자 아나나 다를까 예상했던 대로 어떤 아주머니의 날카로운 성난 목소리가 들려오면서 황급히 밖으로 나왔다. 그리고는 화난 목소리로 이번에 마침 잘 만났다는 표정으로 "언제 누가 우리 집에 넣으라고 했어!! 여기 문 앞에 적힌 글자 보지 못했어?"

문 앞에 흰 종이로 써놓은 "신문사절" 이란 글자를 보았음에도 불구하고 신문을 계속 넣은 것이다. 새벽에 넣으면서 혹시나 잡힐까 봐 집어넣고는 잡히지 않기 위해 후딱 뛰어 달아나곤 했었다. 그 집은 새로이 확장 개척을 위한 것이었다. 넣다가 그만두게 되면 신문이 남게 되고 후일 배송 감독에게 분명 책임을 추궁당할 것 같아서였다. 마침 옆에 배송 감독이 이를 보자 "아주머니, 그냥 공짜로 보시다가 싫으시면 받지 않겠다고 하시면 됩니다." 아주머니는 대꾸도 없이 성난 얼굴로 "내일부터 넣지 마라! 한 번만 더 넣어 봐." 소리치고 휙 들어가 버린다.

이번에는 다른 집으로 향했다. 문을 두드리고 "신문사에서 왔습니다."라고 하자 조금 지나더니 나이가 많으신 할아버지 같은 분이 지금까지 던져넣었던 신문을 모두 정성스레 묶어서 가져 나와 "야, 모두 도로 가져가거라." 하고는 신문뭉치를 문 앞에 두고 "나는 한글을 몰라." 하시고는 들어가셨다. "들고 가자." 하는 감독과 함께 무거운 발길을 돌렸다. 겨울 영하의 차디찬 기운에 얼얼한 손과 발을 비비며 무거운 종이뭉치를 안고 앞장서서 다음 곳을 향했다.

신문지 뭉치는 매우 무거웠다. 어린 동자는 그 무게를 감당하지 못하고 신문 뭉치를 땅에 놓고는 했다. 다행히 작은 동자의 배송 감독은 다른 감독들에 비해 마음 씀씀이가 조금 나은 편이었다. 그는 뭉치의 일부를 받아 함께 보행을 계속했다. "이번에는 무서운 개가 있는 곳입니다. 바로 그 집입니다."

나는 골목길 개 있는 집에 조심조심 이르자 캄캄한 밤에 으르렁거리던 개가 또 튀어나온다. 개가 왕왕 시끄럽게 짖어대자 주인으로 보이는 여자가 나온다. 나와 감독은 개가 으르렁거리고 있어 가까이 가지 못하고 밖으로 나온 여자에게 신문을 건네고 자초지종을 설명하여 신문을 건네며 용서를 구했다. 그리고는 아주머니에게 "사나운 개 때문에 새벽에 골목길을 겁이 나서 지날 수 없습니다. 개가 오지 못하도록 해 주세요." 하고는 그 집 대문을 보자 "맹견조심"이라는 종이가 빛이 바랜 모양으로 붙어 있었다. 작은 동자는 "다음 날도 걱정이야. 어떻게 하지." 하는 생각으로 불안한 마음을 가지고 그 집을 돌아섰다. 그 이후에도 형형색색의 사람들로부터 가지가지 형태의 속성을 가진 사람들을 만나고 어려움을 겪으면서 작은 동자는 추운 새벽길에 발걸음을 재촉하고는 하였다.

어느 날 새벽 평상시 때처럼 골목길을 누비고 있을 때 갑자기 맞은편 길에서 젊은 아가씨가 황급하게 발길을 옮기면서 작은 동자에게 원망 섞인 푸념을 하면서 지나갔다.

"아이고 조금만 일찍 오지 않고--"

스치고 황급하게 지나가는 뒷모습을 보면서 언뜻 생각이 났다. 내가 오늘 새벽에는 조금 늦게 이 골목을 "×× 일보" 하고 소리 내며 지나갔구나. 내가 "×× 일보" 하고 소리치는 소리가 정확하게 아가씨의 새벽 공장 출근 시간이었구나. 그 당시에는 시계가 없어 새벽 출근 시간을 모두가 알지 못했다. 작은 동자의 새벽 골목을 도는 시간이 매일 정확하게 같았다. 그래서 잠을 자다가 그 작은 동자의 왜치는 소리를 듣고 정확하게 새벽 출근 시간임을 알고 일어났던 것이었다.

일을 시작한 지 거의 한 달이 되어 임금을 받을 날이 된 것이다. 한 달 동안 고생한 대가를 기다리고 기다렸던 것이었다. 그 노동의 대가란 너무나도 미미한 것이었다. 그런데 주기로 한 임금보다 적게 주는 것이다. 나는 가만히 주는 대로 받았다. 감히 무슨 말을 할 수 있는 용기란 없었다. 막대기 세례를 받지 않고 살벌한 세상에서 한 달을 무사히 넘기며 조그마한 돈을 처음 받는다는 마음은 아무 생각도 하지 못하게 만들었다. 그런데 감독은 금액에 대해서 무엇인가 양심에 걸리고 있었던지 주기로 했던 금액보다 적은 이유를 갑자기 다음과 같이 말했다. "너 지난번 개 때문에 신문 없어진 것 물어내야 되기 때문에 돈이 적은 거야." 그리고는 또 말을 덧붙인다. "한 달간 열심히 했기 때문에 주는 것이야." 불쌍한 어린아이들의 임금을 얼마나 갈취하고 있었을까?

학교에도 항상 막대기나 몽둥이가 날아다니는 것은 흔한 일이었다. 때리기를 좋아하는 선생들은 이런저런 이유로 항상 체벌을 하니 학교에 가는 것도 무서운 일이었다. 선생은 몇 페이지까지 외워서 오라고 지시했다. 다음 날 외우지 못한 학생들을 하나하나 불러내어 사정없이 막대기로 후려쳤다. 어느 상업선생은 학생들에게 부기 대차대조표 문제를 내어 답을 못하면 막대기로 종아리를 사정없이 때렸다. 모두가 공부를 잘해야 될 이유라도 있는 것이었을까? 모두가 상업(商業)을 잘해야만 되는 이유라도 있는 것이었을까? 어느 날 선생에게 "선생님, 모두가 대통령이 될 수 없고 장관이 될 수 없습니다. 각자 나름대로 가야 할 길이 있으며 능력껏 살아가면 되지 않습니까? 왜 그렇게 때립니까? 매질을 한다고 모두가 상업(장사)을 잘하는 것이 아니지 않습니까."

"뭐야, 이놈이 건방지게 선생한테 어디에 달려들어?" 하고는 작은 동자의 머리를 막대기로 내려쳤다. 그는 아픔에 허리를 굽혀 머리를 양손으로 비비고 금세 혹이 생겨 피가 나오는 머리를 만져 보니 계란만 한 혹이 불거졌다. 순진하게 한마디 했다가 된통 얻어맞은 것이었다. "어디서나 어른들은 힘없는 아이들을 때리는 것일까? 세상에는 힘 약한 사람들은 항상 힘 센 사람들을 두려워해야 하는 것이다." 가난에 버려진 고아 폐아들도 많아 힘이 약한 길 가는 (힘이 약한) 아이가 있으면 아무나 잡아서 돈을 갈취하고 이유 없이 폭행을 가한다. 그래서 항상 힘이 약한 아이들은 힘 센 아이들에게 붙어서 아부하고 힘센 아이의 꼬붕(꼬마 봉)이 되어 한 패가 되어야만 안전했다.

고등학교 시절

작은 동자는 성장하여 고등학생이 되었다. 그는 중학교에서도 당하던 매질을 고등학교에서도 일어나고 있음을 보았다. 체육 시간이었다. 체육 선생이 지정하는 체육복을 입지 않고 체육 시간에 참석하는 학생들은 매번 회초리로 허벅지나 다리를 후려쳤다. 어느 곳에나 힘없고 돈 없는 가난한 아이들이나 학생들은 그 대가를 치러야만 했던 것이다. "우리 대부분의 학생들은 가난하다. 부모로부터 돈을 받기란 여간 어려운 일이 아니다." 선생이 지정하는 옷가게에 가서 체육복을 맞추는 것은 비싸 형편이 어려운 사람에게는 여간 힘든 것이 아니었다.

"왜 선생들은 가난한 자에 대한 배려가 없는 것일까? 형편이 어려운 사람들의 심정과 입장을 이해하지 못하는 것일까?"

큰 동자는 선생에게 말한다.

"선생님, 돈이 없어서 체육복을 사지 못했습니다."

체육선생은 "임마, 이유가 많다. 종아리 걷어!"

"왜 꼭 선생이 지정하는 체육복을 입어야만 체육이 되는 것일까?" 하고 큰 동자는 회의적으로 생각하였다. 그 당시 이유는 알 수 없는 것이었다.

그 후 맞는 것이 싫고 두려워 매주 체육 시간이 다가오는 것을 괴로워했다. 더 이상 맞기 싫은 생각에 어머니에게 여쭈었다.

"체육복 사 주시면 안 돼요?" "꼭 사야 되는 것이냐? 안 사면 안 되는 것이냐?"

어머니는 벌써 돈을 생각하며 걱정스러운 표정으로 큰 동자의 얼굴을 쳐다보고 이야기한다. 어머니는 아들 동자가 매주 체육복 때문에 체육 시간에 체벌을 당하고 있다는 것을 알지 못하셨다. 큰 동자는 그래도 어머니를 졸라서 마침내 체육복을 구했던 것이다. 빚을 내서라도 사 주셨는지 모른다. 어쩔 수 없는 상황이었다.

큰 동자는 후일 커서 경제적으로 어려운 사람을 도와야 하겠다는 생각이 들기 시작했다. 가정의 가난을 벗어나기 위해 대학을 가지 않고 공장에 취직하여 돈을 벌어야 하겠다는 생각도 했으나 그 당시에는 대학을 나오지 않으면 대우를 받지 못했다. 공장에서 일하면 "공장뺑이"라는 별칭이 따라 붙는 것이었다. 그만큼 공장에서 일하는 사람들을 낮게 보고 천시하는 것이었다. 그래서 "학비가 들지 않는 대학교에 가야 하겠다."는 생각이 들었다.

1960년대 중후반의 시절

어느 날 어머님의 심부름으로 서울에 가야 할 일이 있었다. 난생처음 서울로 장거리 여행을 하게 되어 설레는 마음으로 열차에 몸을 실었다.

그 당시 새마을호는 없었고 열차는 비둘기호, 통일호와 무궁화호라는 3종류의 열차가 있었다. 그중 비둘기호는 덜커덩덜커덩 시속 30키로 정도로 가는 완행열차로 역마다 정차하는 서민열차였다. 요즈음 북한에서 갔다가 섰다가를 반복하는 열차와 똑같았다. 열차 객실 안에는 담배연기로 자욱했다. 그 당시에는 네 멋대로가 통하는 사회요 남을 배려하는 문화란 조금도 없는 후진국 시대였다.

객실은 사람들로 와글와글 초만원에 자욱한 담배연기를 마셔 가며 덜컹거리며 가는 증기기관열차가 중간 지점 정도인 황간역과 영동역 사이에서 멈추는 것이었다. 그리고는 오후에 출발한 열차가 한밤중이 되어도 출발한다는 소식도 없이 기약 없는 시간을 열차 안에서 기다려야 했다. 때는 겨울이라 밖은 추웠다. 열차 엔진이 고장 났었나 보다. 새벽이 되어서야 열차가 서서히 움직이기 시작하였다. 서울역에 도착하니 낮 12시가 넘었다. 동자는 화가 난 나머지 개찰구 역원에게 열차표를 넘겨주며 조금 항의조로 "무슨 열차가 그래요. 어제 탄 열차가 지금 도착하다니."라고 하자 개찰구 역원은 뭐 "이런 새끼가 다 있어?" 하는 표정으로 인상을 지어며 나를 노려본 것이었다. 나는 그 표정을 뒤로하고 후다닥 볼일을 마쳐야 하고 다시 비둘기를 타고 돌아가야 하겠기에 서둘렀다. 그야말로 요즈음 탈북자들이 말하는 북한 열차 그대로인 것 같았다. 동자는 첫 서울 여행이었고 젊어서 그런대로 참고 올 수 있었다. 다른 승객들은 어떻게 했을까 그 후 궁금하였다. 모두가 그 당시에 당연한 일인 것처럼 받아들였던 것일까? 요즈음 같으면 상상도 못할 일이었다.

대학과 군 시절

이 세상 어디에 가나 약한 자에 대한 폭행과 폭력은 빼놓을 수 없는가 보다. 청년 동자는 집단생활에서 고된 군사훈련과 지루하고 고통스러운 폭력과 폭행을 당해야만 했다. 그것들이 "군기잡기"라는 명목으로 자행되는 것이다.

"학생, 기합이 빠졌어."라는 상급자의 한마디에 모든 저급 학생들은 고되고 힘든 기합과 구두발질 몽둥이세례를 받아야만 했다.

저급 학생들 또한 상급생들이 되면 똑같은 행위와 행동들을 되풀이하게 되었다. 마치 역사가 되풀이되듯이 "배운 것이 도둑질"이란 말이 있듯이 폭행과 폭력은 계속 전통으로 이어지게 되었다. 일종의 당해 왔던 보복성 개념으로 후배 학생들에게 되돌려 주는 것이었다. 강당에 모든 상급자가 된 학생들이 모였다.

"이제 우리들이 상급자가 되었으니 전 선배들의 폭력적 반이성적 행동은 그만두자."

"야, 무슨 소리 하는 거야! 전 선배들 했던 일이 옳았어!"

"그럼 당신들이 하급자 시절에 상급자 선배들을 깡패집단이니 폭력집단이니 하고 매일 불평하고 욕하지 않았느냐. 그러고는 우리가 상급자가 되면 폭력을 없애야 한다고 모두들 말하지 않았느냐."

"야 너는 들어가. 우리도 당해 왔어. 애들 풀어주면 기어오르려고 해!"

결국에는 전 상급자들보다 더 잔인하고 폭력적인 집단으로 변질되고 말았다.

한 하급자의 말 "악랄했습니다. 인간들이 아닙니다."

청년 동자는 모두가 "올챙이 우물 적 시절을 모르는구나." 하고 개탄했다.

동급자들 모두는 암암리 침묵으로 혹은 찬동하는 어조로 폭력적 과거 행태를 동의하였다. 물론 어떤 동급자는 과격한 동료들에게 동조하지 않을 수 없을 것이다. 하급자의 말대로 인간들이 아니면 무엇이라고 생각하는가?

"×새끼들이라고 생각했겠지."

사람들이 악한 감정이 올라오거나 다른 사람과 싸움을 할 때 "개 새끼, 개 같은 놈, 개 같은 년 혹은 야 이 개새끼야." 하고 모두들 쌍욕을 하게 된다.

모두가 개(犬)라는 것을 아는가 보다. 사람이란 탈을 쓰고 있을 뿐 속성은 이미 오래전부터 변질되어 잡식성 동물과 같이 된 것이었다.

"이것이 인간들의 복잡한 심성이란 말인가? 왜, 폭행과 폭력의 역사와 반인륜적 전통을 깨 버리지 못한단 말인가?" 청년 동자는 회의를 거듭하고 인간들의 잔인하고 폭력적 속성이 어디에서 왔는가를 생각하게 된 것이다.

"왜, 약한 자를 괴롭히고 폭행을 해야 하는 것일까? 두들겨 패고 폭행을 하여 그곳에서 자아 만족을 찾고, 스스로의 우월성을 체감하고 공포적인 분위기를 연출해야만 군기가 들고 상호 간의 유대가 끈끈해지는 것일까?"

인간의 마음이란 간사하고 사악한 것이다. 편안하게 해 주고 풀어주면 분명히 군기가 해이해질 수 있을 것이다. 누구나 이성적으로 잘 대해 주면 거꾸로 기어오르고 배은망덕해지는 것이 인간일 것이다. 형형색색의 사람들이 가지가지 다른 생각을 가지고 말하고 행동하기 때문에 강한 매질과 훈련이란 군기로 억누르지 않을 수 없을 것이다. 그렇지만 약자에 대한 폭력과 폭행은 분명 순수한 영혼에서 온 것이 아니라 어디엔가 복잡한 인간들의 심성에서 나오는 것은 분명한 것이었다.

회의에 젖은 청년 동자는 대학에서 종교를 접하게 되었다. 스님이나 목사, 신부가 초청되어 특별 강연도 들었다. 종교란 억눌려 사는 약한 자들에게 귀에 솔깃해지고 마음을 움직이게 하는 매력이 있었다. 험한 세상에 나약한 영혼들이 신에게 의지하려는 생각들이 자연 생기게 되는 것이었다. 부처가 어떤 가르침을 했고 예수의 성령이 무엇인지 알 필요도 없었다. 그저 "신이시여 어려움에 처한 불쌍한 영혼들을 구해 주소서." 누구의 도움이 필요하게 되면 각자가 선택한 신에게 기도하고 의지하는 것이었다. 그래서 젊은 시절에 누구나 한번은 어떤 종교이든 종교에 입문하게 되는 것이었다.

사회생활
성년(成年)이 되어 동자는 취직을 하여 어렵고 긴 사회생활을 시작하게 된 것이다. 돈을 번다는 것은 쉬운 일이 아니었다. 가난을 극복하고 부모에게 생활비도 드려야 하고 주변 형제들도 돌보아야 했고. 어렵게 살아가는 사람들을 모두 조금씩 도와주어야만 했던 것이다. 그래서 주변 사람들이 늘 어리석은 사람이라고 불렀다. 그로부터 그만 어리석은 천사가 되었던 것이다.

복잡한 심성을 가진 사람들이 어울려 함께 일하면서 겪는 영적 스트레스와 업무와 관련된 의무와 책임을 다해야만 월급이라는 돈이 대가로 지불되는 것이었다. 겨울이면 새벽 별을 보고 출근하고 밤늦게 퇴근해야 하고 매일 윗사람들의 눈치도 보며 직장을 다녀야 했다. 형형색색의 속성을 지닌 사람들과 어울려 살아가려면 함께 술도 마셔야 하고 취미도 같아야 하고 먹기 싫은 음식도 같이 먹어야 했다.

어리석은 천사는 어릴 때 가난한 집에서 자라면서 닭들이 마당에 꿈틀거리며 기어가는 구더기들을 잡아먹는 닭을 보고 달걀이나 닭고기를 먹지 못했다. 돼지우리에서 꿀꿀거리며 먹다 남은 음식 찌꺼기에 똥파리 떼들이 와글거리고 썩은 음식냄새가 나는 남은 음식을 코를 박고 퍼먹는 돼지를 보고 돼지고기도 먹지 못하게 되었다. "왜 사람들은 저 더러운 고기들을 맛있다고 먹는 것일까?" 하는 생각을 하였다. 갓 태어난 어린 신생아에게 우유를 먹이는 것이었다. 엄마 젖이 나오지 않으니 우유를 먹고 자라야 했다. "만약 소가 없으면 어떻게 수많은 신생아들이 살아남을 수 있을까? 왜 사람들은 어린 애기들에게 우유를 먹여 키우면서 그 은혜를 알지 못하고 배은망덕하게 소를 잡아먹는 것일까?"

어릴 때부터 먹어 온 보리죽, 밀가루, 감자, 고구마, 옥수수, 각종 콩으로 만든 두부, 된장, 채소와 과일 열매들뿐만 아니라 점점 다양하고 맛있는 채식요리들이 개발되어 나오는 웰빙 시대인 지금도 육식을 하나의 음식문화로 먹고 즐기고 있는 것이다. 신생아가 태어날 때부터 부모와 함께 먹어 온 육식문화는 당연히 자라서도 음식으로써 생각하고 먹게 되는 것이다. 동자는 생각하기를 "이미 인간은 잡식성이다. 고기는 하나의 음식으로써 모든 사람들이 먹고 즐기는 것이다. 고기를 먹어야만 건강해진다고 생각한다."

그렇다면 "인간의 복잡한 심성은 육식문화에서 왔던 것일까?"라고 생각하기 시작했다. "그렇다! 바로 인간은 조상 대대로 오랜 세월 육식과 채식

생활을 같이하면서 반야수인 개, 고양이, 쥐, 돼지, 원숭이와 같은 복잡한 심성을 분명 가지게 된 것이다. 야수인 사자, 호랑이, 표범, 늑대, 하이에나 같은 동물은 오직 육식만 하였기에 심성 자체가 잔인하고 흉포하며 단순한 것이다. 초식동물인 양, 소, 염소, 토끼는 완전히 반대로 온순하고 단순하다."

사람들은 본능인 탐욕과 욕정에 벗어나지 못하고 돈에 집착하고 권력을 잡아 다른 사람들의 위에 군림하려고 애를 쓰며 명예를 좇아서 갖은 권모술수를 사용하여 어느 조직 어느 직장에서나 높은 지위에 오르고자 동분서주하고 있는 것이다. 성스럽다고 스스로 부르는 사찰이나 교회, 성당도 모두 하나같이 속된 계급사회처럼 직위와 직책을 만들어 놓고 있는 것이다.

어리석은 천사는 깨달음에 이른 어느 순간부터 일체의 모든 생명들이 죽은 음식은 끊고 오직 채식을 하면서 살아가기 시작했다. 어느 순간 갑자기 하늘나라에 계시는 부처님, 예수님의 가르침이 어렴풋 떠오르는 것이었다. 하늘나라에서 지구촌 기행을 위해 떠나올 때 하신 말씀도 불현듯이 스쳐 가는 것이었다.

"아~ 많은 사람들이 부처님, 예수님 가르침을 이어받아 불교, 개신교, 가톨릭교라는 종교를 만들어 믿는다고 하지만 모든 것이 헛된 것들이구나. 나라마다 부족마다 형형색색의 종교를 만들어 놓고 모두 믿는다고 하고 있구나. 그렇게 많은 가르침들을 제자들을 통해서 불경과 성경 그리고 각종 경전을 만들어 내놓았건만 그 누구도 그분들의 가르침을 제대로 행하지 않고 있구나." 하는 생각에 마음속으로 진정 회의에 빠져들기 시작하였다.

"그러니 결국 복잡한 심성을 가진 사람들이 반야수의 심성이 되어 사소한 일이나 서로 다른 의견에도 분열과 충돌, 폭력과 살상, 테러와 전쟁을 끊임없이 일으키고 있구나. 반야수인 동물들처럼 모두가 하나같이 외형(껍데기)을 보고 분별하여 편 가르고 차별하며 서로 외계인 취급을 하면서 서로 으르렁거리고 화합하지 못하고 있구나." 탄식하였다.

어리석은 천사는 항상 집에서나 길거리에서나 "예수천국 불신지옥"이라는 팻말을 들고 다니는 사람을 보고 듣고 길거리에서 확성기로 찬송가를 부르고 기도하는 모습도 보며 "예수를 믿으세요. 천국이 가까워졌습니다." 하는 선전을 들을 때마다 사람들의 무명함을 탄식하였다.

어느 날 어리석은 천사는 갑자기 예수를 믿게 되었던 회사동료가 교회 목사님을 모셔 놓고 어리석은 천사를 불렀다. 평소에 어리석은 천사를 좋아했던 그 회사동료는 어리석은 천사를 전도하고자 했던 것 같았다. 목사는 어리석은 천사에게 한마디 꺼내었다.
"예수를 믿어야만 천국에 갈 수 있습니다. 오직 예수입니다." 그러자

어리석은 천사는
"천국은 하늘 허공 어느 곳에 있는 것이 아닙니다. 우리의 영혼 속에 있는 것입니다. 천국은 예수를 믿어야만 가는 그러한 곳이 아닙니다. 천국과 극락은 어디에서나 갈 수 있습니다. 그렇지만 아무나 갈 수 없습니다."
라고 말하자 목사의 표정이 갑자기 약간 굳어지면서 강한 어조로 말을 잇는다.
처음 금세 만난 젊은 친구가 당돌하게 말하는 것을 들은 목사는 약간 의외라는 표정이었다.

"그렇지 않습니다. 무신론자는 결코 천국에 가지 못합니다."

어리석은 천사는 목사를 보며 조용히 다시 말했다.
"하늘 어디에 천국이란 정해진 장소가 있는 것이 아닙니다.
땅 어디에 지옥이란 정해진 장소가 있는 것이 아닙니다.
천국이 하늘 어디에 있는지 그 장소를 가리켜 보실 수 있을까요.
지옥이 땅 어디에 있는지 그 장소를 가리켜 보실 수 있을까요.
지구가 멸망할 때까지 천국과 지옥을 찾아낼 수 있는 사람은 나타나지 않을 것입니다."

어리석은 천사는 얼굴색이 약간 상기된 목사를 쳐다보며 다시 강변했다.
"무신론자도 천국이나 극락에 갈 수 있습니다. 불경이나 성경에 부처나 예수의 가르침을 멋대로 해석하고 선과 의를 행하지 않는 사람들은 갈 수 없다고 했습니다. 천국과 극락은 종교를 믿고 안 믿고 아무 상관없습니다."라고 하자 그만 회사동료와 목사는 어이없다는 표정을 하고는 더 이상 전도가 통하지 않는다는 것을 알고 조금 앉아 있다가 한동안 다른 곳을 바라보더니 나가 버렸다.

다른 종교와는 달리 개신교는 어디에서나 누구에게나 전도하려고 공격적으로 시도를 하였다. 아무에게나 다가가서 "예수 믿고 천국 가세요." 그리고는 "가까운 교회에 나가세요." 한다. 천국이 무엇이고 어디에 있는지 개념도 없는 것이다. 어리석은 천사는 "천국과 지옥의 개념이 무엇이요." 하고 반문하고는 했다.
그 누구도 천국과 지옥의 개념을 분명하게 설명해 주는 사람은 없었다. 어리석은 천사는 여러 곳에서 회사생활을 하면서 많은 종교인을 접하게 되었다. 그중에서 유독 개신교 신자들만 예수를 믿도록 강하게 끈질기게 권하는 것이었다.

마침 어느 날 오후 간혹 만나는 친구와 평소처럼 식사를 같이 하면서 대화를 나누었다. 그는 처음에는 가톨릭 신자였다가 개신교로 개종하였다. 학교 시절부터 성경책을 손에 들고 주말마다 교회에 다녔다. 그는 어리석은 천사를 만날 때마다 예수를 믿으라고 권유하였다.

"야, 믿어야 해. 너도 교회 나와, 꼭 예수를 믿어야 해. 같이 가 보자구. 목사 설교 한번 들어 봐."

어리석은 천사는

"일주일에 한 번씩 교회 가서 시끄럽게 기도하고 찬송하고 그렇게 해서 기도하는 대로 하나님이 응답해 주는 것은 아니지. 천국을 가려면 혼자 가면 되는 것이지 왜 남을 끌어넣어 같이 가자고 하는가? 혼자 가기 외로워 길동무라도 필요한 것인가?"

그리고는 어리석은 천사는 식사 전에 눈을 감고 고개를 숙이고 잠깐 기도를 하는 친구에게 물었다.

"친구, 식사 전에 기도는 누구에게 하는가?"

"하나님에게 감사하다고 하는 거야."

"대자연 하나님은 오직 양식의 씨앗을 제공한 것뿐일세. 모든 씨앗의 제공자가 대자연 신일세. 그런데 그 씨앗만 가지고 살아갈 수 있겠는가?"

그리고는 어리석은 천사는 말을 잇는다.

"씨앗을 이용하여 모든 결과물을 만들어 내는 것은 사람들이야. 사람들이 없으면 우리는 생명을 유지할 수 없지 않나? 그런데 왜 사람들에게는 감사의 표시를 하지 않는 거야. 대자연 신은 만 씨앗의 창조주요 사람들은 그 씨앗을 이용하여 만 물건을 창조하는 물신(物神)이야. 이 세상 법칙에는 단계가 있어 단계를 뛰어넘어 이루어질 수 있는 것은 아무것도 없어. 하나님에 앞서 일반 모든 사람들에게 감사의 표시를 하는 것이 단계상 우선이지 않나?"

어떤 말을 해도 친구는 이미 종교에 빠져 있어 생각을 바꾸려 하는 법이 없었다. 이미 하나님을 믿어야만 구원받는다고 생각해왔고 이미 생각은 틀에 박혀 고정되어 있었다. 정신을 다른 사람에게 빼앗긴 것이다.

"우리는 하나님에 의해 선택된 사람이야. 하나님만이 구원해 줄 수 있어."라고 말했다.

어리석은 천사는

"그래. 모든 덕을 베푸신 대자연 하나님만이 모든 인류를 구할 수 있지. 대자연 신의 뜻을 거역하고 사는 것이 인간들이지. 종교를 믿고 안 믿고 모두가 하나같이 대자연 신의 섭리를 거스르고 살아가고 있지."

어리석은 천사는 계속해서

"자연의 이치는 흐름이야. 이 세상 모든 것들이 흘러가듯이 생각도 고정시키지 말고 흘러야 해. 무슨 종교이든 진리는 하나야. 종교란 사람들이 의도적으로 성인의 이름을 빌어 만들어 낸 것이야. 하나님은 차별하지 않고 편애하지 않으며 모든 중생들을 돌보고 살리려고 하지. 누구에게나 공평하게, 그 누구도 선택되는 일은 없다고, 착각해서는 안 돼."

그리고는 어리석은 천사는 친구에게 단도직입적으로

"너 11조라는 거액을 교회에 바치지 않니? 너는 그 돈을 하나님에게 바친다고 하지 않니? 하나님은 돈을 좋아하시지 않아."

어리석은 천사는 친구에게 무슨 이야기를 해도 받아들이지 않는다는 것을 알고 있었다. 그는 오직 어리석은 천사가 교회에 나와 주기만을 마음으로 바랄 뿐이었다. 친구는

"우리 집안은 하나님의 축복과 은혜가 충만하지."

어리석은 천사는

"설마 돈으로 하나님의 축복과 은혜를 산다고 생각하는 것은 아니겠지. 돈은 사람들이 누구나 좋아하는 요물이야. 하나님이 돈을 가져가지 않는다면 누가 돈을 가져가겠니? 바로 7욕에 빠져 살아가는 사람들이 챙기는 것이야."

친구는

"그렇게 말하는 것은 교회와 하나님을 모독하는 것이지. 하여튼 하나님하고 인연이 닿는 사람만이 하나님을 가까이할 수 있어."

하고는 더 이상 말하려고 하지 않았다.

어리석은 천사는

"하나님은 누구에게나 공평하지. 모두가 하나님의 자식이야."

"인간의 모습을 한 가짜 하나님만 차별을 하지."

"자네는 하나님의 모습을 본 적이 있는가? 자네가 그리는 하나님의 형상은 어떠한 것인가?"

함께 식사를 하면서 친구는 육개장을 맛있게 먹고 있었다. 식사를 마친 후 친구에게 물었다.

"친구, 육식을 하면서 하나님의 위대한 사랑을 찾을 수 있다고 생각하는가? 육식은 성품을 거칠게 하고 중생에 대한 사랑 심을 빼앗아가네."

친구는 아무렇지 않게 대답하기를

"고기는 하나님이 인간들을 위해서 먹으라고 내놓으신 거야. 성경에 고기 먹지 말라는 말은 없다고."

어리석은 천사는 친구에게

"성경에 고기 먹지 말라는 가르침도 있네. 예수님은 30대 초반 나이에 대중들로부터 살해당해 부처처럼 많은 가르침을 남기지 못했지만."

친구는

"다른 사람이 죽인 고기는 먹어도 괜찮아. 내가 안 죽였으면 되는 거야. 이것저것 다 따지면 먹을 것이 어디 있어."

어리석은 천사는

"그것은 인과의 이치를 모르고 하는 소리야. 세상의 모든 일은 인과에 귀결되네."

어리석은 천사는 더 이상 오래간만에 만난 친구의 기분을 건드리고 싶지 않았다. 이미 종교라는 맹목적 개념에 고착된 상태이어서 무슨 말을 해도 통하지 않는 다는 것을 알고 있었다. 명문고 명문대학을 나온 친구이지만 무명은 피할 수 없나 보다. 이미 정의신은 다른 곳에 두고 있다.

"그렇다. 오늘날 고기는 잡식성 인간들의 음식문화의 일부인 것이다. 과자류를 포함한 모든 가공식품에 육류 성분이 들어 있지 않는 것이 없는 현실이다.

제조자들도 모두 잡식성인간들이다. 그래도 예수 부처의 제자라면 먹는 것도 가려서 먹어야 하거늘, 일반 속대중들하고 똑같아서야."

하고 혼자 생각하고 친구와 헤어졌다.

어리석은 천사는 잠시 명상에 들어 다음과 같은 생각을 하게 된다.

오늘날 교회에서는 형상과 실체가 없는 "주 하나님"을 내세운다. 불행히도 오늘날 세속화된 종교들에 의해 예수와 부처가 신격화되어 버렸고 모든 신자들은 스스로의 나약한 모습과 마음을 형상과 실체가 없는 그러한 신을 그리며 의지하려는 잘못된 방향으로 흘러 버린 것이었다. 아무에게나 "예수를 믿으면 천국 간다." 하고 아무에게나 "구원받는다." 하고 혹세무민하고 있으나 오늘날 종교의 대중화와 세속화에 대해 그 누구도 문제를 제기하거나 잘못을 지적하는 사람은 없는가 보다. 요한계시록에 예수가 살아생전에 7별이 있었다고 했다. 7별은 7교회를 말한다. 예수는 7교회 모두 잘못된 점을 하나하나 지적했다고 했다. 팔상록(八相錄)에 석가여래가 열반에 들 때 마하가섭존자가 슬피 울며 여래사후에 어떻게 할 것인가 물었을 때 석가여래는 분명히 "계율을 내 가르침으로 삼아라."라고 하셨다. 오늘날 한국에서만 수만, 수십만의 교회, 성당, 사찰 그리고 기타 종교 건물들이 들어서 있어 나름대로 기복신앙(기도와 복음신앙)을 중심으로 예식을 올리지만 그 누구도 잘못됨을 지적하는 사람은 없는가 보다. 누가 계율을 지키고 있으며 누가 부처, 예수의 가르침을 바르게 행하고 있는가?

7욕7정의 본능이 내재된 잡식성 속성을 가진 인간들이 행하는 형식이나 행위에는 분명 잘못이 수반되기 마련이다. 정치적 집단, 경제적 집단, 사회적 집단, 무슨 단체나 무슨 집단이든 사람들이 만든 제도나 행위가 있는 곳에는 반드시 이해관계나 부조리나, 각종 비리, 모순점, 그리고 쌓이고 쌓인 병폐 등이 당연히 있기 마련인 것이다. 2천 년이 지난 오늘날도 역사가 되풀이되듯이 옛날이나 변한 것은 아무것도 없다. 끊임없이 윤전하는 윤회의 수레 그 자체이다.

종교를 믿는 사람이나 믿지 않는 사람이나, 종교가 있는 나라나 없는 나라나,

기독교를 주로 하는 나라나 가톨릭교를 주로 하는 나라나, 이슬람교를 주로 하는 나라나,

기타 종교를 가진 나라나, 토속신앙을 가진 나라나,

형형색색의 종교들인 불교, 예수교, 통일교, 대순진리회, 천리교, 도교, 원불교, 증산도, 유대교, 힌두교, 그리스 정교, 러시아 정교, 몰몬교, 조로아스트교, 시크교, 기타 종교, 토속 신앙 등 수만 수십만 개의 종교가 있으나 모든 것들이 하나같이 잡식성 인간들의 속성으로 달라진 것은 하나도 없는 것이다. 무엇이 문제일까 어느 누구도 생각해 보지 않는 모양이다. 과학적으로 설명될 사안도 아니요 법적으로 제재를 가할 수 있는 사안도 아니다.

2000년 전에 예수님은 짐승들을 파는 장사꾼들에게 "여기는 기도하는 곳이지 산 짐승, 죽은 짐승을 파는 곳이 아니다."라고 외치면서 비둘기를 날려 보내고 산짐승들을 풀어주어 모든 사람들에게 원한을 쌓았다. 예수는 스스로 "하나님의 아들"이라고 외쳤다. 사람들은 "흉악범 브라바스를 가석방시키고 예수는 죽여라." 하고 외쳤다. 이스라엘 로마 통치자는 "예수는 아무런 죄가 없다. 그가 하나님 아들이라. 하고 율법학자, 바리세인들에게 거친 말을 한 것에 대해서는 곤장으로 처벌할 것이다."라고 했지만

모두가 "예수를 처형하라."라고 외쳤다.

30대 초반 나이에 대중들에 의해 십자가에 처형당하고 말았다. 이스라엘 로마 통치자 말대로 예수는 죽을죄를 짓지 않았다. 요즈음 같으면 단지 업무 방해죄나 타인 인격모독죄 정도로 경범 처리되었을 일이다. 곤장 세례란 처벌로 충분했던 일이었다.

☞ 옛날 그 시절이나 오늘날도 부처의 높고 깊은 공 개념 철학과 예수의 가르침은 초현실적인 것이었음으로 사람들이 납득할 수 없었고 알 수없는 것은 당연한 일이었다. 부처님, 예수님 사후 2천 5백 년, 2천 년 지난 오늘날에도 제대로 이해하지 못하고 있는 것은 당연한 일이다.

오늘날 사람들은 그러한 예수를 찬양하고 신격화하여 그의 가르침을 받들어 믿는다고 한다. 그러면서 일상생활에 수많은 짐승들을 잡아 죽이고 그 살을 맛으로 보양식과 양식으로 삼는 그러한 모순되고 아이러니한 인간들의 사고와 행태를 아무도 알지 못하고 깨닫지 못한다. 얼마나 개탄할 일인가. 사람들에게 쌓은 원성과 원한은 곧바로 인과응보로 나타나 예수처럼 죽임을 곧바로 당할 수 있으나 살해당한 가축과 짐승들의 원성과 원한은 곧바로 현상으로 나타나지 않는다. 그 원한들이 오랜 세월 쌓이고 쌓여 서서히 나타나 후일 메아리처럼 인간들에게 보복하게 되는 것이 인과응보의 법칙임을 아무도 알지 못한다. 시시각각 도처에 악성 바이러스, 세균, 인간 좀비들이 나타나 사람들을 죽음으로 몰고 갈 것이다.

【예언자】의 말대로
"그대들 짐승을 살해할 때 마음속으로 속삭여라.
그대 살해하는 똑같은 힘으로 나 역시 살해당하며, 나 역시 먹히고 말리라, 그대의 피와 나의 피는 하늘의 나무를 키우는 수액에 불과할 뿐인 것."

생명을 소중하게 여기는 것이 아니라 생명을 하찮은 수액정도로 생각하는 잡식성 동물 인간들은 잡식성 반야수 개, 돼지, 쥐, 고양이, 원숭이 같은 속성을 그대로 표출하여 악성 바이러스처럼 좀비가 되어 무자비하고 잔인하게 형제들을 죽이고 잡아먹고 할 것이니 도처에 참혹한 광경이 펼쳐지게 되는 지구촌 지옥이다. 도처에 불구자와 시체가 쌓이고 죽음이 눈앞에 닥치게 될 것이다.

☞ 인류 역사는 핏물 피비린내 나는 역사입니다. 곳곳에 핏자국의 흔적이 남아 있습니다.

중국 우한(武漢)에서 발생한 코로나 바이러스를 신천지교회 신자가 국내에 전파하여 순식간에 지역을 아비규환 만들고 전국으로 전파되어 많은 사람들을 죽음으로 몰아간 사건에 대해서 단속하는 지자체를 향하여 기자회견에서 한 말은 "우리의 성공을 시기하는 마녀사냥"이었다. 그들이 생각하고 말하는 "성공"이란 결국 예수님이 가르친 진실을 전하여 신자들을 교화시킨 것이 아니라 국내 및 해외에 많은 신천지 영업지회를 두고 신자들을 많이 모아 성장하면 성공이라는 것이다. 한 사람이라도 영혼을 깨끗이 만들어 내보내는 것이 성공이 아니라 많은 돈을 벌고 문어발식 세력을 확장하는 세속적인 일에 하나님을 빙자하는 것이니 얼마나 어이없는 현실이요 기가 찰 일이었던가. 예수가 살아 있었다면 대성통곡할 일이었다. "오염된 세상 오염된 사회 오염된 인간"은 잡식성 동물의 속성을 그대로 표출하는 말이었다. 성경의 가르침은 어디로 갔는가? 교회가 성경의 가르침을 바로 전하지 않고 돈벌이에 치중하며 교권세력 확장에 뜻을 두었단 말인가? 이미 180도 거꾸로 된 어지러운 세상이요 오늘날 교회가 모두 그러하다면 예수님 예언대로 지옥의 고통을 마땅히 받아야 하고 당해야 한다.

【마태복음 23장 33절】
『뱀들아 독사 새끼들아 너희가 어떻게 지옥의 판결을 피하겠느냐?』

"예수 믿고 천국 가세요." 외치는 사람들 만약 예수를 믿고 11조를 바쳤는데 천국 가지 못했다고 한다면 사기죄에 해당하는가? 신자들은 천국에 보내 달라고 11조를 바치지 않았던가.

☞ 천사가 되어야 천국에 갈 수 있습니다. 11조 헌금으로 천사가 될 수도 없거니와 돈으로 천사를 살 수도 없습니다.

어떤 사람이 "우리 학원에 오세요. 우리 학원 강의를 들으면 서울대에 합격합니다."라고 하고 수강료를 받고 서울대에 가지 못했다고 한다면 사기죄가 성립되는가? 차라리 말을 바꾸어 "예수를 바로 믿고 가르침을 행하시어 천국 가세요."라고 해야 하는 것이 그런대로 미미하나마 조금 나은 표현이다.
"차라리 우리 학원에 와서 열심히 듣고 스스로 공부하여 서울대 가세요."라고 표현하는 것이 미미하나마 조금 나은 표현일 것이다. 무명한 사람들을 유혹하고 현혹하게 하는 표현은 공공연하게 사용할 수 없게 해야 한다.

예수는 "내 시작은 미미하나 내 나중은 창대하리라."

부처는 "내 시작은 미미하나 내 나중은 모든 중생들을 열반에 들게 하리라."

저자는 "내 시작은 미미하나 내 나중은 부처, 예수의 가르침을 모두에게 바로 알게 하리라."

라고 하였지만 실상은 아무런 의미가 없는 무위로 끝나는 것이었다. 예수님의 가르침은 창대하지 않았고 서로 다른 종교 사이의 반목과 충돌 위선과 가식 이익집단으로 이어졌고, 부처의 8만 권이나 되는 대장경 가르침으로도 그 어떤 중생도 열반에 들게 하지 못하였으며 아래 부처님 예수님의 예언대로 부질없는 일이 되고 말았다.

【로마서 3장 10절】

『의인은 하나도 없나니 하나도 없으며 깨닫는 자도 없고 하나님을 찾는 자도 없고 선을 행하는 자도 없나니 하나도 없도다』

【정토삼부경】

『가르쳐도 깨우치려 하는 자가 없고 생사는 유전하여 잠시도 그칠 사이가 없느니라』

【마태복음 7장 15절】

『거짓 선지자들을 삼가라. 양의 옷을 입고 너희에게 나아오나 속에는 노략질하는 자이니라』

【마태복음 23장 33절】

『이처럼 너희도 겉은 다른 사람들에게 의인으로 보이지만 속은 위선과 불법으로 가득하다』

【마태복음 24장과 4장에서 12절】

『예수께서 대답하여 가라사대 너희가 사람의 미혹을 받지 않도록 주의하라. 많은 사람이 내 이름으로 말하기를 나는 그리스도인이라 하여 미혹하게 하리니. 거짓 선지자가 많이 일어나 많은 사람을 속일 것이리라』

어리석은 천사는 또 어느 날 퇴근길에 거리에서 "예수를 믿으세요."라고 권유하는 젊은 목사를 만났다. 어리석은 천사는 다짜고짜 이렇게 말한다.

"목사님, 왜 개신교에서는 제삿밥을 못 먹게 하지요." 목사는 "에~ 우상 숭배를 해서는 안 됩니다. 제삿밥은 귀신이 먹던 것입니다."

어리석은 천사는 목사를 보고

"귀신은 입과 소화기관이 없어 밥을 먹을 수 없습니다. 귀신이 와서 제 삿밥을 먹고 가는 것을 본 적이 있습니까?"

그러자 목사는 갑자기 당황한 표정을 지으면서

"귀신이라는 것이 있습니다. 비록 직접 볼 수는 없지만 사람들이 귀신을 위한 밥상을 차리고 참배를 하는 것은 우상숭배입니다."

어리석은 천사는

"귀신이 있는 것은 아닙니다. 신(神)도 사람이 만들었듯이 귀신도 사람 들이 망상으로 만든 것입니다. 이 대기권 허공에 무한한 씨앗들은 떠다니 며 때가 되면 형상을 갖추어 나타나게 됩니다. 귀신이라는 씨앗이 있어 형 상으로 나타나는 것이 아닙니다. 귀신이란 모양을 갖추어 나타나는 씨앗 은 없습니다."

그리고는

"사람들은 신에 대한 외경이 있듯이 어두움에 대한 두려움이 있습니다. 태양이 비치니 그 밝은 곳에서는 그 누구도 귀신 생각을 하지 않습니다. 망상으로 인해 어두운 곳에서는 귀신 생각을 하게 되고, 밝은 곳에서는 하 나님 생각을 하게 됩니다."

젊은 목사는

"하여튼 우리 개신교에서는 제사를 우상숭배로 간주하고 있습니다."

어리석은 천사는

"그러면 같은 성경과 하나님을 모시는 가톨릭교에서는 왜 우상숭배라고 하지 않나요? 성경 어디에도 죽은 조상의 제사를 우상숭배라고 하지 않았습니다."

성경 말씀에

"'형제와 화평하라' 했습니다. 제사로 인해 형제들끼리 서로 분쟁이나 갈등을 만들어야 되겠습니까? 종교를 떠나 서로 화평해야 합니다."

어리석은 천사는 목사에게

"왜 반드시 예수를 믿어야만 천국 갑니까? 이 세상에는 셀 수 없이 많은 다른 종교가 있습니다. 다른 종교를 믿는 사람은 모두 천국 갈 수 없습니까?"

젊은 목사는 말이 안 통한다고 생각했던지 아니면 이놈에게는 전도가 어렵겠다고 생각했던지 아니면 토론이 싫었던지 다른 곳으로 가 버렸다.

【로마서 13장 16절】

『서로 마음을 같이 하며 스스로 지혜 있는 체 말라. 할 수 있거든 모든 사람들과 더불어 화평하라』

작은 천사는 어릴 때부터 교회에 가고는 하였고 자라서는 성당에도 절에도 가 보았다. 그런데 우연히 대학 시절에 동자의 집이 바로 교회 옆으로 이사를 왔었다. 집은 서울 신림동 난곡시장 바로 옆에 있었다. 주변은 전부 공터였고 우리 단층 양옥집 한 채가 달랑 교회와 벽을 두고 옆에 있었다. 교회 첨탑아래 확성기가 걸려 있었지만 예사로 생각하고 별로 관심을 두지 않았다. 그런데 이게 무슨 날벼락인가. 새벽 3시만 되면 교회의 확성기로부터 찬송가 노랫소리가 아침공기를 째고 불러대기 시작했다. 확성기의 성능이 좋지 않아 잡음이 무척이나 심했다. 어머니 말씀대로 예상하지 못한 일이었다. 매일 깜작 깜작 놀라 새벽잠에서 깼다. 그리고는 째지고 찢어지는 확성기 노래 소리가 멈출 때까지 괴로움과 고통 분노로 참고 기다려야만 했다. 다음 날도 마찬가지였다.

어느 날 아침 교회목사를 찾아 호소를 했다.
"확성기 소리가 바로 옆에서 무척 요란하고 시끄럽습니다. 확성기에서 나오는 째지는 잡음과 큰소리가 새벽잠을 깨우고 우리를 놀라게 합니다."

그러자 목사는
"새벽 찬송가를 듣고 멀리 있는 신도들이 일어나서 교회에 옵니다. 당신들도 새벽에 교회에 나오면 되지 않습니까."

어리석은 천사가
"확성기로 나오는 찬송가가 두 곡입니다. 그러면 한 곡으로 줄여주면 안 되겠습니까. 그리고 기도는 조용하게 하는 것이지 왜 그렇게 마룻바닥에 발을 구르고 손뼉을 치며 '주여! 주여!' 하고 소리를 지릅니까?"

목사는
"내가 마음대로 할 수 없습니다. 장로들이 하는 것입니다. 내가 마음대로 할 수 없습니다. 성도들이 그렇게 하는 것이고 그렇게 해야 하나님께서 응답을 하십니다."

어리석은 천사는 목사에게 간절히 호소를 했다.

"우리 가족이 모두 잠을 잘 수가 없습니다. 도와주세요."

하고 돌아갔다.

그러나 매일 새벽 똑같은 일이 반복되자 동자는 도저히 참을 수가 없어 다시 목사를 찾아갔다.

어리석은 천사는 흥분이 되어 감정을 억제할 수가 없었다.

"당신은 목사라는 직업을 가지고 신도들을 모아 예수를 팔아 장사를 하는 것이나 마찬가지요. 올바른 목회자라면 올바르게 신도들을 하나님께 인도하여야 하거늘." 그리고는 "옆에 있는 우리도 어린양들이요. 멀리 있는 신도들만 어린양들이 아니요." 하고 따졌다.

그러자 목사가

"당신 마음대로 하시오. 여기 우리 교회에 판사 검사가 많이 있소. 법대로 하고 싶으면 하세요."

어리석은 천사 왈 "당신이 목사요? 장사하는 장사꾼이지."

우리 가족은 순진하고 어리석게 어쩔 수 없는 상황에서 참고 분노를 참아 가며 살고 있었다. 그런데 어느 날 장로 한 사람이 우리 집을 찾아와 집을 교회에 팔아넘기라고 한다. 우리 가족은 할 수 없이 교회에 집을 팔고 이사를 갔다. 그 지긋지긋한 교회와 목사, 저질스러운 신자들, 그리고 찢어지는 잡음 확성기 새벽 노래 소리와 시끄럽게 마룻바닥을 구르고 주여! 주여! 외치는 소리들 그때의 기억들이 5음처럼 간혹 떠오른다.

【마태복음 18장 12절, 13절, 14절】

『이것은 너희가 어떻게 생각하느냐?

어떤 사람이 양 일백 마리가 있는데 그중 한 마리가 길을 잃었으면 그 아흔 아홉 마리를 산에 두고 길 잃은 양 한 마리를 찾아 나서지 않겠느냐?

진실로 너희에게 이르노니 만일 길 잃은 양을 찾으면 두고 온 아흔 아홉 마리보다 찾은 한 마리의 양을 보고 더 기뻐할 것이다.

이와 같이 한 마리의 어린양을 잊어버리는 것은 하늘에 계신 너희 아버지의 뜻이 아니니라.』

그 목사는 이 성경구절 하나 배운 적이 없었고 생각나지 않았던 것일까.

멀리 있는 신도들만 어린양들이고 가까이 있는 사람들은 자기 교회에 나오지 않는다고 어린양이 아니고 사탄이라고 생각했던 것일까. 일말의 양심조차 버리고 없는 목사는 돈에 혈안이 되어 죄를 지어도 죄임을 알지 못하니 그를 따르는 무명한 신자들과 유유상종으로 어우러져 모두 지옥 길은 피할 수 없게 되었구나.

【마태복음 7장 15절】

『거짓 선지자들을 삼가라. 양의 옷을 입고 너희에게 나아오나 속에는 노략질하는 자이니라』

【마태복음 23장 33절】

『이처럼 너희도 겉은 다른 사람들에게 의인으로 보이지만 속은 위선과 불법으로 가득하다』

돈에 눈이 어두워 자기들의 이익에만 몰두하고 상대방에게 피해를 주어도 당연한 것으로 여겼던 것. 그 당시 세월의 풍토, "내 멋대로" 살아가는 풍토, 아무도 그것을 제재하지 않았던 풍토, 남을 배려하는 문화란 전혀 없었던 때였지만 그래도 마태복음 성경 한 구절조차 모르는 목사. 그야말로 "소경이 소경을 인도하여 다함께 구렁텅이에 떨어진다." 하늘나라에 계시는 예수님이 들었을 때 통탄하실 일이었다. 어리석은 천사는 "무명한 업보중생들이기에 자기가 짓는 업보를 스스로 알지 못하는구나."

【마태복음 23장 26절】
『눈먼 바리사이야 우선 잔속을 깨끗이 하여라. 그러면 겉도 깨끗해질 것이다』
【마태복음 15장 14절, 누가복음 6장 39절】
『소경이 되어 소경들을 인도하는 자들아, 소경이 소경을 인도하면 둘 다 구덩이에 빠지리라』

내 멋대로의 풍토가 당연시되는 세상에 다른 약한 사람들을 누르고 등쳐먹고 하는 불공정, 불정의 세상이었던 시절이었지만 그래도 성직자란 직업을 가지고 대중들 앞에 서서 신자들을 성도라 부르고 예복을 입고 거룩한 것처럼 예수의 가르침을 전도하는 목사, 장로라고 하는 인간들의 모습에 아연히 개탄하지 않을 수 없었다. 어리석은 천사는 인간의 이중성에 대해 뼈저리게 느끼고 그러한 인간의 심성이 어디에서 왔는가? 하고 회의감을 끊임없이 가졌다.

마태복음 20장 27절에 "인자가 온 것은 종이 되기 위함이요 섬김을 받으려 함이 아니라 도리어 섬기려고 하고 자기 목숨을 다른 사람의 대속물로 주려함이다."라고 했는데 좋은커녕 다른 사람을 해치고 협박으로 누르고 자기 이익을 챙기려는 사이비목사들이 세상에 판을 치고 있구나. 오늘날 어느 성직자가 있어 의를 행하고 다른 사람을 위해서 봉사, 헌신, 희생하는 사람을 볼 수 있단 말인가.

☞ 원래 성인의 가르침은 퇴색되고 세월이 흐르면서 종교는 세속화되어 버렸다.

그 당시에는 금융실명제라는 제도도 없었다. 어리석은 천사는 월급쟁이로 매달 나오는 월급에 많은 세금이 빠져나갔다. 미혼으로 부모와 형제들을 돌보며 살았는데 "결혼하지 않았다."는 독신이라는 이유와 부양가족이 없다는 이유로 나라에서 일반 기혼자들보다 배로 세금을 떼어 가는 것이었다. 그 당시에는 출산율이 높아 인구가 폭발적으로 증가하던 베이비붐 시절이었다. 각종 매스컴을 동원하여 산아제한 운동이 한창이었고 애들 많이 가진 집안은 천시받는 사회의 분위기를 만들었고 온통 "하나만 낳아 잘 기르자."는 구호가 방방곡곡 도배를 하였다. 그러면서 미혼으로 부양가족이 없다는 이유로 세금은 배로 착취해 갔다. 앞뒤가 맞지 않는 정책이었다. 산아제한 "애를 낳지 말라."는 정책이라면 미혼으로 살아가는 월급쟁이에게는 혜택이 주어져야만 바른 이치이지 않았겠는가. 세상은 불공평하고 "정의로운 사회"라는 구호를 가는 곳마다 내걸고 외치면서 실제는 그 반대였다.

수입이 드러나지 않는 전문직 종사자나 개인사업자 자영업자에게는 세금을 적절히 부과 할 수가 없었다. 요즈음처럼 컴퓨터가 있는 것도 아니었고 금융실명제라는 제도도 없었으며 신용카드라는 것도 없었던 시절이라 현금으로 오고 가는 세상에 전문직 종사자나, 사업자, 자영업자들의 수입이 노출될 수 없었던 것은 당연한 일이었다.

세월이 흘러 후일 매스컴은 온통 "봉급생활자가 봉인가 유리알 지갑을 털어간다." 하고 방송이나 신문에서 이슈화하여 떠들어 대기 시작했다. 컴퓨터가 생겨나서 데이터화할 수 있는 시기가 도래했기 때문이었다. 봉급쟁이를 위해서 매스컴에서 그제서야 떠들어 댔을까? 그 이후 금융실명제 제도를 만들었고 신용카드가 생겨나고 거래가 투명해지고 전문직 종사자, 개인 사업자, 자영업자들의 수입이 노출되어 봉급쟁이들의 세금착취가 줄어들었다.

세상은 이처럼 불공평하였고 정의로운 사회를 슬로건으로 걸었어도 정의로운 사회는 아니었다. 옛날이나 오늘날 공평과 정의란 헛구호에 불과하다. 오늘날 2000년대는 세상은 거꾸로 되어 인구가 줄어들기 시작하고 취업이 어려워지고 결혼도 하지 않아 애를 낳지 않으니 노동인구가 줄어들고 노인세대만 증가하며 지방소멸이라는 과제에 직면하게 되니 온통 사회는 거꾸로 애 낳기 운동, 애기 많은 다동이 집안을 매스컴에 띄우고 애기 많이 낳으면 금전적 기타 복지혜택 등을 내걸고 야단법석이다.

☞ 세상은 항상 모든 것들이 거꾸로 돌아간다는 사실을 알아야 합니다. 그 이유는 바로 대자연의 정현파 사이클 법칙에 근거를 둡니다. 때에 따라서는 사인정현파(sine wave)가 아닌 거꾸로 돌아가는 코사인파(co-sine wave)도 있습니다. 청개구리 법칙입니다.

어리석은 천사는 여러 가지 기술을 익혀가면서 열심히 끈기를 가지고 일을 하여 돈을 벌고 어렵고 가난한 사람들에게 조금씩 나누어 주면서도 고생은 하였지만 어렵지 않게 살았다. 예수님 가르침대로 "먹고 입고 살 것이 있으면 만족해야 하느니라. 돈을 쫓는 것은 마귀를 쫓는 것이로다."

232

하는 가르침을 지키고 살려고 하였다.

경제가 점점 나아져 돈이 많이 돌고 생활이 좋아지기 시작하니 1950년 대 대량 출산된 아동들 덕분에 인구수가 점점 늘어나게 되고 닭장 같은 아파트 콘크리트가 숲을 이루게 되며 자동차가 도로에 넘쳐 나기 시작하였다. 모두가 넓은 아파트에 살고 큰 차를 가지고 맛있는 고깃집을 찾아 가족과 함께 들락거리는 것이 상류층 사람들이 하는 일이요 고기 맛을 즐겨야 만족하는 것이 일반화되었다.

점점 탄산가스 배출이 늘어나고 매연과 오염된 미세먼지가 하늘 허공을 덮어 대기는 오염되고, 생활이 윤택해지니 맛있는 고깃집이 성황을 이루게 되었다. 멀고 먼 어리석은 천사가 살았던 허공에는 아무런 영향을 미치지 못하였으나 인간들이 살아가는 지구촌 하늘나라 위에는 각종 오염물들이 가득하기 시작하였다. 오염된 지구촌 공간속에서 점점 더 오염되고 있는 공기 속에 가득 찬 영양분들을 먹고사는 미세 세균, 박테리아, 바이러스, 미생물들이 살아갈 수 있는 최적의 환경조건이 만들어지자 서서히 고개를 들기 시작하는 것이었다.

어리석은 천사는
"저렇게 모든 사람들이 고깃집을 드나들고 고기 굽는 냄새가 온 천지를 풍기는데 얼마나 많은 가축들이 매일 죽어 나가는 것일까?" 하고 늘 생각한다. "그러면서 만 생명을 사랑해야 한다는 부처, 예수를 믿는다고 하는데 그것이 옳은 일인가?"

분명 예수님, 부처님은

"모든 생명은 하나님의 필요에 의해서 창조된 한 아버지의 자식이라 하셨는데." 하고 많은 회의적인 생각을 하면서 살아가고 있었다. 분명 하늘나라에 가서 부처님, 예수님에게 이 사실을 알려야만 했다.

사람들은 점점 더 맛을 추구하는 식도락가들로 변질되어 마구잡이식으로 가리지 않고 잡아먹기 시작하는 것이었다. 사람들이 먹을 수 있는 것과 먹을 수 없는 것들이 구분되지 않고 있었다. 무엇이든 기어다니고, 걸어 다니고, 날라 다니고, 헤엄쳐 다니는 움직이는 것들은 모두 잡아먹고 있었다. 가축이든 야생이든 무엇이든 고기 맛을 보고 싶어 하는 것이었다. 그리고는 건강과 육신의 정력을 위해서는 무엇이든 먹어야 된다고 생각하는 것이었다.

☞ 유튜브에 중국 야시장을 둘러보세요. 경악하지 않을 수 없습니다. 인간으로서 저지를 수 없는 만행 야수의 영혼들을 볼 수 있습니다.
☞ 원뇌(猿腦)라는 이야기가 있습니다. 살아 있는 원숭이를 고정시켜 놓고 머리를 칼로 오려내어 원숭이 뇌를 술과 함께 안주로 떼어먹는 것으로 원숭이가 죽을 때까지 발버둥치는 모습을 상상해 보세요.

어리석은 천사는 "이 얼마나 무서운 일들이냐?" 생각하면서 "인간들이 만들어 내는 죄업은 인과응보로써 언젠가는 받을 것이다. 필연이로다. 부처님과 예수님의 가르침은 세상 어디에든 볼 수가 없구나." 하고 자탄하였다. "분명 말로써는 교회, 성당, 모스크, 사찰과 같은 종교시설을 지어놓고 모두가 믿는다고 그곳들을 드나드나 그 누가 제대로 하나님의 뜻을 알고 있는 것일까?"

"먹다 남은 고기와 음식들은 마구잡이 쓰레기통에 버린다. 어떤 사람들은 음식 맛이 없다는 이유로 그냥 먹지 않고 버린다. 모든 재료 하나하나가 대자연 하나님이 제공한 것들이요 많은 사람들이 땀과 공이 어우러진 것들이다. 대자연 하나님과 사람들에게 침을 뱉는 짓이다. 이런 사람들이 하나님을 믿고 천국을 간다고 떠들어 댄다."

어리석은 천사는 "무명한 사람들을 깨우치게 하기 위해 복잡하고 난해한 불경과 성경을 좀 더 간략하고 쉽게 알 수 있도록 해야 하겠다." 하고 생각하기 시작하였다. 한편으로는 "하늘나라에 계시는 부처님 예수님도 실패했었거늘 그 누가 성공시킬 수 있을까? 이미 모두가 잡식성 동물인 개와 같은 속성이 되었거늘 이제 불가능한 일이 된 것이다."

불성(성령)이 무엇입니까?
대자연의 하나님의 성품이지.
하나님의 성품이 무엇입니까?
말로써 표현하기 어려우니 차나 한잔하고 가시게나.

개에게 불성(성령)이 있다고 합니다.
불성이 있지.
그러면 개가 깨달을 수가 있겠습니까?
깨달을 수 없어.
왜 그렇습니까?
하나님의 성품을 볼 수 없다는 거지.
하나님의 성품은 어떠합니까?
말로써 나타내기 어려우니 자연 따라 살게나.

불성(성령)이란 순수 깨끗한 영혼에서 나오는 사랑과 자비이다. 대자연 정신의 뜻에 부합되는 것이요 대자연 정신에 감사와 경의를 나타내는 것이다. 성경에 "오직 성령의 열매는 사랑과, 기쁨과 평화와 인내와, 친절과, 관대함과, 성실함과, 온유와 절제니 이 같은 것을 금지할 법이 없느니라"라고 하는 말씀이 바로 불성(성령)의 일부를 함축적으로 표현한 가르침이다. 순수 깨끗한 영혼에서 나오는 불성(성령)은 감추어져 있는 것으로 천성으로 타고난 사람에게만 조금씩 엿볼 수 있는 것이다.

사랑과 자비를 베푸는 사람들에게 양심이란 불성(성령)을 엿볼 수 있다. 의도적이며, 과시적이고, 위선적인 사랑과 자비가 아니라 순수한 영혼에서 나온 자연적인 사랑과 자비를 말한다. 반야수인 개의 불성은 완전히 감추어져 있어 볼 수가 없으나 그러나 개도 간혹 드물게 불성을 보일 때가 있다. 인간들도 잡식성 개의 속성을 그대로 내재하고 있지만 그래도 개 보다는 감성적이고 이성적인 동물로 평소에도 양심과 악심이 서로 다투고 경쟁하고 있다.

어리석은 천사는 "그럼에도 불구하고 책을 만들어 내면 누군가가 있어 한 사람이라도 읽고 바로 이해하는 사람이 있다면 그것으로 만족해야 할 것이다."
부처님 예수님이 이루지 못한 일이었지만 그래도 그 뜻을 받들고 생각해서 계속해 보는 것이 좋으리라 생각했다.

모두가 외면하고 보려고도 들으려고도 하지 않겠지만 없는 것이 오히려 당연한 일이 될 것이다. 모두가 욕계인 색계에서 육신의 성공, 출세, 안일과 평안, 생업에 몰두하고 있으니 당연히 8만 권이나 되는 대장경을 내놓아도 오늘날까지 있으나 마나 존재가치를 볼 수 없는 현실 그래서 예수는 "천국으로 인도하는 문은 좁고 길이 협착하여 찾는 이가 적으니라." 하셨고 부처, 예수님이 아래처럼 예언 하신 것이었다.

【로마서 3장 10절】
『의인은 하나도 없나니 하나도 없으며 깨닫는 자도 없고 하나님을 찾는 자도 없고 선을 행하는 자도 없나니 하나도 없도다』
【정토삼부경】
『가르쳐도 깨우치려 하는 자가 없고 생사는 유전하여 잠시도 그칠 사이가 없느니라』

아직 지구촌 세상은 완전히 캄캄하지 않았으니 한 줄기의 빛이라도 있다면 그 빛을 찾아가려는 사람이 있으리라고 생각했었다. 마치 진흙에서 아름다운 꽃을 피우는 연꽃처럼 희망을 버리지 않으셨다. 부처님 예수님이 나타나셨던 이유이다.

그런데 지구촌은 예상대로 각종 악성 세균, 악성 바이러스와 인간 좀비들이 일어나기 시작하는 것이었다. 이미 부처님, 예수님으로부터 하늘나라 출발 전에 들었던 이야기대로였다. 지구촌 도처에서 악성 바이러스 감염으로 죽어 나가는 사람들의 시체가 쌓이고 화장터가 비좁아 시체가 썩어 갈 정도가 되었으며 냉동고에 사체가 가득하게 되었다. 도처에서 살기 위해 아우성이요 살려고 발버둥 치고 악성 좀비들과의 일전은 피할 수 없는 숙명이 되었다.

인간 좀비들은 내전이나 전쟁도 일으켜 이웃형제들을 무자비하게 무차별 죽이니 서로가 불지옥에 떨어져 비참하게 죽어야만 하는 참혹한 상황을 만들어 내는 것이었다. 자업자득의 이치요 대자연 하나님의 형벌이다. 도처에서 인간 좀비들이 악귀로 변해 짐승 같은 테러나, 무차별 사격이나, 전쟁을 일으켜 지옥을 만들고 있으니 부처님이 예언하신 말씀이 있다.

【정토삼부경】

『세상은 온통 혼탁하여 사람들의 마음은 어리석고 탐욕에만 빠져 있으니 국가 간에 국민들 간에 서로 가릴 것 없이 이해가 충돌하면 원수같이 미워하나니 그 표독하고 무명한 마음은 마침내 재앙을 일으키게 되느니라.

인과응보에 관한 천지의 도리는 미치지 않는 곳이 없느니라. 그래서 자연히 그 지은 바 소행은 낱낱이 드러나고 엄연한 인과의 법칙은 상하 귀천의 차별이 없이 그가 지은 업력대로 받지 않을 수 없느니라. 이러한 것은 예나 지금이나 변함없는 도리로써 참으로 고통스럽고 가엾은 일이니라.

자기가 지은 선악의 행위에 대한 과보는 스스로 받고 스스로 감당해야 하며 어느 누구도 대신할 수 없느니라.』

어리석은 천사는 어릴 때 잠자리, 메뚜기, 매미, 나비 등 곤충들을 재미로 잡고 죽였던 생각을 참회하고 무명한 어린 시절에 저질렀든 살생의 죄악으로 갖은 육체적 정신적 고통과 시련을 겪어야 했다. 인과응보라는 대자연의 법은 당장 눈에 띄게 나타나지 않는 은밀하고 신묘한 처벌법이다. 그것은 업보의 경중에 따라 후일 운명으로 나타날 수 있고 숙명으로도 나타날 수 있다. 그래서 더욱 신비하다.

어리석은 천사는 마지막 지구촌의 아름다운 자연의 풍경과 계절 따라 오고 가는 하나님의 자식들을 보고 즐기며 계절 따라 옷을 벗고 형형색색의 아름다운 옷으로 갈아입는 나무들을 보면서 젊은 아낙네들이 형형색색의 예쁜 옷들을 갈아입고 나오는 모습과 같음을 보면서 아낙네들의 옷에도 그 대자연의 이치와 섭리를 느낄 수 있는 것이었다. 대자연의 이치와 섭리가 곧 하나님의 이치요 섭리인 것이다.

지구촌 모든 것들은 대자연 하나님이 모든 중생들을 살리기 위하여 부여하신 것으로
그 누구도 형제의 땅을 빼앗을 권한이 없으며,
생명을 마구잡이 죽일 권한도 없으며,
생명을 마구잡이 먹어 치울 권한도 없으며,
음식을 마구잡이 버릴 권한도 없으며,
대자연 하나님의 발등상을 마구잡이 오염시킬 권한도 없으며,
대자연 하나님의 머리를 마구잡이 어지럽힐 권한도 없는 것이로다.

너희 미물들은 대자연 신의 뜻을 저버리니
끊임없이 좀비들은 곳곳에서 일어나
그 업보의 고통은 참으로 한없고 가없은 것이로다.
오염된 지구는 더 이상 대자연 하나님의 세상이 아니니
모두가 스스로의 운명에 달린 것이로다.

지구촌은 약육강식의 세상이다. 스스로 만물의 영장이라고 하고, 생각하는 동물이라고 부르는 인간들은 "화합과 상생"을 하며 생명을 유지하고 있는 것 같지만 다른 한편으로는 서로 "분열과 파괴"를 예사로 행하고 있

었다. 2500년 전 석가모니 부처가 계셨던 시절이나 그 후 2000년 전 예수님이 계셨던 시절이나 변한 것은 조금도 없었다. 사람들의 속성은 변하지 않은 채 역사는 되풀이될 뿐이었다.

어리석은 천사는 지구촌 체험을 마치고 다시 하늘나라로 가야 한다. 하늘나라에 가서 부처님 예수님을 뵙고 지구촌에서 보고 겪었던 모든 일들을 이야기해 드리고 싶었다. 분명 그분들은 듣고 크게 실망하실 것이다. 내가 지구촌 기행을 위해 출발하기 전에 조언해 주신 부처님 예수님의 말씀이 기억났던 것이다. 어리석은 천사는 무엇인가 크게 깨달은 것이다.

"역시 인간들은 구원이 불가능하다. 스스로 구원할 수 없는 것을 그 누가 구원해 줄 수 있단 말인가? 이미 잡식성 반야수로 변해 버렸다."

하나님 자식들인 날짐승, 들짐승, 집짐승, 바다짐승, 땅 짐승들을 가리지 않고 산체로 죽인 채로 가지가지 요리로 먹고 치우고, 쓰레기 오물들을 하나님 발등상에 마구잡이 버리고, 먹다 남은 음식물을 쏟아내고, 유해가스, 온실가스 하나님 머리 위에 마구잡이 날려 보내고 있으니 분명 예수님 예언하신 대로.
"대자연 하나님의 진로가 따를 것이다."

내 몸 건강과 맛으로 잡아먹고, 즐기며 살아가는 것도 모자라,
생각하는 동물이라 사고가 복잡해지더니,
빠르게 대량으로 죽이는 날카롭고 무시무시한,
기계나 기구들까지 속속 개발하고 만들어,
형제들을 무자비한 야수 같은 심성으로,

죽이고 죽고 하는 만행의 행태를 벌이고 있구나.
마하속도라는 둥, 음속이니, 광속이니 하는 속도로,
형제들을 순식간에 잡아 가는 예비 마귀들이로구나.

번개같이 짧은 세월 바람같이 지나가면
흰 천한 장 두르고 땅 나라 하늘나라
기약 없는 세월로 지구촌을 하직하고
허공 속에 묻힐 날이 오늘인가 내일인가.

천 년처럼 만년처럼 영원히 살 것처럼
그렇게도 찬송하고 노래 불러 기리면서
돈이라면 눈들이 동에 번쩍 서에 번쩍
천둥치는 번갯불 이보다도 빛이 날까
오페라 "돈 타령"이요, 국악은 "돈 버세"다.
모두가 중병인 "돈장 병"에 걸렸구나.

돈이여 어이하여 너를 떠나 살겠으리,
아끼고 사랑하는 마음 하늘과도 같으니,
어이하여 너를 두고 하늘나라 떠나오리,
내 인생의 동반자요 내 영혼의 반려자니,
너 없는 세상은 고기 빠진 식탁이요 맛없는 반찬이라.

현군(賢君)이 있어 미래 일어날 수 있는 최악의 상황을 예상하고 미래
를 늘 대비하며 정책을 펼치고 백성들에게 잘못된 시그널이 가지 않도록
백성들이 미래에 도탄에 빠지지 않도록 나라 살림을 조심스럽게 살펴야

하거늘 무명한 정치인들은 정쟁에나 몰두하고 인기몰이나 하여 백성들을 현혹시키고 옛날이나 오늘날이나 역사가 되풀이되듯 당파싸움, 파벌싸움으로 백성들의 정신은 병들어 가며 나라는 어지러워진다.

금리는 바닥이요 너도 나도 돈을 빌려, 욕망 욕심 채우고자 불로소득 기대하며, 부동산에 투기하고 코인에 투자하니, 부동산은 폭등하고 코인은 폭락한다. 투기꾼 탐욕 꾼은 '겁' 투자 한탕이요, 은행아 금융기관아 너도 나도 질세라, 세상은 온통 투기판이 되었구려.

군주와 신하들은 인기에나 몰두하며, 분열과 정쟁으로 정의는 사라지고, 내일 일은 누가 알랴 모두가 무명하니, 눈앞의 이익에만 모두가 몰두할제, 시베리아 차가운 역풍[16]은 무섭게 불어온다. 그 누가 혹한 바람 예상이나 했으리요. 순풍에 돛을 달고 마냥 갈 줄 알았던가? 가파르게 올라가는 금리 하늘 쳐다보니, 하늘이여 아득하고 가슴이여 답답하다.

어허~ 자나 깨나 탄식이요 지느니 한숨이네, 불과 몇 년 만에 세상은 거꾸로요. 거꾸로 되는 것은 세상의 이치로다.

정부는 금리를 올려서라도 부동산 투기를 막았어야 했습니다.

☞ 예상치 못한 IMF 금융대란이 1997년에 닥쳐 많은 국민들이 도탄에 빠지고 말았습니다. 정치인들은 정치판 청문회라는 인기 몰이에나 몰두하는 사이에 나라는 부도가 나고 말았습니다.

---

16) 러시아가 이웃 우크라이나에 침공하여 전쟁을 일으킴으로써 여파로 일어나는 식량난, 에너지난, 물가 폭등, 금리인상 등으로 인한 세계 경제의 찬바람 시베리아 냉해입니다.

불경에 탐(貪), 진(嗔), 치(痴)를 3독(毒)이라고 했습니다. 3가지의 독성 중 하나라도 마음에 있으면 파멸의 길로 가는 것입니다. 빚을 내어 투기나 투자를 하는 어리석은 짓입니다. 꼭지가 높으면 골도 깊습니다. 항상 돛단배가 순풍으로 가는 것이 아니요 반드시 강한 역풍이 불어 순식간에 돛단배를 덮치고 배는 뒤집히어질 날이 오게 됩니다. 원숭이의 조삼모사[17]처럼 당장 내가 가진 아파트 값이 폭등하면 좋아하고 폭락하는 일은 생각조차 하지 않습니다. 오르면 계속 오를 줄만 생각하니 영끌족[18]이란 단어도 생겨났습니다.

【야고보서 1장 15절】
『욕심, 욕망이 잉태할 때 죄를 낳고 죄가 성숙되면 죽음을 낳는다』
【디모데전서 6장 10절】
『돈에 탐욕을 내는 자는 악의 뿌리를 찾는 것과 같아 많은 근심과 슬픔으로 떨어지리라』

어리석은 천사는 직업상 해외를 두루 다니며 형형색색 문화와 삶을 보게 되었다. 모두가 나름대로 아름다운 문화를 꽃피우고 놀라운 조화를 보이며 하나님 신의 신비스러운 조화에 감탄하지 않을 수 없었다. 인간들만이 조화를 이루는 것이 아니고 모든 중생들 즉 미물들조차 아름다운 조화를 이루고 생을 잇고 있는 것이었다.

대자연 하나님은 모든 생명들이 아름답게 조화를 이루고 살아갈 수 있

---

17) 원숭이에게 같은 숫자를 아침에 3개 저녁에 4개 준다고 하니 난리가 나자 그러면 아침에 4개 저녁에 3개 준다 하니 박수를 치고 좋아했다는 4자성어입니다.
18) 영혼까지 끌어모아 빚을 내어 아파트를 사는 사람.

도록 배려하시고, 그러면서 모든 중생들을 천국으로 불러들일 수는 없으니 선과 악의 씨앗을 내리시어 그 중에서 오직 선을 행하는 인간만을 천국으로 인도하도록 배려하신 것이었다. 그러나 불행히도 그러한 신선인(神仙人)은 찾아볼 수 없는 어두운 현실이다.

천국으로 가는 일은 무척이나 어려운 일이었다. 정신의 깊고 높은 광대무비 뜻을 이해하고 정신의 뜻을 실천하는 일은 인간들의 영혼 능력으로 이룰 수 없는 수준이었다. 그래서 하나님의 아들이신 부처님과 예수님을 보내시어 인간으로서 근기에 맞게 신의 뜻을 자세히 설하시고 가르치신 것이었으나 모든 것들이 허사로 돌아가고 말았다.

어리석은 천사는 무사히 지구촌 기행을 다하고 하늘나라로 가야 하는 때가 되었다. 지구촌에서 많은 경험을 하면서 다음과 같은 게송을 남겼다.

세상은 어지럽고 심성은 복잡하고, 생각은 형형색색 말들은 중구난방,
식탁은 중생시체 마귀들은 희희낙락, 맛있는 중생 살에 영혼은 어디 가고,
내일 운명 몰라 하고 오늘 인생 즐겨본다.

여기도 비명소리 저기도 비명소리, 축생 잡는 소리인가 인간 잡는 소리인가,
도축장 비명소리 축생들의 운명이요, 전쟁터 비명소리 인간들의 운명이다.

우물 속 올챙이가 우물을 알겠는가? 지옥 속 중생들이 지옥 또한 알겠는가?
좀비들 출몰하여 인간들을 잡아가니, 하나님 외쳐보나 대답 없는 이름

이여,

중생들아 알겠느냐 인과응보 처벌법을,

예수를 곁에 두고 십자가에 기도하고, 부처를 곁에 두고 불상에 경배하며,
종교란 이름 놓고 "천국 간다." 노래하고, 죽은 조상 제삿밥을 우상숭배
이름하여, 형제들과 불화하니 죽은 조상 슬퍼한다.

종교란 간판 걸고 아름답게 포장하여, 중생들을 유혹하여 세속놀음 하
는구나. 생사는 유전하여 그칠 새가 없나니, 모두가 지옥 불에 축생 신세
되는구나.

부처, 예수 이를 보니 한숨이요 개탄이라, 지장보살 보내시어 지옥 종류
설하시나, 무명한 중생들은 눈귀 막고 사는구나.

모두가 하나같이 생로병사 우비고뇌, 생사는 유전하여 그칠 새가 없어라,
여기도 지옥이요 저곳에도 지옥이네, 지옥 또한 겪으면서 지옥은 없다
하고,
천국 가자 구원받자 여기저기 외쳐댄다, 천국은 어디인가 구원은 누가
하나,
모두가 무명하니 생로병사 수레바퀴, 쉴 틈 없이 요란하다.

하늘나라에 계시는 부처님과 예수님은 작은 천사가 지구촌 기행을 떠
나고 난 후 항상 안위를 걱정하여 수시로 지옥 청 염라대왕에게 작은 천
사의 행방을 묻고는 하였다. 그때마다 염라대왕은 명부를 조사하여 작은
천사가 지옥에 오지 않았음을 하늘나라에 알렸다.

어리석은 천사는 떠나기 전에 깊은 생각에 빠졌다.

처음에는 세속에 물들어 오랜 세월 방황하고 각종 형형색색 중생들과 어울려 무명한 가운데 업을 짓고 고해를 헤엄치며 살려고 발버둥 쳤다.

속세 파도를 허우적거리며 살아가면서 많은 요괴들과 사탄 위선자들을 만나 인간들에 대한 회의와 절망을 오랜 세월에 걸쳐 느끼다가 어느 날 부처님 예수님의 가르침이 번개처럼 지나더니 영혼은 무엇인가 순간의 느낌을 받게 되어 사바세계에 빠졌음을 깨닫게 되었다.

그 이후 어릴 때 무명 무지에서 먹어 왔던 육 고기, 생선 등 모든 죽은 생명들에 대한 연민의 마음이 생기기 시작하였으며 과거 미물들을 죽였던 일들을 참회하고 살아가면서 3무에서 저지른 업들을 회개하고 살생당한 중생들의 명복을 빌고 빌었다. 기나긴 오랜 세월 채식만을 하면서 절제하며 관용과 인욕, 인내, 온유와 끈기로 업장소멸을 위해 최선을 다해서 살아가니 생명에 대한 사랑심이 저절로 생겨나고 인간들이 저지르고 있는 용서받지 못할 죄악들을 개탄하여 그것을 깨우치어 바로잡고자 부처님, 예수님의 가르침을 좀 더 구체적으로 쉽게 집약하여 3권의 책을 내놓았다.

인간들이 변질된 인성(人性)의 근본원인이 무엇이었던가? 순간 깨달음을 얻어 모든 인간들에게 알리고자 하였으나 이미 원시 환원(元始 還元)하지 않으면 불가함을 알게 되었다. 어떤 선지자도 다시 인간들을 순수하게 만들 수 없으며 난잡하고 어지러운 지구촌 세상을 거꾸로 180도 반본시킬 수가 없게 되었다.

어찌할 수 없는 것이다. 모든 것은 염라대왕에게 맡겨지는 길뿐이다.

마귀들이 우글거리는 속세에서 착하고 거룩한 선인(仙人)을 찾아 천국으로 인도해야 하니 하나님 아버지께서 그것을 선별하기 위해서 선과 악의 씨앗을 지구촌 중생들에게 내려놓으신 것이다. 지옥을 굴러다니는 인간들에게는 보이지 않는 인과응보 처벌법이 있으니 살아생전에 그들이 저지른 업의 대가는 자연히 받게 될 것이고 죽어 떨어진 영혼은 염라대왕에게 맡겨지게 될 것이다.

추운겨울 쪽방 촌에서 난방도 없이 홀로 사는 사람이 말하는 것을 본다.
"요즈음 세상이 메말라 누가 도와줘. 도와주는 사람은 아무도 없어."
어리석은 천사는 생각하기를
"국민의 70퍼센트나 되는 사람들이 종교를 믿는다 하면서 세상이 메말라 도와주는 사람들이 없다니~ 종교가 왜 있으며 믿는다는 것은 무엇을 믿고 있을까?"
예수님이 들으면 개탄할 노릇이고 부처님이 들으면 "모두가 불성이 있으니 '참나'를 찾아 모두를 열반에 이르게 할 것이다(all living beings will lead to nirbana)"라고 한 말씀이 얼마나 허구한 생각일까.

지하철 입구에서 걸인이 행인들에게 "한 푼 보태 줍쇼." 하고 손을 내밀었다. 그런데 누가 갑자기 걸인의 손을 잡고 주기도문을 낭송하기 시작하였다. 주기도문을 마치고 가는 사람의 뒤를 걸인은 힐끗 돌아보더니 다시 행인들에게 "한 푼 보태 줍쇼."라고 계속했다. 걸인에게 당장 필요한 것은 주기도문이 아니라 몇 푼 현금인 것이었다. 그 사람은 주기도문이 걸인에게 도움이 되었다고 생각하고 갔을까.

☞ 종교를 믿는다 하며 부처, 예수의 가르침은 받들지 못하더라도 여유

가 있으면 조금씩이라도 나누어 베풀 수 있는 마음을 가져야 합니다. "빈자의 한등"이란 뜻입니다. 없어도 나누어 가질 수 있는 마음 타고난 마음 그러한 사람만이 천국을 찾겠다고 말할 자격이 있을 것입니다.

☞ 성직자들 모두가 부처, 예수, 신과 상제님의 뜻을 받들고자 하는 사람들 그 뜻을 진심으로 받든다면 무한히 베푸세요. 그렇지 않다면 모든 언행은 신 앞에 거짓이 됩니다.

☞ "모든 중생을 열반에 들게 하겠다."는 부처님의 환상이었습니다. 부처님은 잡식성 반야수가 된 인간을 바로 직시하지 못했던 것입니다.

A. J. 크로닌 씨가 지은 책 『천국의 열쇠』중에 있는 말입니다.

주인공 치섬 신부는 35년간 가난하고 열악한 환경의 중국에서 생사를 넘는 고행과 무한사랑, 무한봉사와 무한헌신을 하고 70살에 본국 성당으로 돌아온 그의 유일한 사치품은 늙어서 지팡이 삼을 낡은 우산 하나가 전부였다. 교구에서 파견된 주임신부의 보좌신부가 늙은 치섬 신부를 보고 일 년에 4번 바치는 교구에 헌금을 바치지 않았다고 치섬 신부를 문책하였을 때 치섬 신부는

"내가 신도들에게 받은 것은 동전 몇 푼뿐, 돈이란 것을 가져본 경험이 없어서, 그런데 보좌신부는 돈을 그렇게 중대하게 생각하시는구려."고 대답했다. 돈을 모르는 어린아이에게 돈을 주거나 돈을 벌어서 내놓으라 한다.

【디모데전서 6장 10절】
『돈을 사랑하는 것은 악마의 뿌리를 찾는 것이니 그들은 믿음에서 떠나 많은 슬픔과 근심으로 자신을 아프게 하느니라』

【로마서 13장 8절】

『사랑의 빚 외에는 아무에게든지 아무 빚도 지지 말라』

☞ 성직자나 종교인은 사람들의 종이 되고 대속물이 되어 마음은 낮은 곳으로 머물고 사랑과 자비의 물꼬를 틔워 도움 받지 못하는 사각지대에 있는 생명들을 아낌없이 돕고 불쌍한 영혼들을 구원하기 위해 헌신하고 돌아보는 일에 대자연 정의신이 부여한 에너지를 아낌없이 쏟아야 한다. 무엇을 기대하고 투자가치를 계산기로 두드리는 타락한 물질 자본주의 우상숭배의 경영원리와 가치관을 내세우는 오늘날 성직자, 종교인, 종교는 존재가치가 없는 것이다.

하나님의 거룩함 성스러움은 아득히 멀고 부의 축적, 물질적 성공, 교세 확장, 명성을 구하는 일이 우선 눈앞에 코앞에 있는 현실, 종교 건물 안에 십자가, 돌부처, 마리아 석고상 종교마다 형형색색의 그림들 치장들 우상들을 두고 우리 주가 가까이 있는 것처럼 겉으로 연출하는 인생무대의 한 장면인 종교 그곳에 존재가치란 없는 것이다.

누구나 쉽게 얻을 수 있고 가질 수 있는 것들은 일반적이고 보편적인 것들로 싸구려 물건들처럼 특별한 가치가 없는 것들이다. 종교가 대중화, 일반화, 보편화가 되어 아무나 믿고 아무나 천국, 극락 간다고 하니 별로 가치가 없는 것이다.

가축들의 대규모 규탄집회

이번에도 가축들의 반상회가 개최되었다. 그러나 지난번과 달리 이번에는 대규모 규탄집회가 열렸다. 가축들이 더 이상 참을 수 없는 상황이었나 보다.

모든 가축들이 모여 인간들을 원한과 저주로 성토하였다. 소, 양, 말, 닭, 토끼, 염소, 돼지 그리고 개와 고양이 쥐도 참석하여 성토에 한목소리로 외쳐댔다. 그리고는 규탄성명을 하나님에게 제출하는 일에 찬성하고 가축들을 마구잡이 죽여 잡아먹는 인간들을 엄하게 처벌해 줄 것을 모두가 간절히 바랐다.

하늘나라에 계신 아버지는 가축들의 탄원서를 심독하고 지장법장님을 지구에 파견하시어 진상을 조사토록하시고 가축들의 탄원이 사실이라면 염라대왕에게 모두 엄벌토록 지시하였다. 지장법장님은 오늘날 영혼과 관련된 법을 관리하는 법무부장관이고 염라대왕은 영혼의 심판을 담당하는 검찰총장 격이었다.

하나님 아버지의 지시를 받고 지장법장은 지구로 내려와서 가축들의 성토장을 방문하고 그들의 피맺히고 한 맺힌 절규소리를 들어보시고 직접 증거수집에 나섰던 것이다. 일차로 도살장을 방문하여 보니 지구상에 수천만 마리의 가축들 비명소리가 허공을 가르고 살생당한 피는 강물을 이루어 흘러내리며 오장 육부가 토막토막 잘려서 나오는 것을 목격하고 지장법장은 기겁을 하였다. 가축들의 탄원 그이상의 공포와 잔혹한 광경이었다. 죽을 때 비명과 원성이 온 지구촌을 진동하며 모든 가축들은 멀리서 들려오는 동포들의 길고도 높은 비정상파(非定常波) 즉 이상파(異常波)인 고조파(高調波)[19] 소리를 듣고 공포에 휩싸여 인간들을 경계하고 두려워하며 떨고 있는 것이다.

지장법장은 그곳을 황급히 빠져나와 이번에는 사람들이 먹고 즐기는 식당을 살펴보았다. 지장법장은 온통 식당마다 죽은 아버지 자식들의 살을 형형색색의 방식으로 요리해서 맛있게 먹고 있는 것을 보고 한탄하지 않을 수 없었다.

"대자연 하나님 아버지께서 천지를 창조하시고 지구를 만드시어 햇빛과 달빛, 산과 들, 나무와 꽃, 물과 공기를 공급하시어 모든 자식들이 살도록 덕을 무한히 베푸셨는데 어쩌다 하나님 아버지를 닮은 인간들이 이런 행위를 할 수 있단 말인가." 하고 내심 격분하시고 "인간들은 사고력은 높지만 힘이 약하고 행동이 느리니 가축들을 내시어 돕도록 했건만 이제 필요성이 없어지니 즐기는 양식으로 만들어서 먹고 있구나." 허허하고 탄식하시며 식당을 떠나셨다.

또 다른 곳을 가보니 그곳에는 천지가 벼락같이 진동하고 번갯불 같은 불꽃이 솟아오르니 도대체 뭐하는 것인가 궁금하셨다. 그런데 그곳에는 더욱 참혹하고 비참한 살생이 일어나고 있었다. 바로 인간들이 인간들끼

---

19) 고조파란 "노이즈파"라고도 부르고 각종 전기전자 제품 작동으로 인해 생기는 비정상 즉 이상으로 생기는 파동입니다. 파장이 극히 짧고 진폭이 크며 변화가 매우 급하게 이루어지는 파입니다.

리 잡아먹는 전쟁을 하고 있는 광경이다. "왜 이렇게 한 아버지에서 태어난 자식들이 서로 죽이고 잡아먹고 못살게 만드는 것일까?" 지장법장은 크나큰 의문을 안고 잔혹한 광경을 뒤로하고 가축들의 성토장으로 돌아오셨다.

그리고는 대규모 가축들이 모인 자리에서 지장법장은 "너희들의 원한과 저주를 모두 알았느니라. 너희들의 탄원서에 쓰인 내용 이상으로 인간들의 영혼들이 오염되고 추악하며 잔인하여 도저히 용서할 수 없구나. 내 돌아가서 하나님 아버지에게 이 사실을 낱낱이 알리리라." 그리고는 염라대왕을 불러 인간들이 죽으면 죄의 경중에 따라 엄하게 벌하도록 지시하였다.

지장법장은 "인간들의 영이 얼마나 어두우면 생사를 같이하며 도운 가축들을 죽여 잡아먹고 나아가서는 자기들끼리 서로 죽여 잡아먹고 있는가?"
"사람들이 가축들과 화합하여 평화롭게 지내면 당연히 그 아름다운 영혼은 같은 사람들끼리도 화합하여 평화롭게 지구촌을 천국으로 만들 것이거늘, 아~ 어쩌다 이 지경이 되었단 말인가. 하나님 아버지의 큰 실수로구나." 하고 한탄하시며 염라대왕을 불러 "가축들을 달래어 보내도록." 하시고 하늘나라로 떠나셨다.

염라대왕은 직속부하인 지옥집행관을 급파하여 대규모 가축들의 집회 장소를 찾아 가축들에게 말하였다.
"너희들도 과거 인간들과 똑같은 행위를 저지르고 축생의 몸을 받아 태어난 것들이다, 너희들은 지금 인간들이 하는 모습을 보고 미래에 너희들은 그 사악한 행위를 답습하지 않도록 해야 할 것이다. 너희들이 과거 전생에 저지른 죄의 대가를 지금도 앞으로도 기약 없이 인간들에게 지불해야 그 업을 다하고 현재 인간들과 교체될 수 있을 것이다. 지금 인간들도 너희들처럼 축생의 몸을 받아 똑같은 과보를 받게 될 것이니 알았으면 더 이상 규탄집회를 그만두고 돌아가거라."

그러자 소가 음매하고 집행관에게 질문했다.
"그러면 우리는 언제 인간들과 교체될 수 있겠습니까?, 우리는 자식 대대로 인간들에게 불평한마디 없이 인간을 위해 헌신하였으며 모든 것을 바쳐 인간들의 생명을 살리고 있고 살려 왔습니다, 갓난 애기에게 우유도 제공해 주고, 인간들의 건강을 위해 요구르트도 만들어 먹도록 해 주었으며, 몸은 부위별로 인간들의 양식으로 제공해 왔습니다."

양들도 음매에 하고 집행관에게 소에게 뒤질세라 거들었다.
"우리 양들도 대대로 인간들에게 마실 것, 먹을 것, 입을 것을 온몸을 바쳐 제공하여 왔습니다."

지옥집행관은
"그러하다, 내가 모든 것을 알고 있느니라. 너희 소와 양은 머지않아 전생 업이 다하면 인간의 몸을 받을 수 있을 것이로다."
그러자 모든 가축들이 웅성웅성대기 시작했다. 서로들 얼굴을 보며 "우리도 인간의 몸을 받을 수 있을까." 하는 표정들이었다.

돼지가 꿀꿀거리며 집행관에게 물었다.
"우리도 인간들이 먹다 남은 음식쓰레기를 처리해 주고 그들에게 몸 전체를 자자손손 바치고 받쳐 왔습니다, 우리는 언제 인간 몸을 받을 수 있겠습니까."

지옥집행관은

"너희들 돼지는 전생에 많은 형제들의 살을 양식으로 취해 즐겨 먹고 살을 찌우며 육식을 생활화하여 돼지의 육신을 받았느니라. 그러니 너희들은 업이 다하여도 인간 몸 받기가 무척 어려우리라."

돼지들은 이 말을 듣고 모두 대성통곡하였다. 다른 가축들은 모두 잠잠해졌다.

개가 왕왕 거리며 집행관에게 물었다.

"우리들 개는 인간들을 위해 집을 지켜 주고 주인에게 복종하며 그들이 주는 음식을 받아 겨우 연명하는 운명이었으나 인간들은 우리를 보신탕 거리로 삼아 잡아먹고 있습니다."

이 말을 들은 지옥집행관은

"너희 개들은 전생에도 축생이었도다. 너희들이 가진 마귀의 발톱과 이빨을 쳐다보아라. 너희들의 전생 죄업은 너무나 악독해 너희들 많은 수가 업의 경중에 따라 야수의 몸을 받을 것이니라."

개들은 모두가 슬프고 비탄에 빠져 낑낑거렸다. 개들은 스스로 반야수임을 알고 있었다. 야수인 늑대들이 그들의 사촌이었음을 짐작하고 있었다.

그다음 닭도 꼬끼요~ 하고 집행관에게 물었다.

"우리도 다른 형제들처럼 자자손손 새끼인 달걀을 받치고 우리 몸도 삼계탕, 닭곰탕, 닭튀김, 닭발 등으로 인간들을 위해 바쳐 왔습니다."

지옥집행관은

"너희 닭들은 업이 다해도 인간 몸을 받을 수 없느니라. 너희 부류는 조상 대대로 전생에 인간과 다른 족속이었느니라. 너희들 가진 날개를 쳐다보아라. 과거 전생에 날라 다니다가 땅이나 나무에서 살아가는 중생들을 즐겨 잡아먹어 그만 날개가 퇴화되어 새처럼 날아다니지 못하는 닭이 되었도다. 다른 4족 축생들과는 달리 수 없는 전생을 거쳐 벌레나 땅에 떨어진 곡식을 먹어 왔노라."

이 말을 들은 닭들은 숙명을 알고 자기들 스스로 새와 유사한 종족임을 어렴풋이 느끼고 있었던 것이었다.

고양이와 쥐는 그만 질문을 포기하고 말았다.

지옥집행관은 지옥일이 바빴다. 그래서 모든 시위중생들에게

"지옥관문에 헤아릴 수 없는 죽은 사람들의 혼백이 대기하고 있노라. 일부가 너희들처럼 때가 되면 축생의 몸을 받을 것이로다. 나는 그들을 심판하러 가야 하니 모두 해산하도록 하라."

일일이 모두의 질문에 응대할 수 없어 모두에게 숙명임을 깨닫게 하고 해산시켜 버렸다. 모두가 스스로 저지른 과보로 인간들에게 자자손손 목숨을 바쳐야만 하는 운명이요 숙명에 웅성거리며 맥없이 흩어졌다.

인간들의 영혼이 얼마나 캄캄하면 옆에서 가축들과 함께 살아가면서 가축들의 운명을 보고 듣고 하면서도 자기들의 운명이 아니라고 생각한다. 가축들의 운명이 미래 나의 운명이 될 수 있음을 깨닫는 사람은 산속 극히 일부 수행자 이외에는 아무도 없을 것이다.

모두가 생업 일평생 육신을 유지하기에 급급하니 영혼과 영혼에 관련된 공부는 뒷전이요 참된 종교가 무엇인지 알 리가 없다. 단순히 맹목적으로 "종교를 믿는다." 하고 말하고 있는 현실뿐이다. 자연의 이치에 따라 무명한 사람들은 무명과 유유상종으로 어울리게 된다. 모두가 윤회의 길을 벗어날 수 없는 숙명이다. 지구촌 욕계에서 돌고 도는 가운데 언젠가는 한 번 혹은 여러 번 오재팔난의 참혹한 운명을 살아생전에 맞이하게 될 것이다.

☞ 세계의 역사는 전쟁의 역사입니다. 정복전쟁, 식민지 전쟁, 종교전쟁, 인종전쟁, 영토전쟁, 이념전쟁, "냉전, 열전, 신냉전, 열전"이 역사가 되풀이 되듯이 반복하게 됩니다. 그것은 바로 원한의 종소리요 죽음의 종소리입니다.

☞ 육식을 위해 살생을 했으니 마땅히 육식을 한 사람들도 죽임을 당하는 것은 자연의 이치입니다. 대량 죽임을 당한 원혼들의 보복의 일환으로써 지구촌은 끊임없이 테러, 전쟁, 악성 좀비들의 출몰이 일어날 것이요 직접 당하지 않더라도 후손들이 당하게 되어 있습니다. 대자연의 인과응보법칙은 절대 피해 갈 수 없는 보이지 않는 지옥 처벌법입니다.

☞ "즐거움과 슬픔, 행복과 불행"은 남자와 여자, 신과 발처럼 항상 붙어 다닙니다.

☞ 성경에 아담과 이브가 금과를 따먹어 원죄가 생겨났다고 합니다. 대자연의 이치상 그렇지 않습니다. 인류는 태초에 산짐승을 잡아먹으면서 원죄가 생겨난 것입니다. 인류의 원죄는 육식에서 비롯되었습니다. 원죄를 짓는 금과란 존재하지 않습니다.

사냥꾼 가족 이야기

때는 2차 세계대전이 끝나고 얼마 되지 않아 모든 것이 폐허가 되었고 경제는 피폐된 시기였었다. 주인공은 어린 시절부터 부모를 따라 주일에 간혹 한 번씩 가톨릭 성당에 가고는 하였다. 그는 성당에서 같이 성당에 다니는 여자와 결혼하였다. 독일이 체코를 침공하고 폴란드를 침공하여 전쟁이 일어나자 주인공은 독일군에 끌려가 무기 제조공장에서 강제노역을 당하였다. 전쟁이 끝나자 시골집으로 돌아와 가족들과 상봉하고 특별히 할 수 있는 일이 없어 어린 시절 아버지를 따라 배운 사냥을 하고 지내는 사냥꾼이 되었다. 집에서 작은 땅에 농사를 지어 농작물을 팔아 겨우 돈을 조금 모아 사냥개를 사고 필요한 생필품을 구하며 겨우 생계를 유지하였다. 그는 사냥개를 데리고 자주 토끼, 여우, 꿩 사냥을 나갔다. 그는 여우나 토끼를 찾아 배회하다가 마침내 토끼를 발견하고 놀라 달아나는 토끼를 향해 공기총을 쏘아 토끼를 쓰러뜨렸다.

토끼는 총을 맞았으나 죽지 않고 살려고 발버둥 치며 총에 맞은 상처로 그 자리에서 꿈틀거리고 있었다. 사냥개 달려가서 피를 흘리는 토끼를 입에 물고 사냥꾼에게 가져다주자 사냥꾼은 나무에 토끼를 매달고 평소처럼 흥겨운 노래를 부르며 가려는 순간 죽은 토끼 가까운 곳에 있는 토끼 굴에서 새끼 토끼 두 마리를 발견하게 되었다. 새끼 토끼가 예쁘고 귀여워서 아이들에게 선물로 줄 생각으로 잡아서 함께 집으로 돌아왔다.

사냥꾼은 새끼 토끼를 두 아이들에게 주자 아이들은 귀엽고 예쁜 토끼를 보고 너무나 좋아했다. 서로 보고 만지고 안고 귀여워하며 새끼 토끼와 즐거운 시간을 보내고 있었다. 사냥꾼은 죽은 어미 토끼를 부인에게 주어 요리를 시켰다. 부인은 처음에는 남편이 잡아온 짐승의 털을 벗기고 피를 씻어 내고 내장을 꺼내는 일을 꺼려했으나 자꾸 되풀이하면서 나중에는 예삿일이 되었다. 요리해서 남편의 술안주로 그리고 아이들과 함께 맛있게 먹고 하였다. 부인은 늘 남편에게 그만 잡아오라고 간혹 만류했지만 소용이 없었던 것이다. 하는 일이 없으니 낚시꾼에게 낚시 그만두라고 하는 것이나 같았다. 그런데 하루가 안 되어 새끼 토끼는 그만 죽고 말았다. 어린아이들은 새끼 토끼가 모두 죽자 매우 슬퍼하며 울었다.

그리고는 사냥꾼 아버지에게 물었다.
"엄마 토끼는 어디 있어? 왜 엄마 토끼가 없어?"
앙앙~ 하고 "새끼 토끼를 살려내."라며 야단이었다. 사냥꾼 아버지는 아이에게 "이미 죽었으니 살릴 수가 없구나. 따뜻한 양지 바른 곳에 묻어주자. 하늘나라에 갈 수 있게." 하고 아이들을 달래며 죽은 토끼 껍데기를 땅에 묻어 주었다.

우는 아이들에게 "나중에 또 잡아서 가져다줄 테니 그만 울어."
아이들은 한참 울면서 보채다가 잠이 들었다. 잠든 아이들의 모습을 보고 사냥꾼 부인이 무심결에 한마디 한다.
"만약 우리들이 죽으면 이 아이들도 토끼 새끼 신세처럼 되지 않겠어요."
그러자 사냥꾼은 무엇인가 잠을 자는 아이들을 쳐다보며 생각에 잠겼다. 부인의 말을 듣고 보니 무엇인가 양심의 가책을 받았던 것 같았다. 그다음 날 사냥꾼은 평소처럼 사냥을 나갔으나 사냥을 포기하고 집으로 돌

아왔다. 부인은

"왜 오늘은 사냥을 하지 않았어요? 오늘은 허탕인가요?" 하고 묻자 사냥꾼은 "음~ 잡고 싶은 마음이 없어 그냥 돌아왔소."

부인은 무엇인가 쓸쓸해하는 남편의 모습을 보고 죽은 새끼 토끼 때문일 것이라고 생각했다. 그러던 어느 날 남편이 갑자기 급성심근경색으로 세상을 떠났다. 남편은 뚜렷한 직업 없이 젊었을 때부터 사냥을 즐겨 왔었던 터라 가정이 부유하지 못했다. 농사나 짓고 항상 남편이 잡아다 주는 짐승들을 양식으로 삼아 왔고 남편이 조금씩 농작물을 팔아 가져온 돈이 전부였다. 때는 추운 겨울이 닥쳐왔다. 유럽의 겨울은 차디차고 습하고 음산하여 대낮에 햇빛을 보기 어려웠다. 부인은 갑자기 두 아이를 데리고 살길이 막막했다. 난방을 할 수 있는 땔감조차 구하기 힘들었다. 아이를 탁아소에 맡기고 돈을 벌지 않으면 안 되었다. 농사도 혼자서 할 수 없게 되자 조그마한 토지도 팔려고 내놓았다. 무엇이든 해서 두 어린 자매를 키워야만 했다. 그녀는 매달 일정 금액을 지불하겠다 하며 어린 두 자매를 맡기고 일을 찾아 나섰다. 어린아이들은 엄마와 떨어지지 않겠다고 울며 매달렸다. 그런 아이들을 달래고 탁아소를 빠져나와 매일 일을 찾아 헤매야 했었다. 그러나 상황이 녹록하지 않았다. 한두 번 어린아이들을 찾아 탁아소를 갔지만 아이들을 키울 자신이 점점 사라졌던 것이었다. 시골에서 일자리를 구할 수 없어 멀리 도회지로 가야만 했었다. 전쟁으로 인해 많은 사람들이 죽어 공장이란 거의 문을 닫았고 모든 것들이 피폐된 상태라 일자리는 구할 수 없었다. 도회지는 시골 살던 곳과 멀어 아이들을 만나러 갈 수도 없었다. 탁아소에 맡겨진 아이들은 거의 매일 울다 시피하며 엄마를 외쳐 보았지만 엄마는 두 번 다시 돌아오지 않았다. 탁아소 여주인은 어린아이들을 귀여워하며 돌보았지만 탁아소 또한 전쟁으로 인한 고아들로 가득하여 아이들을 먹여 키울 생활 경제적 여건이 되지 못하였다. 아이들은 대부분이 영양실조와 독감, 폐결핵을 앓고 있었다. 유럽의 겨울은 습하고 차가웠다. 난방도 제대로 될 수 없었다. 대부분 모든 것들이 폐허가 되었고 많은 아이들은 추위와 질병 그리고 기아로 죽어 갔다. 얼마 되지 않아 두 자매도 다른 버려진 아이들처럼 죽고 말았다. 탁아소 여주인은 다른 아이들처럼 아이들을 양지바른 땅에 묻어 주고 하늘나라에 가도록 기도해 주었다.

음산하고 차디찬 바람만 무덤 위 허공을 스치고 지나갈 뿐이었다. 그 누구도 구원자가 없었고 구원받을 수 없는 참혹한 세상이었다.

고기 사랑 하늘나라
고기 맛을 알고서야 남의 생명 죽여 내어
육신건강 생각하며 천국타령 하는구나.
생명 꽃이 피는 곳에 하나님이 보이나니
무명한 인간들이 소경이라 모르는가.
고기 사랑하는 곳에 피눈물이 흐르는데
천국 간다 하는 사람 소경이라 못 보는가.
좀비들은 시시각각 도처에서 출현하니
온 세상천지는 폐허가 되는구나.
생명사랑 있는 곳에 지옥이 있다든가
두 아이의 무덤 위에 찬바람만 지나간다.

마귀들이 지난 자국 눈물 흔적 가득하고
마귀들이 행한 자취 참혹현장 볼 수 없다.
모두가 육식 즐겨 잡귀들이 될까 하니

찬바람 모진 바람 흉흉하기 그지없다.

☞ 육식을 즐기면서 종교를 믿는다는 말은 모두 거짓입니다.

아름다운 꿈

누구나 미래의 꿈을 지니고 있다
꿈이 현실화되지 못할지언정
꿈이 없는 인생은 희망 없는 인생이다

아름다운 꿈을 가지고 싶다
이룰 수 없는 꿈에
사람들은 "꿈 깨시오" 한다

그래도 미련을 두고
깨뜨리고 싶지 않은 꿈
아름다운 꿈은 영원히 간직하고 싶다

아름다운 꿈을 기대하며 잠이 들었다
악몽을 꾸며 몸부림치다
꿈에서 깨어났다
악몽에서 벗어날 수 있어
휴~ 하고 다행이었다

아름다운 꿈이었다면

깨어나고 싶지 않았다
영원히 꿈속에서 아름다움을 유지하며
나는 그대로 영원히 잠들고 싶다

　모두가 자면서 색, 수, 상, 행, 식. 5음의 작용으로 꿈을 꾸게 됩니다. 여러 가지 잡다한 꿈으로 밤잠을 설치는 불면증의 원인이 되기도 합니다. 자면서 꿈이 갑자기 악몽으로 바뀌어 헛소리나 몸부림 칠 때도 있습니다. 악몽이 길게 가지 않기 위해 빨리 깨어나야 합니다. 그러나 불행히도 사람이 숨이 다하기 전에 의식이 잠깐 살아 있는 동안에는 깨어날 수가 없고 깨어나지 못하고 악몽을 당해야만 합니다. 숨을 거두기 전까지 평소에 뇌에 입력시켜 놓은 잡다한 쓰레기들이 온갖 형태의 망상으로 혼 기운에 뒤섞여 형형색색의 악몽을 꾸게 되어 의식고인 죽기 전 지옥 즉 사전지옥 (死前地獄)에 깊이 빠지게 됩니다. 숨이 거두기 전 체온의 따스함이 사라지는 순간까지 살아 있는 의식은 한순간이지만 죽기 전 의식 속의 악몽은 길게 이어집니다. 쾌락과 즐거움은 순간이지만 고통은 길게 이어지는 것과 같은 이치입니다.

　숨을 거두기 전 의식으로 인한 지옥고를 겪지 않기 위해서는 살아생전에 선업을 많이 쌓으면서 영혼을 정화(淨化)시켜 가야 합니다.

　주변 잡다한 일에 귀중한 양정의신을 그곳에 두지 말아야 하며 잡다한 주변 일에 집착하지 말아야 하고(이것을 生潔이라합니다)

　육식을 단절하고 오직 채식을 하면서(이것을 食潔이라 합니다)

모든 생명에 대한 자비와 연민의 정을 키우고 주변의 영적 오물이 될 수 있는 것들을 입력시키지 않도록 해야 합니다(이것을 死潔이라 합니다).

이미 저서 『살생 육식을 삼가야』에서 설명했던 3대결(3大潔)인 "생결, 식결, 사결"이란 원칙을 지켜야 합니다. 죽음이란 운명 앞에서는 가족도, 돈도, 권세도, 명예도 모든 것들은 허망한 것들입니다. 악몽이 될 수 있는 일체의 모든 것들을 대뇌 소뇌에 입력시키지 말아야 하고 오랜 세월에 걸쳐 아름다운 꿈이 될 수 있는 선업과 보시를 행하여 영혼 속에 자비와 사랑이 가득하도록 바다처럼 넓게 펼쳐야 합니다. 살아생전에 신비스러운 귀중한 뇌를 오염시킨 오물들을 최대한 청소시키도록 노력해야 합니다.

영혼 속에 가득한 음정의신을 씻어 내어 버리고 양정의신을 모아 광대무비(廣大無比)한 우주정기를 가진 순수한 나를 찾아 영혼은 해탈하고 무량한 사랑과 자비심을 펼치며 가벼운 차림으로 무색계로 원하는 천국으로 갈 수 있기를 기도합니다. 오늘날 종교가 결코 나를 구하는 수단이 되지 못함을 깨달아야 합니다.

윤회의 길, 부처, 예수의 길

배가 가는 길은 뱃길이라 한다.
무거운 짐을 싣고 바닷길을 가야 한다.
비행기가 가는 길은 하늘 길이라 한다.
무거운 짐을 싣고 하늘을 날아야 한다.
기차가 가는 길은 철길이라 한다.
무거운 짐을 싣고 철길을 달려야 한다.
사람이 가는 길은 인생길이라 한다.
무거운 짐을 싣고 인생길을 걸어야 한다.
움직이는 것들은 에너지가 필요하다.

사람마다 다른 짐을 싣고 서로 다른 길을 걸어야 한다.
걸어야 할 사람도 에너지가 필요하다.
에너지를 잃는 것은 죽는 것을 말한다.
기계의 에너지는 기름이지만 생명의 에너지는 정신이다.

무엇이든 가는 것은 도착지가 있다.
도착지에 이르면 짐을 풀고 가던 길을 되돌아가야 한다.
무엇이든 가는 것은 출발지가 있다.
출발지에 이르면 다시 짐을 싣고 목적지를 향해 가야 한다.

윤회의 길이요 운명의 길이다.

도착지는 흔히 종점이라고 한다.
누구에게나 종점은 있다 육신이 있기 때문이다.
영혼을 허공에 두고 사는 사람에게는 종점이 없다.
허공은 불생불멸 없어지는 법이 없기 때문이다.

지구촌 허공은 윤회하는 만물의 품이다.
지구촌 허공은 대지와 붙어 있어
땅과 함께 만 생명을 창출하는 어버이 하나님
번뇌 망상 바람에 털어서 지구촌 허공으로 날리고
번뇌 망상 강물에 씻어서 지구촌 바다로 흘리고
밝고 가벼운 영혼으로 지구촌 허공을 벗어나
윤회의 탈을 벗고 우비고뇌의 삶을 마치고 싶다.
그 길은 부처, 예수가 가르쳐 준 길이다.

사람의 눈으로 오장육부를 볼 수 없습니다. 의사는 죽은 사체를 해부해서 사람의 오장육부가 있음을 알게 되고 오장육부 엔진이 돌아가야 사람이 살아갈 수 있습니다. 사람의 눈으로 봐야 알고 눈에 보이지 않는 것은 모르고 없는 것으로 생각합니다. 눈에 보이고 눈으로 볼 수 있는 것들이 대지와 허공에 헤아릴 수 없이 많은 억조 중생, 억조 만물이 있듯이 눈에 보이지 않는 것들도 대지와 허공에 헤아릴 수 없이 많은 억조 생령의 씨앗, 억조 원소들이 있습니다. 그것들이 인이 되어 대자연의 이치와 섭리에 따라 자연적으로 이루어지는 것과 인간들이 인위적으로 만들어 내는 것으로 오늘날 지구촌을 아름답게 장식하고 있습니다.

오늘도 정의신의 손길로 태양은 동쪽에서 떠서 서쪽으로 사라집니다. 내일도 태양은 동쪽에서 떠서 서쪽으로 사라지고 모레도 일년도 10년도 100년도 끊임없이 우주 태양계와 더불어 모든 생명들이 천지개벽이 될 때까지 돌고 돌아 윤회를 거듭합니다. 신비한 에너지를 지닌 대자연의 사이클 파동운동이요 음양의 이치이며 만유인력 속에서 이루어지는 신의 비밀 작용 즉 신비 작용입니다.

☞ 죽기 전에 마음속에 담아 있는 모든 집착, 원한, 불만, 저주, 미움, 원망, 재물 등 모두 탈탈 털어 버리고 가벼운 영혼으로 가야 합니다. 노래가사 "훨 훨 훨"처럼. 죽을 때는 내 영혼 외에는 아무것도 없습니다. 나의 아름다운 정의신, 천사와 어울릴 정신, 진정한 "만세 만만세가 될 수 있는 정신," 백세인생이 아닌 거룩한 정신, 이생에서 훌륭하고 아름다운 정의신을 펼치고 가고 싶지 않으십니까? 모든 일에는 단계가 있습니다.

『참나 찾기 마음 기도문』

열심히 땀을 흘려 일을 하고 노동의 가치를 창출하여 다른 사람들에게 혜택이 가도록 하리라,

내 비록 타고난 모습에 일부 악을 품고 왔지만 참선으로 바꾸어 보리라,

탱탱한 고무줄 같은 마음을 늘려서 느슨한 끈이 되도록 노력하리라,

머릿속 습기를 드라이기로 바싹 말려서 잡 벌레들을 살지 못하게 하리라,

매일매일 생기는 습기는 내려 쬐이는 햇빛을 받아 부지런히 말리리라,

오직 깨끗하고 위생적인 음식을 가려서 먹고 맛을 찾지 않으리라,

내 육신이 가는 곳을 양정의신을 시켜서 매일 경비하게 하리라,

일생 동안 결단코 정의신을 요괴에게 빼앗기지 않으리라,

매일매일 사랑과 자비를 조금씩 실천에 옮기리라,

일체 대차대조표, 손익계산서에 마음을 두지 않으리라,
대자연 하나님 정의신 뜻을 잘 파악하도록 일생 노력하리라.

아멘 할렐루야 관세음보살 나무아미타불

☞ 오늘도 태양은 동쪽에서 올라와 하루해를 비추고 서쪽으로 사라진다. 모든 사람들은 내일 다시 동쪽에서 나타나리라 믿는다. 그러나 오늘도 사람이 동쪽에서 태어나서 한 일생을 살다가 서쪽으로 사라지건만 모든 사람들은 내생에 다시 나타나리라 믿지 않는다.

인생의 두 갈레 길

인생에 두 갈레 길이 있다.

하나의 길은 사람들 모두가 걸어가는 길이다.

그 길은 먹고 마시고 즐기는 길이다.

그 길은 삶과 고통과 죽음이 있는 길이다.

모든 중생들이 가는 길이다.

또 다른 길이 있다.

부처님 예수님이 가르쳐 주신 길이다.

그 길은 먹고 마시고 즐기는 길이 아니라고 한다.

그 길은 좁고 험난하여 찾는 이가 드물다고 한다.

하지만 그 길은 삶과 죽음과 고통이 없는 길이라고 한다.

사람들은 종교를 만들어 이 길을 간다고 한다.

모두가 어느 길을 선택해야 할지는 스스로 생각해 보시기 바랍니다. 생각하는 동물인 사람에게만 있는 두 갈레 길입니다. 옛날이나 오늘날 세상 많은 사람들이 둘째 길을 걷겠다고 기독교, 가톨릭교, 불교, 원불교, 천리교, 대종교, 통일교, 증산도, 시크교, 힌두교, 이슬람교 기타 형형색색의 종교에 귀의하지만 모두가 첫째 길 쉬운 길을 가고 있습니다. 특히 젊은 사람들에게 부처님 예수님 가르친 둘째 길에는 전혀 관심이 없습니다. 음신을 내세워 먹고 마시고 즐기며 출세와 성공 명예 그리고 육신의 안일과 사치 생업유지에만 관심이 있습니다. 진여 양신을 찾아 둘째 길에 마음을 두고 간다고 하나 "우발적이고, 형식적이며, 임의적으로 일시적이고, 환상적이며, 거짓과 착각, 세뇌로 인한 무지와 무명"으로 종교 본래의 목적은 부처, 예수가 떠난 이래로 사라진 것입니다.

누구나 이 땅에 올 때 빈손으로 온다.
누구나 이 땅을 떠날 때 빈손으로 간다.
이것은 몸을 두고 하는 말이다.

누구나 이 땅에 올 때 전생 업을 잔뜩 가지고 온다.
누구나 이 땅을 떠날 때 이생 업을 잔뜩 가지고 간다.
이것은 영혼을 두고 하는 말이다.

영혼을 두고 이 세상 모든 중생들은 똑같은 이름을 갖고 있다.
성(性)은 업보요 이름(名)은 중생이다.
그래서 "업보중생(業報衆生)"이라 부른다.
별칭도 있다 그것은 무명중생(無明衆生)이라 부른다.

성(性)인 업보(業報)는 대대로 바꿀 수가 없고 자기가 스스로 지은 업(業)은 영원히 가지고 윤회를 하는 것이니 성이 되고 중생(衆生)은 이생에서 바꿀 수가 있으니 그래서 이름이 되는 것이다. 그런데 한번 지어진 성과 이름은 일생 동안 바꾸기 어렵고 바꿀 수가 없는 것이 중생들의 현실인 것이다.

말은 "진실로 믿는다, 열심히 닦는다, 거룩하게 기도한다, 경건하게 예배한다." 하면서 허례허식 형식에만 집착하고 있으니 믿는다는 사람이나 믿지 않는다는 사람이나 똑같고 종교는 있으나 마나한 것으로 오히려 종교로 인한 마찰, 분열, 폭력, 살상, 테러, 내전, 전쟁으로 죽고 다치는 사람만 많은 세상이니 종교란 존재가치가 없는 것이다. 종교로 인해 골머리를 앓는 사람들도 주변에서 많이 생기는 현실이다. 잡식성 속성에서 나오는 위선과 독선에서 비롯된다.

세상에는 모든 이치는 "서론, 본론, 결론"으로 되어 있다. 의식이나 예식, 예배나 참배, 행사나 모임 집회와 같은 허례허식 등은 **"서론"**에 해당하는 것으로 그 목적인 **"본론"**이 있어야 한다. 그러나 옛날이나 오늘날 변함없이 내려온 허례허식으로 치장된 종교 활동은 목적 자체가 흐려진 서론만 있고 본론은 빠져 버렸으니 결국 **"결론"**은 무의미하고 무가치한 것이 되면서 도리어 왜곡된 "종교원리주의자, 종교편애주의자, 종교 환상주의자, 종교위선주의자, 종교광신주의자, 종교맹신주의자, 종교극단주의자"들만 도처에 생겨나서 주변사람들의 마음을 괴롭히고 불행하게 하며 서로 다른 사상과 이념처럼 서로 다른 생각으로 논쟁, 마찰, 충돌을 일으키고 서로 다른 신을 만들어 분열, 갈등, 충돌, 폭력, 테러, 내전, 전쟁 등 세상은 어지럽고 살상과 죽음으로 과거나 현재 참혹한 현실만이 있을 뿐이요 앞으로도 끊임없이 "죽음의 종소리 원한의 종소리"가 도처에서 울려 퍼질 것이다.

☞ 허례허식 같은 형식적인 서론은 짧지만 본래의 목적인 본론은 길다. 무가치한 결론은 짧지만 가치 있는 결론은 생명이 길다. 서론과 결론인 나고 죽는 것은 한순간이지만 본론인 일생의 과정은 길다. 가치 없는 생과

죽음은 의미 없이 짧은 순간 나타났다가 사라진다. 살면서도 삶의 가치관이 있어야 하듯이 종교의 존재가치가 있어야 한다.

한 인간이 되기 위한 공부과정 즉 수행과정이 길고 길 듯이 종교의 수행본질과정도 길고 길어 아무나 할 수 있는 일이 아니요 아무나 갈 수 있는 쉬운 길이 아니다.

그래서 옛날이나 오늘날에 하기 쉬운 많은 가짜 신들을 지어내어 앞에 내세우고 진짜 존재하는 양 착각과 환상을 일으키게 하고, 간단하고 짧게, 하기 쉬우면서도 누구나 빠지기 쉽게, 겉으로 화려하고 경건하고 엄숙하고 가시적인 의식, 의례와 같은 예불, 염불, 예배, 미사, 찬송, 기도와 같은 허례허식 겉치장으로 장식해서 그것이 신의 가르침 본질인 듯 모든 신자들에게 보이고 보여 주고 설교하고 끝나는 것이니 종교의 존재가치란 공허한 껍데기에 치중하는 위선적 가시적 행사로 잘못 흘러 버린 것이다.

한 인간이 옷을 화려하고 아름답게 치장을 하고 겉으로 예의 바르고 점잔하고 요조숙녀처럼 행동한다고 해서 그 사람을 겉으로 보고 판단할 수 없고 그 사람의 본질이 아니듯이 종교 또한 그러하다. 껍데기를 예쁘게 치장하고 거룩한 행위로 다른 사람을 미혹하게 하며 살아가는 가시적인 행위로 종교의 존재가치를 찾을 수 없는 것이다.

☞ 인생길을 가면서 천리(天理)를 생각하고 천리의 이치를 조금씩 깨달으며 가야 합니다.
☞ 나의 참된 모습으로 종교의 참된 이치를 찾아가야 합니다.
☞ 탁한 유전인자를 받아 태어나 속계에서 탁한 영혼들과 어우러져

272

세속적인 삶을 살면서 종교를 믿는다고 하지 않나 모두가 돌아보아야 합니다.

파동설로 설명된 환생의 이치
(과학적인 근거로 본 환생의 이치)

　이 장에서는 사람이 살다가 죽으면 내생이 있는지 없는지를 과학적 근거를 바탕으로 설명하고자 합니다. 모든 생명들이 죽으면 필연 다시 환생을 하게 되는 대자연의 이치와 섭리를 파동설로써 인생 한 사이클 모든 것이 설명됩니다.

　사람이 살아가는 것은 양(+)의 이치요 사람이 살다가 죽는 것은 음(-)의 이치입니다. 음양이 주기적으로 반복되어 만 생명과 만물이 탄생되고 이루어지는 수학 물리학에서 배우는 사인정현파 곡선입니다. 사인정현파곡선은 일상생활에서도 이루어지는 대자연의 진리인 범용법칙입니다. 예를 들면 주식의 주가가 오르고 내리고, 아파트값이 오르고 내리고, 기분이 좋고 나쁘고, 즐겁고 슬프고 등등 모든 일상에서 이루어지는 기복 범용법칙입니다. 눈에는 보이지 않는 현상으로 밥도 짓고, 전깃불도 켜고, 스마트폰도 사용하고, TV도 보고 등등 모든 것에 사인정현파곡선과 각종파가 적용되는 대자연의 이치입니다. 사인정현파곡선을 분해해 보면 기본가닥이 더하기(+) 빼기(-)로 구성되어 있습니다. 중고등학교 시절에 수학 물리에서 배워서 아시리라 생각합니다.

　파동은 사인정현파곡선처럼 주파수를 가지고 플러스(+)와 마이너스(-)를 교차하며 움직여 나아가는 현상입니다. 수학, 과학, 나아가서는 우주의 섭리는 더하기(+)와 빼기(-) 즉 음과 양이 없이는 아무것도 이루어지지 않는 불생불멸의 여래장 진리입니다. 더하기 빼기에서 모든 법칙이 발견되고 모든 생명들이 탄생되고 만물이 이루어집니다. 사람들은 단순히 돈 벌이나 돈 쓸 때만 덧셈, 뺄셈을 할 뿐 덧셈, 뺄셈의 넓고 깊은 진리를 알지 못하고 생각하지도 못합니다. 약간의 수학, 물리학, 공학 등의 기본 지식이 필요합니다.

수학에서 배우는 2진법(1과0 혹은 0과-1만 사용하는 계산법)[20]이 더하기 빼기와 비슷한 원리로 신호전달, 전파 통신, 스마트폰, 소프트웨어, 반도체 개발 등 형형색색의 제품을 만들고 이용하는 데 원리가 적용됩니다. 더하기 빼기는 파동의 이론에도 해당이 되어 전파가 사인정현파 곡선을 그리며 나아가는 자연현상과 같습니다. 오르는 것은 양(+)에 해당하고 내리는 것은 음(-)에 해당하여 음과 양이 교번(交番)하여 움직이는 사인정현파곡선을 그리는 이치입니다. 세상은 오르고 내리고를 반복하는 파동 세상 사인정현파세상입니다.

빛이나 전파 혹은 어떤 매질에 진동을 주면 파(波)가 발생하여 주기적으로 진동을 하게 됩니다. 파가 매초 얼마나 많이 오르고(+) 내리냐(-)에 따라서 주파수(周波數 = 사이클)라는 것이 생겨 물리학 전기공학의 기초가 되며 전깃불이 오는 이치가 됩니다. 영점 즉 시작점에서 0으로 있다가 진동을 주면 서서히 양의 방향으로 올라갔다가 다시 원점을 지나 서서히 음의 방향으로 내려오게 됩니다. 파의 파장(波長)이 길게 가는 것을 "장파", 파의 파장이 짧게 가는 것을 "단파(短波)"라고 하고 장파는 파장이 길

---

20)   10진법은 1과 10만을 사용해서 셈하는 계산법입니다.

고 단파는 파장이 짧습니다. 얼마나 높게 오르느냐에 따라서 진폭(진동폭)이 크고 얼마나 낮게 오르느냐에 따라서 진폭이 작습니다. 주가나 부동산 가격이 큰 폭으로 오르면 진폭이 큰 것이고 낮게 오르면 오르는 진폭이 작은 것입니다. 진폭은 기운 즉 에너지에 해당합니다. 사람마다 에너지 기운인 진폭은 조금씩 다르나 대체로 비슷한 사인곡선의 진폭을 그립니다. 그러나 미물들의 진폭은 매우 미미해 에너지 진폭이 낮습니다.

똑같은 이치로 사람이 출생하면 X축 원점인 0에서 0의 진폭 즉 기운이 제로에서 출발하게 됩니다. 원점인 0에서 서서히 파동처럼 성장하여 인생이 양의 방향으로 올라가게 되고 진폭도 올라가 20세부터 40세까지 사이가 최고조의 정점에 오르다가 서서히 내리막의 방향으로 인생이 내리막길을 가게 되어 다시 원점인 0점(X축) 사망의 시기에 도달하는 사인정현파 가운데 일생은 양(陽)의 반파곡선(반주기)을 타게 됩니다. 이 X축 위에 있는 반파곡선을 인간을 포함한 모든 생명들이 살아 있는 기간 즉 수명에 해당합니다. 사람이 태어나서는 미미한 에너지 진폭을 가지나 성장하면서 점점 기운이 강해지고 20대에서 40대사이가 가장 높은 진폭 기운의 정점을 찍습니다. 그러다 나이가 들어가면 점점 기운이 쇠해져 진폭도 내리막길로 가 죽을 때는 기운이 완전히 빠져 버리는 진폭이 0이 됩니다.

늙어서 수명을 다해 죽을 때가 되면 원점인 0점 아래로 음의 방향으로 내려가는 순간이 됩니다. 바로 죽어 혼백이 되는 것은 X축 아래에 있는 기간과 같습니다. 사람이나 생명들이 죽으면 X축 원점인 0점 아래로 내려가 다시 양(+)의 원점으로 되돌아올 때까지 음의 반파곡선(반주기)을 그리며 대자연 허공 대기권에 떠돌며 남아 있게 됩니다. 그래서 사람이나 모든 생명들의 일생은 사인정현파곡선을 타고 태어났다가 죽었다가를 반복하는 사이클 즉 주파수를 타게 되는 것이 바로 대자연의 이치요 섭리입니다.

살아 있는 기간이 되는 일생수명인 양(+)의 반파곡선을 얼마나 길게 그리느냐 하는 것은 각자 어떻게 살아가느냐 혹은 살다가 불행히도 악성 바이러스, 악성 세균, 암과 같은 질병, 각종 사건, 사고, 악성 좀비들의 발동으로 인한 전쟁 등으로 인해 천명을 다하지 못하고 일찍 죽으면 파장이 짧아져 반파곡선이 짧게 그려질 수 있습니다.

생존기간인 사인곡선 중 양(+)의 반파곡선은 주어진 천명을 살다가 죽는 경우에는 정현파 곡선의 정상파장을 그대로 유지하나 살다가 사건, 사고, 질병 등에 휘말려 천명을 누리지 못하고 일찍 죽는 경우에는 생명의 파장이 짧아지게 됩니다. 죽은 후 사인곡선 가운데 사후(死後) 음(-)의 반파곡선에 대해서도 살아생전에 영을 깨끗이 유지하여 영혼이 가벼운 상태가 되면 혼백은 가벼운 새털구름처럼 하늘 높이 올라가 음(-)의 반파곡선 파장이 길게 이어져 재탄생의 주기가 길어져 풍진세상 속계에 인과의 연이 쉽게 맺어지지 않게 됩니다. 아름다운 꽃과 같아 아무 곳에나 아무 때나 씨앗을 내리지 않는 것이나 같은 것입니다. 역으로 살아생전에 영혼이 복잡하고 오염되어 습기가 가득하여 죽어서도 무거운 먹구름처럼 대지 위를 낮게 떠돌며 습한 곳 아무 곳 아무 때나 인과의 연을 빨리 맺어 재탄생하는 음의 반파곡선 파장이 짧게 그려져 환생이 빨리 이루어지게 됩니다. 마치 잡초와 같아 씨앗을 내릴 장소와 때를 가리지 않고 아무 곳에나 잡풀을 피우는 것과 같은 것이 됩니다.

이러한 대자연의 이치와 섭리는 정의신이 내려준 에너지에 의해 인간을 포함한 모든 미물들이 생사윤회를 반복하는 현상으로 과학적 이치로 환생의 이치를 설명해 주는 내용입니다. 어떻게 나고 죽고, 어느 곳에 나고 죽고 하는 것은 일생 동안 살아온 영혼의 등급에 따라 사인곡선 양의 방향과 음의 방향이 길게 길어지느냐 짧게 짧아지느냐가 결정되는 것입니다. 해탈되어 열반한 영혼 즉 성령을 얻은 영혼은 사인곡선 자체도 적용되지 않습니다. 무한 가벼운 혼백은 수소풍선처럼 하늘 높이 올라가 대기권을 벗어나 진여진공계로 진입하여 더 이상 풍진세상의 속계에 인과의 연을 맺지 않기 때문입니다. 사인정현파곡선 자체도 대기권 내에서만 돌아다니는 것으로 진여진공에서는 존재하지 않습니다.

다음 도표는 정상적인 수명을 다한 경우의 그림(정상파장)입니다.

사인정현파곡선

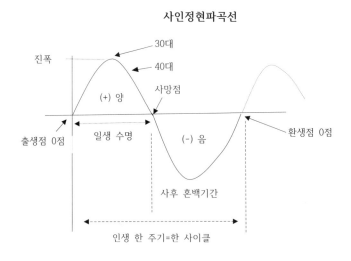

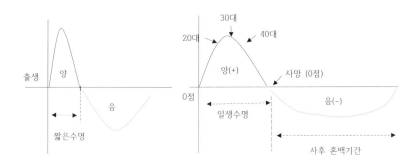

정상적인 수명을 다하지 못하고 사건 사고 질병 전쟁 등으로 일찍 사망하는 경우 그림 (짧은 일생의 파장)

살아생전 영혼의 오염정도가 적은 경우 그림 사후 혼백잔류기간이 파장이 길어지고 환생이 늦음

파동설은 일상생활 어디에서든지 적용됩니다. 우리가 살아가는 생활이 모두 파동을 타고 움직여 나갑니다. 흔히들 "파란만장(波瀾萬丈)한 세상"이라고 합니다. 살아가는 인생살이가 갖가지 곡절과 시련이 많고 변화가 심한 즉 파도치는 험난한 인생살이를 비유한 표현입니다. "세파(世波)에 시달리다 혹은 풍파(風波)에 시달리다."라고도 합니다. 세파와 풍파 합쳐서 세상풍파(世上風波)라고 합니다. 바람도 파를 타고 움직이고 물결도 파를 타고 파동으로 흘러가고, 구름도 바람 따라 파를 타고 흘러가고 주가도 오르락내리락 파를 타고 흘러가며 사람도 파를 타고 왔다 갔다 하며 사람들의 인체 내부도 파동을 타고 오르락내리락 움직입니다. 그래서 병원에 가면 뇌파 측정, 혈압측정, 맥박측정, 심장박동 측정, 들숨 날숨의 호흡기 폐활량 측정도 합니다. 모든 것들이 대자연의 파동설인 "음양의 법칙, 작용반작용법칙"이요 "인과. 연기. 윤회의 법칙"이요 "양면성법칙"이요 "상대성이론"입니다. 이들 모든 법칙들이 파동설과 같습니다. 이 세상 만물, 만 생명, 우주 삼라만상 법칙이 대자연의 이치와 섭리에 귀결됩니다.

육신을 유지하는 인생살이에서도 진동폭 즉 진폭이 적은 것이 좋습니다. 인생살이 풍파가 심하면 고통도 심해집니다. 오늘날 악성코로나 바이러스, 악성 세균, 악성 좀비들의 발동으로 천지풍파(天地風波)가 지구촌 도처에서 일어나고 있습니다. 오염된 세태에 오염된 생명들이 활개를 치는 사바세계 속세입니다. 일생 동안 평안하고 조용한 X축을 근접하게 살아야 좋은 것입니다. 오르락내리락 진동폭의 변화가 많으면 세파(世波)가 요동을 치는 것이니 파도가 심한 곳에는 살아가기 어렵고 육신의 삶에 각종 고통이 수반됩니다.

영혼도 마찬가지 이치요 섭리입니다. 6진의 작용과 5음의 작용으로 7욕7정의 본능이 활개를 치면 영혼이 잠시도 편안하지 않습니다. 영혼도 뇌파 파장을 일으키고 심하면 우울증, 정신분열증, 정신착란증, 정신 나간 향정신성질병으로 지옥의 나락으로 떨어지게 됩니다.

밝은 것은 양(+)이요 어두운 것은 음(-)입니다. 마른 것은 양(+)이요 습한 것은 음(-)입니다. 바싹 마른 사막 모래 위에는 잡풀이나 일체의 생명들 살아가지 못하나 습한 곳에는 각종 잡초나 생물들이 바글바글거립니다. 살아생전에 7욕7정에 젖어 살아가고 6진5음의 작용이 일어나고 집착, 불만, 후회, 원한, 저주 등의 회환이 많은 영혼은 잡풀이나 먹구름처럼 아주 습한 영혼으로 습기가 가득한 지구촌 습한 대지 가까운 곳에 떠돌아 환생이 빨리 이루어집니다. 습한 비구름이 때가 되면 내리듯이 습한 영혼도 연(緣)이 닿으면 비 내리듯 바로 인과의 연을 맺어 중생의 몸을 받아 태어남으로 환생의 주기가 짧아지게 됩니다. 이런 환생은 살아생전에 운명이 좋지 않는 결과를 가져오거나, 유유상종의 법칙에 따라 4족 동물의 영혼이 되어 환생하기도 합니다.

환생과 유사한 예를 들면 뱀, 모기, 파리, 메뚜기, 나비, 잠자리, 매미, 개구리 등등 우리가 주변에 흔히 보고 만나는 미물들은 겨울이 되면 동면(冬眠)으로 들어갑니다. 따뜻한 봄이 되면 나타나 활동하고 늦가을 추위가 오면 땅속 어디에나 혹은 형형색색의 방식으로 겨울을 내기 위해 칩거합니다. 따스한 봄이 되어 나타나 활동하는 것은 양(+)이 되고 겨울에 길게 겨울잠을 자는 것은 음(-)이 되어 한 사이클(cycle)의 생명파동을 타고 움직이게 됩니다. 겨울 되면 사라졌다가 다시 따스한 봄이 오면 환생하듯이 나타나는 것입니다. 이것이 죽을 때까지 반복하는 사이클 파동작용을 합니다.

사람, 동물, 미물, 나무, 꽃, 풀을 포함한 모든 생명들과 똑같이 모든 물건과 물질도 파동 즉 사이클을 타고 움직입니다. 물질과 물건이 오래되어 사용할 수 없거나 중고가 되어 폐기되면 다시 재생(re-cycle) 과정을 통해서 다른 물질과 물건으로 재탄생되어 사용하게 됩니다. 생명은 환생이라 하고 물질과 물건은 재생이라는 표현을 사용합니다. 환생(reincarnation)과 재생(recycle)의 이치는 똑같습니다.

사람, 동물, 미물, 나무, 꽃, 풀을 포함한 모든 생명들이 모두 환생되는 것이 아닙니다. 환생되는 씨앗은 극히 일부 정해져 있습니다. 환생되지 못하고 허공에 떠돌거나 땅속에 묻혀 영구히 남아 있는 생명의 씨앗들이 무한히 존재합니다. 사람, 동물, 미물들의 혼백들이 모두 새로운 육신을 받아 환생하는 것이 아닙니다. 물건이나 물질도 마찬가지입니다. 재생되지 못하는 것들은 모두 허공에 떠돌거나 땅속에 묻혀 영구히 재생되지 못한 채 존재하게 됩니다.

☞ "음양의 법칙, 파동 즉 사이클의 법칙, 환생과 재생의 법칙"은 만 생명, 만물에 적용되는 대자연의 법칙입니다.

☞ 종교에서 "하나님이 인간을 창조했다."는 말은 바로 이 **대자연 하나님**입니다. 유일한 진리요 우주 은하계에 하나 밖에 없는 창조주 유일신 대자연 정의신입니다. 대자연 하나님은 정의신이란 보이지 않는 만물 만 생명의 원동력이 되는 신비하고 거룩한 에너지는 미물인 인간들이 상상할 수 없는 막강한 신의 힘을 가지고 있습니다. 사람들은 3무하여 예수의 형상을 나름대로 생각하면서 예수를 닮은 신이 있다고 생각하고 그 신이 밥과 반찬을 만들듯이 생명을 주물러 만들었다고 환상하는 어리석고 무지몽매한 생각을 합니다.

☞ 종교가 내세우는 모든 신들은 허상(虛像)이요 인간들이 만든 것임을 깨달아야 합니다. 대자연의 방대하고 거룩하고 성스럽고 고요하며 신비한 정의 에너지가 곧 만물 만 생명을 창조한 신이며 우주의 정기입니다. 그 정기는 신도 가늠할 수 없고 볼 수도, 느낄 수도, 알 수도 없습니다. 종교가 내세우는 각종 신들은 아무런 에너지도 없으며 흔한 공기조차 만들어 내지 못합니다.

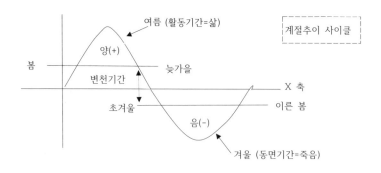

위 도표는 생물들의 환생과 유사한 파동 즉 사이클 도표입니다.

사람이 늙게 되는 것을 노쇠현상(老衰現狀)이라 합니다. 노쇠현상이란 결과에 해당합니다. 노쇠현상의 원인은 오랜 세월 일생 동안 세상풍파를 타고 사이클 운동을 반복해서 생기는 피로현상(疲勞現狀)입니다. 세상파랑에 영적 스트레스도 받고 육체적 고통과 시련을 겪으면서 육체와 영혼이 오랜 세월에 걸친 반복 작용으로 인한 피로가 누적되어 쌓이면서 점점 모든 기능이 감퇴되고 노화되어 죽게 됩니다. 이것을 피로현상이라고 부릅니다. 노쇠현상이나 피로현상은 서로 상관관계입니다.

대기권 공기저항, 기후변화, 외적인 요소뿐만 아니라 속세 세속적인 사람들과 업무에 시달리면서 매일매일 피로 사이클 반복 작용을 오랜 세월 계속하게 되면 인체의 피로현상으로 서서히 저항력과 체력, 기운이 감소되어 노쇠해지면서 결국에는 사이클 운동은 멈추어 서게 되는 것이 바로 죽는 것이 됩니다. 에너지 생성 소멸의 법칙에 근거합니다.

생명들뿐만 아니라 물질과 물건에도 똑같이 적용됩니다. 물질을 오래 사용하면 물질은 변질되어 사용할 수 없게 되고 물건을 오래 반복해서 사용하게 되면 마모되고 부서져서 사용할 수 없게 되는 것이 수명이 다했다고 하나 이것은 결과이고 그 원인은 오랜 세월에 걸쳐 사용되면서 피로가 누적되어 생기는 피로현상입니다.

예를 들어 자동차 스프링을 오랜 세월에 걸쳐 눌렀다가 당겼다가 하는 인장과 압축을 되풀이하게 되면 스프링은 본래 성질이 변형되어 더 이상 스프링의 탄력이 없어져 못 쓰게 됩니다. 이것을 금속의 피로현상이라고 하고 수명이 다해 교체해야 합니다. 눌렀다가 당겼다가, 인장과 압축하는 금속의 물리적 작용주기운동은 금속재료의 피로를 가져와 금속재료의 피로현상이라 하며 파동현상과 같고, 사이클 작용, 주파수 운동, 반복현상으로 변형 혹은 파괴됩니다.

자동차나 기계 엔진에서는 왕복운동이라고 합니다. 엔진도 오랜 세월 왕복운동을 많이 하면 엔진내부 실린다가 마모되어 연소가스가 밑으로 새어 엔진 구동부를 움직이는 윤활유를 오염시켜 엔진을 망가뜨려 버립니다. 이것을 blowby(불로우바이) 현상이라고 합니다. 그래서 주기적으로 자동차 윤활유를 교환해 주는 것입니다. 오래 사용된 차는 엔진 내부 실린다 마모가 많아 연소가스가 많이 새 자주 윤활유를 교체해 주어야 합니다.

전기 스위치를 오랜 세월에 걸쳐 켰다가 껐다가 하면 스위치가 고장 나고 형광등, LED등이 나가 버립니다. 컴퓨터, TV를 오랜 세월 켰다가 껐다가 사용하면 작동이 잘되지 않거나 고장 나고, 신, 옷, 가방 기타 등등을 오래 사용하면 마모되고 닳아 못 쓰게 되고 고무줄을 오랜 세월 당겼다가 놓았다가 하면 고무줄이 축 늘어져 더 이상 사용하지 못하게 되는 것들이 모두 피로현상, 파동현상, 사이클 운동, 반복 작용, 작용반작용법칙 등 서로 같은 상관관계를 갖고 있습니다. 이들 모든 것들이 대자연 "음양의 이치"에서 유래됩니다.

풍파(風波)는 바람에 의한 파로 아무리 뿌리가 튼튼한 나무도 강력한 풍파 즉 태풍에는 맥없이 쓰러집니다. 해파(海波)는 바다에 파도가 일어나는 파로 아무리 단단한 바위덩어리도 해파에 시달리면 모양이 변해 버립니다. 풍화작용(風化作用)이라고 합니다. 물렁한 육신을 가진 사람들이 세파(世波)에 시달리면 모습이 변해 가는 것과 똑같은 이치요 섭리입니다. 흔히 "세파에 시달려 팍삭 늙었다."라고 말합니다. 사람은 세파뿐만 아니라 외적인 풍파, 기후파와 같은 환경파에도 노출되어 있습니다. 노쇠현상, 피로현상도 풍화작용의 일종입니다.

여보시오, 늙은 노인 얼굴 한번 살펴보소.
천지풍파 바람 자국 얼굴에 가득하다.
가지 많은 나무에 바람 잘날 없다 하고
오늘도 심심하니 바람 쉬러 간다 한다.
자나 깨나 자식걱정 자나 깨나 생계걱정
파란만장 인생살이 바람처럼 스쳐가니
모진풍파 인생풍파 죽어서야 끝이로다.

파에도 종류가 여러 가지 있습니다. 세상에 정상적이고 고운 사인정현파만 있는 것이 아닙니다. 형상에 따라 횡파, 종파, 삼각파, 치형(齒形)파 등이 있고 주파수에 따라 고주파(高周波), 저주파(低周波)가 있고 진동폭인 진폭의 높이에 따라 고조파(高調波), 저조파(低調波) 등이 있습니다. 이러한 파들이 매일 오랜 세월에 걸쳐 두들겨 맞으며 살아가는데 인간이 늙지 않을 수 있겠습니까? 만물이 변하지 않을 수가 있겠습니까?

코사인 곡선을 이루는 파가 있습니다. 사인정현파는 정상적인 파로 사람, 동물, 미물, 식물들이 "태어나서 살다가 죽는 파"에 해당합니다. 코사인 곡선을 이루는 파는 거꾸로 "죽어 있던 생명들이 다시 환생" 즉 새 생명을 받아 새로운 삶을 하는 파에 해당합니다. 어떠하든 똑같이 대자연 사이클을 이루는 작용을 하여 생명들이 나고 죽고를 반복하는 탄생과 환생의 이치에 해당합니다.

대자연 양면성법칙이요 상대성법칙입니다.

인체에 해로운 파도 있습니다. 바로 전기전자제품에서 나오는 전자파(電磁波)입니다. 전자파에는 두 가지 종류가 있습니다. 하나는 전기전자제품 내부에서 스위칭하면서 나오는 저주파로 오래 사용한 전기부품을 소손시키고 망가뜨립니다. 스위칭이란 예를 들면 전기 프라그를 콘센트에 꽂을 때 순간 마찰불이 번쩍하는 것이나 스위치를 켰다 껐다 할 때 순간 마찰불꽃이 튀는 현상입니다. 이것들은 사람에게 해를 주지 않고 오직 자기 몸인 전기전자부품에만 해를 주는 저주파입니다.

그런데 전자파란 고주파요 고조파에 해당하여 남의 종족을 해치는 파입니다. 각종 전기전자제품의 작동에 영향을 주고 신호체계에 뛰어들어 간섭을 일으켜 전기전자제품의 오작동을 일으킬 뿐만 아니라 사람에게도 영향을 주는 아주 고약한 놈입니다. 사람도 전자파에 노출되어 오랜 세월 두들겨 맞으면 인체에 해를 주어 오늘날 전기 전자제품 모두 규제를 받고 있습니다. 특히 가장 가까이 사용하는 스마트폰에 전자파가 나와 가장 많이 뇌파에 영향을 줍니다. 비록 전자파 규제에 합격하더라도 전자파가 완전히 없어진 것이 아니기 때문에 장기간 사용하면 뇌 속에 이상파를 전달하여 뇌에 영향을 주게 됩니다. 전자파를 전자파 용어로 "노이즈(Noise)[21]

---

21) 노이즈란 영어로 Noise입니다. 각종 소리 소음을 뜻하는 말로 전기전자공학, 전자파공학에서는 내부 및 외부에서 발생하고 일어나는 전기적 이상 현상인 이상파 즉 비정상파라고 하여 왜곡되고 파장이 극히 짧은 파형을 가진 고조파를 칭해서 노이즈라고 합니다. 전기전자 제품을 고장 나게 하고 망가뜨립니다.

라고 부릅니다.

☞ 정상적인 생각이나 행동을 하는 사람을 "사인정현파 사람", 비정상적인 생각이나 행동을 하는 사람은 노이즈를 많이 일으키는 "고조파 사람", 성격이 급한 사람은 주파수 운동을 많이 하는 "고주파 성격"의 사람, 성격이 느린 사람은 주파수 운동을 적고 느리게 하는 "저주파 성격"의 사람이라고 부르는 신종용어입니다.

☞ 파동설은 우리가 사용하는 모든 제품들 자동차, 기계, 버스, 열차, 비행기, 스마트폰, TV, 에어컨, 냉장고, 의류, 신발, 고무제품, 종이류 등등이 사람을 포함한 모든 생명들이 똑같이 적용되는 대자연의 이치요 섭리입니다.

세월 자체가 사이클 파동운동이니 사람이나 기타 모든 생물, 물질, 물건들이 세월의 영향을 자연히 받게 되고 대자연의 영향을 그대로 받아 자연현상이란 배를 타고 흔들거리며 파랑 속에서 살아가고 있는 것입니다. 이것은 대자연의 보이지 않는 에너지 작용입니다. 이 주파수 파동운동을 생명들에게는 윤회의 법칙과 같습니다. 나고 죽는 것뿐만 아니라 일상생활 자체가 사이클 반복 작용, 윤회의 작용이기 때문입니다.

비행기가 하늘을 날다가 이상기류를 만나면 요동(搖動)을 칩니다. 하늘의 기류인 바람이 정상파가 아니라 진폭이 크고 파장이 짧고 주파수가 높은 비정상파를 만나 요동을 치는 것입니다. 배도 마찬가지로 해파가 요동을 치면 멀미에 시달리고 자동차도 비포장도로에 달리면서 요동을 치면 차멀미를 겪게 됩니다. 모든 것들이 환경에 따른 비정상파를 만나기 때문입니다. 모두가 환경에 따른 대자연의 외적 작용입니다. 같은 이치로 사람의 오장육부도 인체의 자생력을 넘어서 지나치게 먹으면 위장이 비정상파로 요동을 하게 되고 위장의 운동에 많은 에너지를 소비하게 되며 위에서 열이 나고 주인의 과도하고 불합리한 명령을 받아 종놈인 위(胃)로써는 소화를 시켜 내어야 함으로 소화액을 많이 내어야 하고 소화운동을 많이 하여야 합니다. 결국 힘이 떨어져 소화불량이 걸리게 되거나 변비가 생기고 오랜 세월 반복해서 과식을 하게 되면 위장은 변형되고 망가지게 됩니다. 적당히 먹으면 위장의 운동도 일정한 사이클 운동을 하며 소화작용을 실시하나 지나치게 먹으면 위장운동도 고주파, 고조파인 비정상파가 되어 비정상 운동을 함으로 요동을 치게 되는 이치요 섭리입니다.

인체의 내부도 파를 타고 운동한다는 것을 아실 것입니다. 우리가 이상한 오염된 음식을 먹거나 육식의 기름진 음식을 먹게 되면 인체 내부에서 정상파가 점점 비정상파로 바뀌어 가게 됩니다. 즉 내부가 요동치게 되고 피로현상이 생기게 됩니다. 육식의 호르몬과 기름은 포화지방으로 호흡기로 흡입하는 각종 미세먼지와 음식 속에 있는 오물성분과 뒤섞여 인체 내부에 눌러붙어 각종 장기운동에 지장을 초래하게 되고 정상작동을 하려고 에너지를 증진시켜 힘을 쓰니 오장육부가 요동치게 됩니다. 원래 깨끗하게 태어난 인체 내부 5장6부는 정상파인 사인정현파로 움직입니다. 그러나 오랜 세월 불량식품으로 오염시켜 인체 내부 사이클 운동은 진폭이나 파장, 주파수에 큰 변화가 생기는 것입니다. 그것들이 내부 피로현상으로 곧 후일 각종 질병으로 이어지게 됩니다.

영혼을 담고 있는 신비스러운 뇌도 더러운 음식, 오염된 식재료가 들어간 음식, 첨가물이 가득 들어간 식품들을 미세먼지 흡입과 함께 매일 섭취하며 외부 각종 스트레스나 외적 작용의 영향을 받게 되면 비정상파가 발생함으로 기능에 이상이 생겨 뇌종양, 뇌혈관 수축, 뇌출혈, 뇌경색 등 뇌에 관련된 질병이 발생하고 정신 착란증, 정신 분열증, 정신이상, 치매 등의 원인이 되는 것입니다. 그래서 항상 일생 동안 음식을 가려서 위생적이고 깨끗하고 정갈한 음식만을 먹도록 해야 합니다. 생로건사(生老健死)를 위해서는 음식물을 삼가서 먹어야 하는 절대적 이유입니다. 내부 피로현상, 풍화작용을 줄이는 것입니다.

☞ 사람이 술을 마시면 뇌파는 비정상파로 되고 요동쳐 영혼 또한 비틀거리게 되니 헛소리, 잡소리, 이상한 소리, 별소리가 다 나오게 됩니다.

옛날 중국에 중국 천하를 통일한 진시황제가 영원히 오래 살면서 황제로 군림하겠다고 생각하고 신하에게 불로초를 구해 오도록 했습니다. 아무리 천하명인이 만들고 신선이 먹었다는 불로초를 구해서 먹어도 늙는 것은 피할 수 없는 사실을 대자연의 이치를 모르는 진시황제는 무식, 무지, 무명한 사람입니다.

오늘날 아무리 좋은 노화방지와 관련된 약, 음식을 개발해서 먹거나 철의 장막을 치고 살아도 대자연의 신의 힘을 이길 수는 없습니다. 공기를 마시지 않고는 살 수 없고 먹지 않고는 살 수 없으니 내부파와 외부파에 그대로 노출되어 매일 두들겨 맞지 않을 수 없으니 피로현상, 풍화작용, 노쇠현상은 절대 피할 수 없는 것입니다.

이상 지금까지 언급한 파(波) 외에도 남녀, 암수를 만나게 해 주는 신비스러운 파가 있습니다. 그것은 지구촌 남극과 북극에서 발생하는 전자기파입니다. 이미 자세히 설명했습니다. 모든 생명들이 전자기파를 받아 음양이 화합하고 자식과 새끼를 탄생시켜 지구촌의 생명을 창조하게 하는 정의 신비한 에너지입니다. 이미 『대자연 창조주 정(精)의 신(神)』에서 설명하였습니다.

여기서 파동설에 근거하여 부연 설명합니다. 남자나 여자나 짝을 짓지 아니하고 살면 반쪽파 즉 반주기로 살게 됩니다. 대자연 파동운동 즉 사이클 운동은 양(+)과 음(-)이 합쳐져서 파동 진동을 하면서 정상적으로 앞으로 나아갑니다. 어느 쪽이나 반쪽파만 있으면 갔다가 섰다가를 반복하는 중간에 끊어지는 현상이 생기게 됩니다. 양(+)으로만 생겼다가 없어졌다가 혹은 음(-)으로만 생겼다가 없어졌다가를 반복하니 비정상이 되는 것입니다. 자동차에 비상등처럼 깜박거리는 것이나 같은 이치입니다. 계속 전등불이 켜져 있어야 정상인데 비상등처럼 깜박거리고만 있는 상태이니 오직 비상시에만 쓰라고 한 것입니다.

이와 같이 남자와 여자가 화합하여 결혼식으로 환하게 등을 밝히지 않고 깜박거리고 견주고만 살아가고 있으니 부모로서는 속이 타는 것입니다. 그래서 별소리를 다 합니다.

아~ "왜 이리 불이 깜박거리고 켜지지는 않아 속상하게. 왜 이리 견주고만 있고 결혼하려고 하지 않아. 아이고, 매일 저렇게 혼자서 반쪽인생을 살려나. 빨리 짝을 만나 안정되게 살아야지. 짝 없이 팔딱거리는 외기러기네 보기가 안쓰러워. 짝짝이 만나서 살아야지. 혼자 홀 애비로 살면 이가 세말이야. 혼자서 잘살아 보지 잘사는가?" 등등 부모로서는 지나니 한숨입니다.

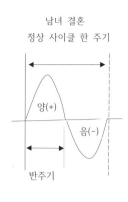

남녀 결혼
정상 사이클 한 주기

양(+)

음(-)

반주기

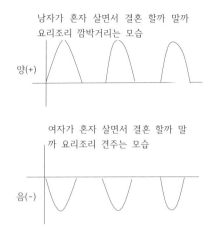

남자가 혼자 살면서 결혼 할까 말까
요리조리 깜박거리는 모습

양(+)

여자가 혼자 살면서 결혼 할까 말
까 요리조리 견주는 모습

음(-)

　

대자연 하나님은 만 생명과 만물을 탄생시킬 수 있는 원소인 인을 정의 에너지를 부여하여 지구촌에 내려놓으시니 대자연 하나님은 만 생명과 만물의 아버지요 신이시며, 인간은 대자연 아버지가 내놓으신 그 원소들을 이용하여 연구하고 개발하고 발견하고 발명하여 형형색색의 물건을 만들어 내니 인간은 만물생성의 아버지요 만 물건 물질의 창조주 신입니다.

신비스러운 파동세상입니다.

우크라이나 러시아 전쟁으로 물가파동, 곡물파동, 주가파동, 환율파동, 에너지파동, 유류파동이 전 세계로 퍼지고 있습니다. 이것을 일파만파(一波萬波)라고 합니다.

☞ 세상 모든 생명, 물질, 물건들은 에너지 생성 소멸 법칙을 따릅니다.

☞ 세상 모든 생명, 물질, 물건들은 피로현상이 생기고, 풍화작용을 받습니다.

☞ 세상 모든 생명, 물질, 물건들은 나고 죽고 생기고 없어지고를 반복합

니다.

☞ 세상 모든 생명, 물질, 물건들은 내파 외파에 영향을 받으면서 존재합니다.

☞ 세상 모든 생명, 물질, 물건들은 정의신 즉 정신에 의해서 생성소멸됩니다. 정신은 우주정기이며 만 생명, 만물을 관장하는 위대한 유일신이요 신비스러운 에너지입니다.

대자연 정의신은 인류에게 순수한 양정의 에너지를 부여한 것입니다. 그러나 인류는 태초부터 육식을 주로 함으로써 몸과 심성이 양정(+)과 음정(-)의 파동에너지를 갖게 된 것입니다. 양정은 밝은 양의 에너지로 선에 해당하고 음정은 어두운 에너지로 악에 해당합니다. 그래서 인간은 선과 악이 공존하는 복잡한 심성의 잡식성 동물이 된 것입니다.

사람에 따라 음정 즉 악한 심성을 많이 가진 사람 양정 즉 선한 심성을 많이 가진 사람으로 태어날 때부터 차이가 나타납니다. 이것을 천성이라고 합니다. 조상대대로 음식문화로 유전되어 천성이 제각각 모두 다릅니다. 살아생전에도 먹는 음식이 곧 바로 내 몸과 영혼에 직결됩니다.

☞ 대자연 정의신 우주정기는 신비 그 자체입니다. 인간의 짧은 생각과 사고로 상상 할 수 없는 신비입니다. 그 어떤 박사나 천재도 그 신비함을 모두 밝힐 수 없습니다.

내 외부 잡음파 예방수칙

사람들이 일생을 살아가면서 주변의 외적 요인으로 인해 각종 정신적 고통을 안고 살아갑니다. 자식으로 인한 갈등, 부부사이, 시부모, 형제, 친구, 직장동료, 종교, 이념, 정치적 이슈 등과 관련된 갈등과 공부, 일, 업무, 사업 등으로 인해 생기는 외부적인 요인으로 인해 생기는 갈등과 그것과 연기(緣起)로 일어나는 내적인 갈등이 죽을 때까지 끊임없이 마음을 괴롭히게 됩니다. 이러한 갈등으로 마음이 잠시도 편하지 않으며 고민, 걱정, 불안, 갈등, 화병, 언쟁, 싸움, 반목, 폭력, 살인까지 저지르게 되는 불행한 일이 일어나 일생을 망치는 인과응보란 결과를 낳게 됩니다.

외적인 요소들인 주변의 비정상파 즉 이상파(異常波)인 고주파, 고조파가 열린 귀를 통해 매일 반복해서 귀를 때려 뇌 속에 자고 있는 영혼을 깨뜨리고 영혼이 비틀거리게 만들고 피로현상이 누적됩니다. 모든 사람들은 마음이 수양 즉 단련이 되어 있지 않기 때문에 쉽게 외부노이즈를 타고 반응하게 됩니다. "작용반작용의 법칙"입니다. 그래서 부처님, 예수님이 등장하여 "마음을 닦아 막아라."했습니다.

상대방이 하는 행동의 비정상파의 움직임 즉 이상(異常) 파동을 일상에서 눈으로 보아야 하고, 귀로 들어야 하는 마음의 괴로움 자체를 극복해야 하는 절실한 과제는 지구상 모든 사람들에게 놓여 있습니다. 그래서

해결 방안의 하나로

매일 한숨으로 보내거나,

종교를 믿거나,

선지자를 찾아 해답을 구하려 하거나,

정신과 상담소를 찾아 상담하거나,

이웃 친구를 찾아 호소하거나,

술과 담배로써 나날을 보내거나,

스트레스 해소법으로 무엇이든 두들겨 패든가,

법보다 주먹이 가깝다고 폭행, 폭력을 행사하거나,

이혼 별거를 하거나, 사표를 던져 회사를 떠나거나,

이것저것 안 되면 우울증에 걸려 자살까지도 하는

형형색색의 방법을 사용합니다. 어떤 사람이나 수행자들은 "이런 소음 저런 소음, 이런 꼴 저런 꼴" 보고 듣지 않으려고 산행을 하거나 모든 것을 떠나 홀로 살기도 하고 자연인이 되기도 합니다. 이러한 외부 잡음파들을 빨리 차단하지 않고 마음 내부에서 썩히면 결국 정신피로현상 정신병으로 이어지게 됩니다. 잡음파를 전기전자, 전자파공학에서는 "노이즈"라고 한다고 이미 설명했습니다.

☞ 이 세상 모든 생명, 작동하는 물질, 물건에는 노이즈라는 이상파를 주거나 받고 있습니다. 아파트에 층간소음도 노이즈입니다.

쇠를 노천에 방치하면 금방 녹이 슬어 버리게 됩니다. 그것은 공기 중에 보이지 않는 습기라고 하는 외부노이즈가 쇠를 무차별 공격하여 쇠를 갉아 먹어 버려 오랜 세월 그대로 방치하면 쇠에 구멍을 내게 합니다. 외부 잡음파가 마음을 갉아먹고 마음의 구멍을 내는 것이나 같은 이치입니다. 습기란 금속물질에 아주 고약한 놈입니다. 그래서 녹이 잘 쓰는 쇠나 금속물질에는 코팅이나 페인트칠을 하는 것입니다. 이미 저서『살생 육식을 삼가야』에서 자세히 설명하였습니다.

대기 중에 "습기"나 전기전자 제품 중에 "노이즈"나 사람이나 물질에 생기는 "잡음파" 모두가 유사한 통속 같은 종들입니다. 사람들에 해당하는 "노이즈"에는 특히 부부간 남자나 여자의 긴소리 짧은 소리 잔소리가 대표적인 것입니다. 기타 잡소리, 헛소리, 개소리, 앓는 소리 별별 소리가 모두 오염된 영혼습기에서 입을 통해 방사되는 노이즈들로 다른 사람의 영혼을 피곤하게 하고 비틀거리게 만듭니다.

외부 습기 = 노이즈 = 이상파 = 고조파 = 잡음파에는 잔소리, 잡소리, 헛소리, 개소리, 앓는 소리, 쓴 소리, 아첨 소리, 욕설, 비난, 비방, 흠담, 비꼬는 말, 시기하는 말, 남과 비교하는 말, 인격모독적인 언행, 그리고 이와 관련된 일체 행위들로 사람들의 마음을 매스껍게 하거나 화나게 하고 피로하게 하여 이상파로 심장을 상하게 합니다.

☞ 사람이 살아가는 데 습기가 없어서는 안 될 절대 중요한 생명과 같은 존재입니다. 우리에게 물을 제공하고 생명을 피우게 하는 요소이기 때문입니다.

전기전자 제품에서 제품의 내부 이상파 노이즈를 차단하기 위해 각종 대책을 강구하고 적용합니다. 내부에 필터를 사용하여 거르거나, 실링 즉 차폐를 하여 못 들어오도록 막거나, 접지를 하여 들어오는 족족 땅속으로 빼내 버리거나, 좀 더 용량이 큰 부품으로 교체하거나 등 설계 시에 방지 대책을 세워서 설계하는 기타 여러 가지 방식을 사용합니다.

  내·외부노이즈인 비정상파 이상파들을 어떻게 제거하고 막아내어야 하는지 "기본 10가지 외부노이즈 제거 강령과 5가지 내부노이즈 제거 강령"들을 끊임없이 일생 동안 시도하여 마음을 단련시켜야 합니다. 운동선수가 끊임없이 몸을 단련시키는 것과 같은 이치입니다. 단기간에 이루어지는 것은 없습니다. 특히 부부간, 부모 자식 간, 고부간, 형제간, 동료 간, 타인 사이 갈등으로 인한 내 외부노이즈 퇴치수행방법들을 열거했습니다. 우선 기본적으로 채식부터 시작해야 합니다. 죽기 전까지 모든 것을 성공적으로 이루었을 때 성인군자(聖人君子) 신선(神仙)이 됩니다. 천국의 열쇠 주인공이 될 수 있습니다.

  채식은
  오랜 육식으로 토착화된 들뜬 마음과 거칠어진 마음, 민감한 감성반응작용을 오랜 세월 채식으로 마음을 가라앉히는 일로 우선 기본이요 으뜸입니다. 채식으로써 생명의 소중함과 사랑을 키우고 잡식성 동물의 속성인 공격성을 줄이게 합니다. 반응에는 반응 속도가 있습니다. 에너지를 가진 모든 사람, 생물, 물질 반응 시에는 반응 속도가 생기고 그 속도는 모두 형형색색 다릅니다. 그러나 거의 모두가 오차범위 내에 있습니다. 사람은 감수성, 민감성의 정도에 따라서 조급하고 다혈질이고 공격적인 성격의 사람은 반응속도가 매우 빠르게 나타납니다. 아무리 채식을 한다 하여도 이미 잡식성 반야수의 속성이 영혼에 토착화된 상태라면 채식의 효과가 쉽게 나타나지 않을 수도 있습니다. 그러나 오랜 세월 끊임없는 채식은 반드시 효과가 나타날 것입니다.

작은 웅덩이에 물을 부으면 반응이 금세 나타나고 큰 저수지에 물을 부으면 반응이 느리게 나타나고 바다에 물을 부으면 반응이 전혀 없습니다. 채식은 작은 웅덩이를 큰 저수지로 만드는 데 필수적인 기본이 되며 도인 신선이 되겠다고 하는 사람은 큰 호수를 만들어야 하고 무색계 천국을 가겠다고 하는 사람은 바다를 만들어야 합니다. "무색계 영생세계로 가겠다." 하는 사람은 허공으로 만들어야 합니다. 물은 외부 잡음파를 비유한 말입니다.

첫째: 생각하는 데 시간이 필요하다.

우선 듣고만 있고 시간을 두고 생각한 후에 서로 감정이 가라앉았을 때를 기다려 느끼고 판단한 나름대로의 의견을 논리적으로 말해봅니다. 모든 사람들은 육식성 잡식성 동물들의 속성을 내재하고 있습니다. 당장 반응하면 서로 다툼 언쟁 싸움이 될 뿐입니다. 절대 스스로 옳다고 생각하지 잘못이라고 생각하는 사람은 아무도 없습니다. 마음 웅덩이에 좁쌀 같은 생각을 담고 있는 사람들이 아주 많이 있습니다. 방대한 우주에너지 정기를 받아 방대한 양의 마음 에너지를 발산하는 사람은 성스럽고 신비스러우며 거룩하나 그러한 사람은 지구상에 존재하지 않습니다. 그러한 사람은 우주은하게 다른 혹성에서나 볼 수 있는 사람입니다.

둘째: 일체 모든 중생들은 "아침 풀잎에 맺힌 아침이슬과 같은 존재이다."라는 생각과(存在否定), "상대방은 깨닫지 못한 허망한 중생들이다."라는 생각을 가진다(皆是虛妄). 존재하지만 존재하지 않는 허상들입니다.

셋째: 쇠가 녹슬지 않게 페인트칠 하듯이 별도의 마음 주머니를 만들어 들어오는 족족 땅속으로 흘려버린다. (전기전자 제품에 接地와 같은 이치)

외부 이상파를 바이페스(Bypass)시키는 것입니다.

예수님은 성경 에베소서 6장 11절에서 "마귀가 타지 않도록 하나님이 주신 갑주를 입어라." 했습니다. 갑주를 어떻게 하나님이 주며 영혼인 마음에 어떻게 갑주를 입힐 수 있겠습니까. 부처님 예수님의 가르침을 따라 마음수행을 하여 막으라는 비유적인 표현입니다. 마음수행이 갑주에 해당합니다.

이것으로도 노이즈 예방이 어려우면 넷째를 시도합니다.

넷째: 아예 받아들이지 않는다. 받아 주지 않으면 상대방이 도로 가져간다는 생각을 가져야 한다. (전기전자 제품에 차폐나 실링과 같은 이치)

☞ 누가 선물이나 뇌물을 줄 때 받지 않으면 상대방이 도로 가져가는 것과 같은 이치입니다. 보아도 보지 않고 들려도 듣지 않는 무관심으로 일관해야 합니다. 벙어리 삼 년, 귀머거리 삼 년 이렇게 살아야 합니다.

그래도 외부노이즈 방지가 어려우면 다섯째도 시도합니다.

다섯째: 모든 소리가 잡식성 동물인 개 짖는 소리다. "개소리"로 도외시하는 것입니다. 그 누가 개가 짖는다고 개하고 시비를 걸겠습니까?

☞ 실제로 인간들은 몸은 인간 형상을 하고 있지만 잡식성 개의 속성을 지닌 개와 같습니다. 개소리가 일시적으로 시끄러워도 살살 어루만져 주면 조용해집니다. "개소리야, 또 개가 짖고 있는 소리야."라고 도외시합니다.

그래도 외부노이즈 차단이 안 되면 여섯 번째로 들어갑니다.

여섯째: 상대방에게 "불쌍하다는 연민의정(憐愍의情)"을 보이는 것입니다.

☞ 깨닫지 못한 풍전등화 같은 존재로 오늘 떠들지만 내일 죽을지 모르는 불쌍한 존재들입니다. 화들짝 거리고 팔딱거리는 불쌍한 미물들이요

내일 사라질지 모르는 미물들이니 모든 것을 당연시해서 보아 주는 마음의 여유가 필요 합니다. 모두가 이끼 낀 영혼들입니다.

모든 인간들은 잡식성 동물로 잡식성의 속성을 가지고 있습니다. 개, 고양이, 돼지, 쥐, 원숭이들의 속성을 생각해 보세요.

『개』는 살살 어루만져 주면 꼬리를 살랑살랑 흔들고, 싫거나 낯선 사람이 오면 왕왕거리며 짖어댑니다. 밥통을 들고 으르렁거리며 싸우는 것이 재산을 두고 형제들끼리 으르렁거리며 다투는 것이나 같습니다.

『고양이』는 여우같이 요사하고 앙칼지며 따뜻한 것을 좋아하며 좋을 때는 바싹 사람에게 붙습니다.

『돼지』는 꿀꿀거리며 이것저것 가리지 않고 닥치는 대로 먹어치우는 탐욕스러움의 대명사입니다.

『쥐』는 어둡고 음흉하며 숨기고 속이고 남에게 피해를 주며 남의 것을 훔쳐 먹는 도둑의 대명사입니다.

『원숭이』는 잠시도 가만있지 못하고 설쳐대며 귀찮게 하고 괴롭히고 거칠고 같은 형제조차 끼리도 패잡아 싸우고 잡아먹는 좀비들입니다.

이처럼 모두가 반야수로 변질되어 있습니다. 이것은 이미 설명한 5대탁 중 식탁이 그 원인에 있습니다. 사람을 포함한 잡식성 동물들은 감성이 아주 예민하고 공격적이고 쉽게 돌발 상태를 일으키며 어떠한 상황이 일어나면 반응이 빠르고 작용반작용이 순식간에 일어납니다.

일곱 번째: "너 자신을 알라."라고 가르칩니다. 옛날 속담에 "똥 묻은 개가 겨 묻은 개 나무란다."라는 속담처럼 성경말씀에 "자기 자신의 눈에 있

는 대들보 홈은 보지 않고 상대방의 눈에 박힌 작은 티끌"을 들추어 공격하는 것이 깨닫지 못한 중생들의 행위입니다. 모든 사람들은 스스로를 알지 못합니다.

☞ 잘못을 눈감아 준다거나 그릇된 언행을 너그럽게 보아 넘기는 것은 사랑 자비가 아니요 베푸는 보시가 아닙니다. 잘못을 고치게 해 주고 깨닫게 해 주는 것이 의를 행하는 것으로 자비와 사랑을 베푸는 것입니다.

예수는 장사꾼, 바리세인, 율법학자, 세리들을 꾸짖고 바르게 인도하려고 동분서주하시다가 그만 미움을 사고 원한을 쌓아 그들에 의해 처형당했습니다.

예수님처럼 과격하게 지나치게 의를 행하지 않도록 함이 올바른 일입니다. 왜냐하면 모두가 무명한 반야수의 거친 속성을 지니고 있기 때문입니다.

그래도 참기 어렵고 괘심하다고 생각이 들고 마음이 누그러지지 않으면 여덟 번째로 들어가 봅니다.

여덟 번째: 무한 사랑을 베풀어야 합니다. 예수님 말씀처럼 "원수도 사랑하라, 형제나 이웃을 내 몸처럼 사랑하라."라는 생각과 행을 해야 합니다.

"미운 오리 새끼 떡 하나 더 준다."는 속담대로 미울수록 베풀어주는 마음가짐이 있어야 합니다.

모두가 한 집안의 "주지스님"이 되어야 합니다. 땀과 노력으로 열심히 일하여 벌인 돈으로 베풀고 나누어주고 오직 주지 받으려고 하지 말아야 합니다.

오직 베풀어줌으로써 마음을 닦는 스님이 주지스님입니다.

"나는 이것이 불가능해." 한다면 아홉 번째를 시도해 봅니다.

아홉 번째: 인욕바라밀입니다.

무조건 참고 때를 기다려야 합니다. 인내 관용 절제의 미덕입니다. 갈등의 거의 대부분이 돈과 연루되어 있습니다. 돈은 돌고 도는 허망한 것으로 조금이라도 금전적인 여유가 있으면 통 큰 마음으로 상대방에게 선심을 베풀어야 합니다. 들어줄 수 있는 것은 들어주고 받아 주고 양보하며 필터링 즉 걸러서 잘 판단하고 행동해야 합니다. 웃으며 베푸는 마음에는 그 누구도 좋아하지 않는 사람이 없습니다. 자기에게 득이 되면 누구나 좋아합니다.

그래도 안 되겠으면 열 번째로 마지막 결단을 해 봅니다.

열 번째: 이것저것 모두 버리고 떠나 버립니다.

영어속담에 "Out of sight Out of mind" 보이지 않으면 마음도 멀어지게 되어 오래 떨어져 있으면 자연 그리워지게 됩니다. "세월이 약이겠지요." 라는 유행가 가사가 있습니다. 세월이 가고 늙어 가게 되면서 인생을 알게 되고 배우게 되면 서서히 사람이 바뀌게 됩니다. 늙어서 혼자 사는 법을 배워야 합니다. 절대 늙은 아내에게 의지하여 3식(三食)족이 되려고 해서는 안 됩니다. 올 때도 혼자 갈 때도 혼자입니다. 살아생전에 모두 바치고 헌신하며 일생을 희생하고 모든 것을 놓아 버리고 잠시 떠날 줄도 알아야 합니다. 누구는 "무슨 성인 같은 말이야. 무슨 공자 같은 소리야. 씨 까먹는 소리네." 할지 모르나 훨훨 비움의 즐거움이 있습니다.

떠나라고 해서 이혼과 별거, 사직(辭職)은 노이즈방지수칙에 해당되지 않습니다. 최후통첩의 수단이기 때문입니다. 열 번째까지도 이것저것 못하거나 안 되면 운명입니다. 포기하고 운명으로 받아들여 살아야 합니다. 경전에 "대자연 정의신이 다음 생에 그대를 좋은 곳으로 인도"할 것이라 했습니다. 상대방을 바꾸려고 해서는 안 되고 그것은 불가능하니 스스로 바꾸고 살아야 합니다.

모든 일에는 반드시 실천적 행이 따라야 합니다. 입만 살아서 말로만 떠들어서는 아무것도 이루어지지 않습니다. 상대방은 말만 꾸미고 비단같이 말하는 얕은 웅덩이 같은 마음그릇을 가지고 있을지 모릅니다. 모두가 오랜 세월 육식을 하여 마음이 들뜨고 거칠며 감성이 예민하고 손익에 빠져 작은 외파(外波)에도 반응이 빠르고 작용반작용이 쉽게 이루어집니다. 방어강령들을 한 가지, 두 가지 혹은 10가지 모두 끊임없이 실천해야 하는 어려운 도전에 인생을 한번 걸어 보는 것도 손해 볼 것은 없습니다. 금전적인 손해를 손해라고 생각한다면 이룰 수 없습니다. 손익계산서에 계산기를 두드리는 일은 아무나 하는 일입니다. 최종단계에서 금전은 육신처럼 허망한 것일 뿐 무가치한 것입니다. 죽기 전까지도 손익계산서에 주판을 두드리겠습니까?

"누구를 위하여 종을 울리나?"는 곧 결론으로 자신을 위해서 종을 울리는 것입니다. "그 종소리는 '원한과 죽음의 종소리'가 아니라 '새로운 인생 탄생과 축복의 종소리'가 될 것입니다."

계획과 실천, 이론과 실제, 지식과 경험, 아는 것과 행하는 것(知行合一)은 대자연의 이치입니다. 말로만 듣고 이론 공부만 하던 것을 직접 실천적으로 몸소 행함으로써 새로이 터득하게 되고 깨닫게 되는 것들이 아는 것만큼 많이 있습니다. 상대방의 마음이 바뀌면 다행이나 바뀌지 않는다고 억지로 바꾸려고 하지 말아야 하고 그럴 필요도 없습니다. 모든 것들이 천리(天理)에 따라 스스로 업을 지어 스스로 받고 스스로 가지고 가는 것이 대자연의 이치요 섭리입니다. 결과는 후일 살아서나 죽어서나 인과응보로써 나타나고 받게 됩니다.

소크라테스는 악처를 만나 처가 소크라테스에게 물을 뒤집어 씌었을 때 소크라테스는 허허~ 하고 웃고 넘겼다고 합니다. 소크라테스는 10가지 중 필요한 방어수단을 갖고 방어막을 치고 있었던 것입니다. 그러나 악처는 스스로 지은 업을 모두 스스로 영혼 즉 마음보따리에 넣은 상태로 살다가 죽은 것입니다. 누가 지혜가 있는지 독자가 스스로 판단하시기 바랍니다.

【묘법연화경】
『깨달음을 얻지 못한 중생은 저마다 각기 다른 성품을 가지고 있으며 제각기 다른 욕망을 가지고 있고, 또 제각기 다른 행을 하고 있으며 제각기 다른 생각을 가지고 사물을 자기 주관에 따라 판단하고 분별하여 본다』

지혜는 사고(思考)가 밝아 올바르게 생각하고 올바르게 판단하고 올바르게 행하는 것에 대한 명사입니다. 지혜로운 사람은 10가지 방어강령을 방패삼아 실천할 것입니다. 잡다한 외부파는 인간들로부터 받는 파 자연으로부터 받는 파 모두 "천지풍파요 세파요 속세 파도이며 피로파"에 해당합니다. 인간파, 생물파, 생활파, 기후파, 풍파 속에 횡파, 종파, 삼각파, 치형파, 고주파, 저주파, 고조파, 모두 피할 수 없는 운명의 파도를 타고 넘고 넘어 살아야 마음 편하게 살 수 있습니다. 같이 편승해서 같이 가면

지옥의 나락으로 다 같이 떨어지게 됩니다. 지옥에 떨어질 사람하고 같은 배를 타고 가면 다함께 같이 지옥으로 갑니다.

지혜는 쉽게 얻어지는 것이 아닙니다. 타고날 때부터 지혜를 가지고 태어난 사람은 생이지지(生而知之)라고 하고 살아가면서 지식과 경험을 토대로 배워서 깨닫게 되는 것을 학이지지(學而知之)라 하고, 살아가면서 각종 세파를 겪으면서 고생고생 겨우 깨닫게 되는 것을 곤이지지(困而知之)라 합니다. 죽을 때까지 지혜를 얻지 못하고 고생하다가 깨닫지 못하고 죽는 사람들이 많이 있습니다.

다음은 스스로 지켜야 할 내부노이즈 발산을 막기 위한 행동강령 5개입니다.

첫째: 다른 사람을 나무라기 전에 나에게 잘못이 없는가를 먼저 생각하라.
상대방의 노이즈 잡음파를 받지 않기 위해서는 상대방에게 노이즈 잡음파를 발산하지 말아야 합니다. 아무 잘못도 없는데 상대방의 인격부족이나 저질성에서 나오는 외구(猥口), 욕구(辱口), 비구(卑口), 악구(惡口), 망언(妄言) 등은 예외입니다. 상대방의 인격과 관련된 것으로 내가 할 수 있는 것은 인욕, 인내 외에는 아무것도 없습니다. 내부 발산 방지 수단을 갖추어야 합니다.

둘째: 로마에 가면 로마법을 따르라.
환경이 바뀌면 환경에 우선 적응하려고 노력해야 하고 새로운 환경을 이해하고 받아들이려고 해야 합니다.
내가 살아왔던 환경과 비교해서는 안 되며 내가 살아왔던 관습, 생각이

다르다고 불평, 불만을 가져서도 안 됩니다. 일단 받아들이려고 노력해야
합니다.

셋째: 남과 비교해서 말하지 말라.

절대 남과 비교해서 말하지 말아야 합니다. 뇌에 때가 가득 쌓여 입에서
나오는 저질스러운 인격의 대표적인 것입니다. 입에서 나오는 말이 영혼
에서 나옵니다. 세상에 모든 사람들이 똑같을 수는 없습니다. 형형색색의
성격, 성질, 인격, 능력, 생활관, 가치관 모두 다릅니다. "누구는 그런 사람
없어. 누구는 아주 훌륭해. 누구는 이것도 해 주고 저것도 해 주고, 누구는
이렇게 하더라. 저렇게 하더라." 등등 모두가 개 짖는 소리요 헛소리요 이
끼 낀 영혼에서 나오는 더러운 소리입니다.

넷째: 책임과 의무를 다하라.

사람은 누구에게나 책임과 의무가 따릅니다. 자식으로서, 부모로서, 가
장으로서, 가정의 아내로서, 직장인으로서 책임과 의무가 있습니다. 열심
히 성실히 땀 흘려 책임과 의무를 다할 때 한 인간으로서 가치를 나타내는
것입니다. 사회적 동물로 서로가 독립된 개체로써 서로 의지하며 서로 돕
고 살면서도 각자에 부여된 책임과 의무는 성실히 수행해야 엇박자가 생
기지 않습니다. 대자연의 천리인 이법과 사법이 가정, 직장, 사회 모든 곳
에서도 적용됩니다. 한 사람의 정의 에너지가 작용하지 않으면 다른 사람
과 화합하고 상생하지 못하게 됩니다. 한쪽이 에너지가 없으면 다른 쪽은
모든 에너지를 혼자서 짊어져야 하니 허덕이게 됩니다.

수학의 대수 3대 법칙인 결합법칙, 교환법칙, 분배법칙이 적용됩니다.

결합법칙은 상호 간에 에너지 힘을 합쳐 세상파도를 헤쳐나가야 하는
것이고,

교환법칙은 상호 간에 부족한 에너지를 서로 교환해가며 세파를 이겨 나가는 것이고,

분배법칙은 상호 간에 해야 할 역할을 나누어서 최선을 다해서 세상 파도를 넘어가야 한다는 것입니다.

다섯째: 어떠한 것도 바라거나 기대하지 말라.

희생과 봉사정신으로 일관하여야 하며 베풀고 양보하며 어떠한 대가나 보상을 받으려고 하거나 기대하지 말아야 합니다. 모든 것이 허망한 것들로 나와 내 가족이 걱정 없이 3식을 할 수 있고 오늘 내 생명이 살아 있어 대자연의 무한한 혜택을 누릴 수 있다면 그것으로 족한 줄 알아야 하고 그 외는 모든 것을 빚으로 생각할 수 있어야 합니다. 거의 모든 사람들은 자신의 손익계산을 따지고 자식, 남편, 아내, 시부모, 형제, 다른 사람들에게 무엇인가 바라고 기대하며 스스로의 자아에 빠져 이기적인 생각을 하고 있습니다. 유행가 노래가사처럼 사랑도 미움도 부질없어, 원한과 한탄도 부질없어, 욕망도 애착도 부질없어, 벗어라 훨훨, 벗어 버려라 훨훨, 청산은 거침없이 자연 따라 살라 하네.

5가지 강령을 스스로 열심히 지키면서 10가지 외부 잡음파 대응지침과 동시에 실천하고 정진 노력해야 합니다. 6바라밀 중『인욕바라밀, 정진바라밀, 선정바라밀, 지혜바라밀』의 수행입니다. 이미 설명했듯이 각종 노이즈는 피로파, 세파, 풍파로 사람을 병들고 늙고 죽게 만듭니다. 일어나는 앙심, 원한, 저주, 분노는 흐르는 강물에 던져 바다로 떠내려 보내버려야 합니다. 아니면 허공으로 날려 바람과 같이 사라지도록 해야 합니다. 그것만이 마음 편안히 천국에서 살 자격이 있습니다. 네 박자화음에 맞추어 살도록 하세요.

【베드로전서 제3장 9절】

『악을 악으로, 욕을 욕으로 갚지 말고 도리어 거꾸로 복을 빌어라』

【에베소서 제4장 26절, 27절】

『분을 내어도 해가 지도록 분을 품지 말고 마귀로 틈을 타지 못하게 하라』

"원수도 사랑하라, 내 이웃을 내 몸과 같이 사랑하라." 이 가르침을 실천할 수 있다면 마음의 미움도, 분노도, 앙심도, 원한도, 저주도 상대방에 대한 여러 가지 감성 작용들이 일어날 수 없습니다. 사람들은 "무슨 헛소리야 원수를 사랑할 수 있어."라든가 "아파트 층간소음으로 주차시비로 이웃사람들이 미워 죽겠는데 말도 안 되는 소리야." 등 항상 이웃으로 내 마음이 편하지 않습니다.

외부 잡음파 혹은 위협으로부터 스스로 보호해야 할 방어막도 나름대로 있어야 합니다. 위엄을 갖추거나, 강한 억제력이나 통제력 등도 있어야 상대방이 업신여기거나 깔보지 않고 마구잡이 말이나 행동을 못 하게 됩니다. 모두가 예비 마귀들이요 요괴들이며 좀비들이요 양의 탈을 쓴 여우요 늑대들입니다. 언제 좀비 마귀로 변하여 참변을 당할지 모르니 항상 대비를 하고 살아야 합니다. 마귀들은 위장술에 능하여 그들이 주장하는 평화는 모두 위선이요 가짜 평화임을 명심해야 합니다. 항상 진정성을 잘 살피고 경계를 게을리 해서는 안 됩니다. 피라미드 세계는 약육강식의 세계이며 힘이 곧 정의요 강력한 힘만이 귀중한 생명을 지키고 평화를 이루는 원동력이 됩니다. 잡식성 인간들이 만들어 낸 슬픈 현실입니다.

피라미드 세계에 사는 모든 동물 미물들은 스스로 외부의 적으로부터 스스로를 보호하기 위해 형형색색의 방어막을 갖고 있습니다. 그 방어막들은 대자연 정의신이 내려준 신비한 기운이 모여 호르몬 반응 작용으로 오랜 세월에 걸쳐 저절로 만들어진 방어막들입니다. 방어막들이 만들어지게 된 원인은 겁의 세월을 통해 조상들이 마귀들 즉 외부 적으로부터 끊임없이 위협이나 공격을 받아 죽임을 당하면서 생겨 내려온 살 기운들이 방어막을 만들게 해 준 것으로 유전인자가 된 것입니다.

☞ 사람을 포함한 모든 동물들이 태어나자마자 바로 두려움을 느끼고 보호를 받기 위해 부모 품을 찾고 부모로부터 떨어지지 않으려고 하는 이유입니다.

인간도 끊임없이 방어막을 위해 정의신으로부터 부여받은 높은 사고력을 최대한 모아 각종 공격 무기와 방어용 무기를 고안하고 제작하고 있습니다. 태초에는 돌이나 나무가 방어막으로 사용되었고 조금 발달되어 활과 화살, 창과 칼, 갑옷과 투구 등이 방어막으로 사용되었고 또 조금 발달되어 조총, 소총, 대포, 재래식 군함 등이 되더니 더 발달되어 현대식 군함, 전투기, 탱크, 화염방사기, 자동소총, 연발총으로 진화하더니 요즈음은 항모, 미사일, 핵무기, 드론, 무인 전투기, 레이저 무기, AI 초음속 첨단 무기들이 나와 빠르고 대량으로 마구잡이 사람들을 잡아먹는 무서운 야수세상으로 변질되어 가고 있습니다. 모든 것들이 외부로부터 끊임없이 위협이나 공격을 받으면서 선대로부터 유전인자로 전해 내려온 것들입니다.

네 박자소리

사람은 누구나 100세도 살지 못하고 빈손으로 가는 것은 누구나 알고 있습니다. 살기 위해 필요한 돈만 있으면 족한데 왜 가진 자는 더 가지려 하고 부자는 더 큰 부자가 되려고 혈안이 될까요. 탐욕과 어리석음에서 비롯됩니다. 먹고살기에 충분한 여유가 되면 각자가 가진 정의신이 부여한 정기는 다른 사람들을 돕고 사회에 이바지하는 사업에 신의 정신이 가야 합니다. 그것이 네 박자소리입니다.

"버리세요, 놓으세요, 베푸세요, 그리고 잊어버리세요." 네 박자소리가 영혼을 가볍게 합니다. 분명 죽을 때 돈도, 재산도, 명예도, 가족도 모두 부질없는 것이니 네 박자에 소리에 화음을 맞추어 있어야 합니다. 좁은 도로에 자동차가 달리려고 하면 시궁창에 빠질까 염려되니 좁은 도로는 폭을 넓혀야 안심하고 달릴 수 있습니다. 좁은 마음으로 세상을 살려고 하면 항상 마귀가 쉽게 침범하고 마음이 시궁창에 쉽게 빠질 수 있으니 마음 폭을 넓히며 살아야 편안하게 살 수 있습니다. 그것이 네 박자소리 입니다.

어두운 밤에 가로등 없는 시골길을 자동차로 달리려고 하면 아차! 하는 순간 시궁창에 빠질 수 있으니 불안합니다. 어두운 마음에 불을 밝히고 살아야 밝은 세상을 볼 수 있게 됩니다. 고속도로에 신호등이 없다고 해서 과속으로 질주하면 결국 언젠가 사고로 중상이나 사망에 이르게 됩니다. 너무 돈에 집착하여 브레이크 없는 질주는 피해야 합니다. 때에 따라서는 네 박자소리에 귀를 기울여 주변 어려운 사람들을 위한 뺄셈도 하면서 사는 것이 네 박자소리입니다.

"나는 많이 가질 거야. 더 많이 챙길 거야. 아니 싹쓸이할 거야. 그래야 직성이 풀려."라고 한다면 분명 어리석은 신이 그대를 지배하고 있습니다. 지나친 탐욕은 어리석은 신이 됩니다. 네 박자소리는 헛소리 같지만 결국 죽을 때는 크나큰 공덕이 됩니다. 죽을 때까지 지나치게 무거운 쇳가루를 불끈 쥐고 있으면 무엇에 도움이 되나요. 기업도 영리를 목적으로 하는 이윤추구가 과제이긴 하지만 나와 내 가족을 위한 초롱불을 밝히지 말고 내 직원들과 직원들의 가족을 위해 큰 횃불을 밝혀야만 본인은 하나님의 빛이 나고 이 세상은 아름다워지는 그것이 네 박자소리입니다.

경제적 여력이 되면 어두운 구석에서 어렵게 살아가는 형제자매들을 네 박자소리에 화음을 맞추어 주세요. 당장 손해 같은 생각이 들지만 후일 네 박자소리는 보이지 않는 손이 그대의 영혼을 가볍고 아름답게 만들어 줄 것입니다. 전 세계 사람들이 부러워하는 진정 이상자본주의 세상을 가진 자가 이끌어 가야 합니다. 그 일이 정의신 하나님이 바라는 화합과 상생이요 지상낙원이 됩니다. 대자연 하나님이 베푸시는 참사랑과 대자비를 조금이라도 본받아 행하는 자가 네 박자화음을 내는 진정한 종교인입니다.

성탄절에 네 박자화음이 교회나 성당에서 울려 퍼지도록 하세요. 하나님의 이름으로 신자들에게 받은 헌금을 가난하고 어려운 이웃 형제들을 위해서 베풀어 보세요. 목사 장로들이 챙겨가고 성전이란 이름으로 넓은 땅에 으리으리하고 화려한 궁전을 세우는 일은 예수님의 참 뜻이 아닙니다. 국가에 세금도 내어 따뜻한 복지가 혜택받지 못한 많은 사람들을 위해 쓰이도록 해 보세요. 그것이 네 박자소리입니다.

"주 하나님을 믿고 너와 너 집안이 구원을 얻으리라." 단순히 믿는 것으로 결단코 구원을 얻지 못하며 얻을 수 없습니다. 문구는 "주 하나님을 믿고 네 박자화음으로 너와 너 집안이 구원을 얻으리라." 하고 바꾸세요. 성경 예수님 말씀과 12제자들의 말씀을 조목조목 읽어 보시고 다른 사람들에게 "회개하라."라고 외치지 말고 스스로 회개하고 반성하세요. 성경 한 구절마다 무엇을 얼마나 실천하고 어떻게 실천하고 현재 어떻게 하고 있는지 돌아보시고 네 박자리듬에 맞추어져 있는지 스스로 마음을 두들겨 보세요.

"만국의 형제자매들이여 부처, 예수, 신의 참뜻을 이해하라."

『탐심을 버려라 먹을 것과 입을 것이 있으면 그것으로 족하니라.

우상숭배와 교묘한 술수와 버려진 양심 이기심 이러한 것들로 하나님의 유업을 받지 못할 것이요.

더러운 것을 욕심으로 행하지 말라.

부자가 되려고 갈망하는 자는 언젠가 덫에 걸려 파괴와 멸망에 빠지리라.

돈을 사랑하는 자는 악마의 뿌리를 찾는 것이니 근심과 슬픔으로 고통을 받게 되리라.

헛된 말로 남을 속이지 말며,

나누어주기를 잊지 말라. 이 같은 선행은 하나님을 기쁘게 하시니라,

땀 흘려 수고하고 가난한 자를 도우는 선업을 쌓아라,

행함이 없는 믿음은 알맹이 빠진 껍데기요,

행함이 없는 믿음은 그 자체가 죽은 것이요,

행함이 없는 믿음은 헛된 것이요,

행함이 없는 믿음은 토사에 집을 지은 것과 같으니,

행함이 없는 영혼은 몸이 죽은 것과 같은 것이니라.

선을 알고도 행치 아니하면 죄니라.

하나님 말씀을 듣는 자가 신자가 아니요 행하는 자라야 의로운 것이니라.

성령을 쫓아 행하라 그러하면 육체의 욕심은 자연 없어지리라.

행함이 없는 믿음이 자기를 구원해 줄 수 있겠느냐?

행함이 없는 자는 그리스도인이 아니라,

주여, 주여 부르지 말고 행하는 자라야 그리스도인이라,

구원은 스스로 하는 것이요,

구원을 받고자 하는 자는 네 박자화음으로 인생을 살아야 하느니라.』

☞ 탐욕을 벗어 버리고, 착각과 환상도 버리고, 믿음이란 가식 위선도 버리고, 애착과 집착, 돈과 명예도 놓아 버리고, 가진 것을 나누어 주고, 한량없이 몸과 마음으로 베풀어, 과거 생각은 세월 따라 점차 잊어지는 것이니, 가벼운 마음으로 떠나는 것이다.

☞ 주 하나님 이름을 내 세워 "누구를 위하여 기도한다."라는 소리는 착각과 위선에서 나오는 자위적인 우월감으로 그것에서 자아의 만족을 구하고자 하는 일 뿐이다. 쉽게 누구나 할 수 있는 형식적인 겉치레 이며 차라리 한 번이라도 행하는 일이 백 번 기도해 주는 것보다 나을 것이다.

백 번, 천 번 말하기는 쉬워도 한 번 행하기는 어렵다.

예수님 말씀 "알면 행하라 알면서도 행하지 않으면 죄니라." 많이 알면

알수록 더욱더 많이 행해야 한다.

아무리 좋은 쌀이 있어도 밥을 짓지 않으면 먹을 수 없고
아무리 좋은 밀가루가 있어도 빵을 만들지 않으면 소용이 없고
아무리 좋은 건축 디자인을 해도 짓지 않으면 아무 소용이 없듯이
아무리 좋은 설교나 설법도 몸소 땀 흘려 행하지 않으면 아무 소용이 없
는 것이다.

이 세상 삼라만상 물건 물질들이 정신을 모아 땀 흘려 몸소 행함에 의
해서 얻어진 것이요 이루어진 것이다. 행함이 없이 말만 하는 것은 알맹이
빠진 껍데기요 팔다리 없는 불구자다.

온 누리에 복음을 전파한다고 하여 능히 구원을 받을 수 있겠느냐.

그 복음이 능히 악성 바이러스를 물리칠 수 있으며 그 복음이 능히 전쟁
을 막을 수 있으며 날아오는 총알을 피하게 할 수 있겠느냐.

【야고보서 2장】
『내 형제들아 사람이 믿는다 하고 행함이 없으면 무슨 이익이 있으며 행
함이 없이 자기를 구원할 수 있겠느냐』

☞ 스스로 회개하세요, 너 자신을 알라, 스스로 돌아보고 스스로 내면을
성찰해야 합니다. "하늘은 스스로 돕는 자를 돕는다. 스스로 구원하는 자를
구원한다," 다른 사람을 구원하려고 하기 전에 스스로 먼저 구원하세요.

☞ 외부의 틀에 박힌 형식적인 겉모양 종교를 찾지 말고 나의 내부에 있
는 참 종교를 찾아야 합니다.

어느 미국 목사가 "하나님과 인연이 있어야 하나님을 믿습니다."라고 했

습니다. 하나님과 인연이 닿아 하나님과 인연을 맺었으면 하나님이 하신 것을 알고, 보고, 따라야 합니다. 그래야 하나님과 유유상종으로 서로 화합이 될 수 있습니다. 하나님을 믿고 의지하려고 하면 하나님은 절대 허락하지 않을 것이며 하나님과 서로 화합이 되지 않습니다. 일방적인 것은 누구에게나 절대 허용되지 않습니다. 세상에 공짜란 없습니다.

누가 서로 인연이 닿아 결혼을 하였으면 서로의 역할을 다해야 서로 화합이 될 수 있는 것처럼 인연 따라 인연을 맺었으면 서로 짊어져야 할 책임과 마땅히 해야 할 의무가 있습니다. 하나님과 인연이 있어 하나님을 믿는다고 하면 하나님처럼 책임과 의무를 최선을 다해서 이루어야 합니다. 그래야만 네 박자화음이 이루어집니다. 그렇지 않으면 무식 무지 무명에서 나오는 헛소리에 불과합니다. "부처님과 인연이 있어야 부처님을 믿습니다. 신과 인연이 있어야 신을 믿습니다."라고 모든 사람들은 쉽게 이야기 할 수 있습니다. 모두 알맹이 빠진 헛소리입니다.

자식이 부모를 만나 인연 따라왔으면 자식으로서의 역할을 다해야 부모가 좋아합니다. 나이가 들어도 독립하지 않고 부모를 믿고 의지하고 캥거루족이 되어 애를 먹이고 있으면 부모는 결코 행복하지 않을 것이요 화합될 수 없습니다. 모두가 대자연 하나님의 자식들이요 미물들이니 하나님의 자식으로서 역할을 다해야 하나님은 기뻐하실 것이요 화합이 될 수 있습니다. 네 박자화음은 자연의 이치와 섭리로 진리이며 하나님의 뜻과 같습니다.

유유상종이 될 수 없는 사람과 잘못 인연을 맺어 한평생 마음고생하면서 살아가는 사람들이 많이 있습니다. 네 박자소리에 맞추어 살면 됩니다.

불만, 원한, 과거의 아픈 상처와 같은 무거운 짐 보따리들은 모두 네 박자소리와 함께 떠내려 보내야 합니다. 죽을 때까지 안고 가서는 미래 생에 보탬이 될 것은 하나도 없습니다. 모두가 껍데기로 포장된 허망한 존재들로 일시 깜짝 있다가 사라지는 허상들입니다. 일체 육안으로 보이는 허상에 집착하지 않고 살아가는 것이 네 박자소리입니다.

☞ 네 박자소리는 그대를 마귀들로부터 보호할 것이요 감히 마귀들이 쉽사리 그대의 영혼에 침입하지 못하게 하는 방어막이 될 것입니다.

☞ 종교인이라고 하면 아래 네 박자소리에 귀를 기울어야 합니다.
경제적 여유가 충분하면 많은 사람들에게 한량없이 베풀어 보세요. 베푸는 즐거움이 생겨날 것입니다. 불끈 쥐고 있다가 죽기 전에 특정 단체에 기부하는 것은 베푸는 것도 아니요 즐거움도 전혀 생기지 않습니다. 매스컴에 한번 비치고 바람같이 사라져 버리는 것입니다.

부처님 오신 날 절에 가서 나와 내 가족을 위해서만 연등을 달지 말고 다른 가난하고 혜택받지 못한 사람들을 위해서도 연등을 달아보세요. "가난한 사람을 위해서 베풀어라."는 뜻입니다. 그것이야말로 진정 부처님이 기뻐하실 것입니다. 왜냐하면 이타적(利他的)인 정신에서 나오는 선량한 마음에서 비롯되기 때문입니다.

흔히 "신(神)나게 논다, 신바람난다, 신기(神技, 神氣)하다."라는 표현을 사용합니다. 신기하다는 말은 이루어질 수 없는 것이 이루어질 때 하는 말로 신비스럽다는 뜻입니다. 정의신 우주정기가 신비하듯이 성자란 신비한 성령의 소유자로 진정한 우주은하계 정신(精의 神)의 자식을 말합니다.

☞ 부처님 예수님의 가르침은 진정한 우주은하계 정신의 자식들이 되라는 것입니다. 부처님 예수님도 대자연 정신의 진정한 자식들입니다.

『신새마을 운동』

어두운 도시 후미진 구석에
불빛이 없어 캄캄하니 불안하기 그지없다
어느 날 가로등 불빛이 밝아지고
어느 날 그곳에 방범초소 들어서서
이제 마음 편히 다닐 수 있게 되었다
모두가 후미진 마음 한구석 불 밝게 밝히고
모두가 마음으로 돌봄 초소 만들어서
지구촌 이웃과 새마을을 만드세
살기 좋은 지구촌 새마을을 만드세

다른 사람을 위해서 기도한다는 착각 위선으로 포장된 허언(虛言)은 그만두고 모두가 스스로를 위해서 비록 빈말이 될지언정 다음과 같이 기도하여야 합니다.

"나의 마음 밝게 밝히어 구석진 지구촌을 밝게 비추겠나이다.

나도 돌봄 초소 세워서 많은 사람의 길이 안전하고 편안하도록 양정의 힘을 쏟아 일생 동안 다른 사람들의 종이 되어 열심히 지키겠나이다."

그리고 기도처럼 말처럼 행하여야 합니다. 말이 필요 없습니다.

☞ 이 세상에 일어나는 모든 현상들은 에너지가 모여 이루어지는 대자연의 이치와 섭리입니다. 에너지가 없는 것은 곧 죽음입니다.

☞ 외부에서 적들이 마귀가 되어 쳐들어오면 모두가 에너지를 모아 막

아야 합니다. 음귀들이 쳐들어오지 못하게 철저한 방어막을 갖추어 미리
막아야 합니다.

☞ 악성 바이러스나 전염병이 돌면 모두가 에너지를 모아 대대적인 방역과 마스크 착용, 격리 치료 등으로 막아야 합니다. 앉아서 죽을 수는 없습니다. 좀비들이 출몰하지 않도록 철저한 위생과 방어막을 갖추어 미리
막아야 합니다.

원한의 종소리 죽음의 종소리

멀리서 종소리가 울립니다.

탄생과 축복의 종소리가 아닙니다.

종소리는 허공에 바람을 타고 멀리멀리 울려 퍼집니다.

원한의 종소리입니다.

악성 좀비들이 종소리를 듣고 깨어나 서서히 활동을 개시합니다.

죄 없이 살해당한 사람들의 원혼의 울부짖는 소리요

죄 없이 살해당한 짐승들의 원혼의 울부짖는 소리입니다.

누가 원한의 종소리를 멈추게 할 수 있을까요.

과거에도 유럽에서 전 세계에서 원한의 종소리가 울렸습니다.

공포의 흑사병은 유럽인구의 대부분을 지옥의 나락으로 인도했습니다.

공포의 1, 2차 세계대전은 전 세계 사람들을 지옥의 나락으로 인도했습니다.

오늘날 또 원혼의 종소리가 도처에서 울려 퍼지고 있습니다.

땡그랑~ 땡그랑~ 땡땡~

지구촌 도처에서 수많은 사람들은 죽음의 종소리와 함께

죽음의 행진을 하고 있습니다.

살려달라고 울부짖는 절규는 원혼의 종소리와 함께 멀리멀리 퍼져 나갑니다.

누가 원혼의 종소리를 멈추게 할 수 있을까요.

시시각각 도처에서 울려 퍼지는 죽음의 종소리 땡그랑 땡 땡

은혜 입은 까치가 목숨을 던져 죽음의 종소리를 멈추게 하고 어느 노인의 생명을 살린 이야기입니다.

어느 산속 노인이 뱀에 잡혀 죽음을 앞둔 까치 새끼들의 생명을 구해 주었습니다. 노인은 까치 새끼들을 살리고 그 대신 뱀을 죽여 버렸던 것입니다.

까치 부모는 그 노인의 은혜를 잊지 않고 있었습니다.

어미 뱀은 노인에게 원한을 품고 노인을 죽이려고 했습니다.

어미 뱀은 노인을 찾아 죽음의 종소리를 울렸습니다.

아무 죄 없는 자기 새끼를 죽인 원한의 종소리였습니다.

그 순간 까치 부부가 목숨을 던져 노인을 살리고 죽음의 종소리를 멎게 했습니다.

산속 노인에게 죽음을 당한 뱀을 나무랄 수는 없습니다. 뱀도 까치 새끼를 잡아먹고 살아야 하는 육식성 동물입니다.

산속 노인도 나무랄 수 없습니다. 뱀보다 까치 새끼들을 더 소중하게 생각했던 것입니다. 어느 한쪽의 생명을 구해야 할 기로에 까치 새끼들을 택한 것입니다.

☞ 결국 인과의 결말은 까치 부부의 아름다운 희생으로 죽음의 종소리가 멈추었던 것입니다. 오늘날 우크라이나 러시아 전쟁에서 우크라이나는 까치 새끼요 러시아는 뱀이 되고 한국은 산속 노인이 되는 처지가 되었습니다.

죄 없이 살해당한 원혼들의 원성은 지구촌 대지를 흔들고 있습니다. 결국 인과응보로 누군가가 죽어야만 결말이 나게 되는 이치요 섭리입니다. 즉 누군가가 죽어야 죽음의 종소리가 멎게 됩니다. 죽음의 종소리는 역사가 되풀이되듯이 메아리처럼 울려 퍼질 것입니다. 한번 일어난 죽음의 종소리는 결코 아무 일 없이 저절로 멈추지 않습니다. 아멘, 할렐루야, 나무아미타불

악성 세균 바이러스에 의한 원한과 죽음의 종소리

중세기 유럽에서 흑사병으로 유럽 인구의 3분의 1이 죽어 나갔습니다. 악성 세균, 바이러스의 출처를 찾아 쥐를 박멸하고 쥐를 통해서 옮긴 쥐벼룩을 박멸하자 그 죽음의 종소리는 멎었습니다. 코로나 바이러스가 지구촌 많은 사람들을 죽음으로 몰고 가고 있습니다. 모두가 지옥 세상입니다.

인간 좀비에 의한 원한과 죽음의 종소리

2차 세계대전 세계 온 누리에 원한과 죽음의 종소리가 요란히 울려 퍼졌습니다. 3년간 울려 퍼진 종소리는 마침내 파멸과 마왕 히틀러의 죽음으로 고요해졌습니다. 태평양전쟁에서 온 누리에 원한과 죽음의 종소리가 요란히 울려 퍼졌습니다. 그 종소리는 마침내 파멸과 원자폭탄으로 고요해졌습니다.

캄보디아 킬링필드 공산당 크메르루즈의 대학살도 공산당의 몰락과 마왕 폴 포트의 죽음으로 요란하던 종소리가 멈추었습니다.

한국전쟁으로 죽음의 종소리가 이 땅에서도 울려 퍼졌습니다. 많은 젊은 사람들이 희생되고 독재자 스탈린의 죽음과 함께 결론 없이 비참하게 끝났습니다. 임진왜란 때 왜적의 침략도 도요토미 히데요시의 죽음으로 끝이 났습니다.

인류는 모두가 고기 맛에 살아간다.

먹는 재미없으면 사는 재미없다 한다.

즐기는 재미 뒤에 슬픔인들 없겠는가.

은밀하게 살생되어 비명에 죽어가는

죄 없는 중생들의 한 맺힌 원한소리

죄 없는 중생들의 피 맺힌 절규소리

그칠 날이 없는데도

두 눈을 뜨고서도 볼 수 없는 장님들아

두 귀를 열고서도 들을 수 없는 인간들아

귀머거리 장님이라 참혹함을 알겠는가.

예수 믿고 천국 간다. 부처 믿고 극락 간다.

바람 잡는 소리하며

내 몸 건강 인생밥상 짐승 살로 가득 채워

백세 인생 노래하나 아침 이슬 같은 인생이여

번개같이 지나고 나면 다음 인생 두렵구나.

짐승 살은 육식동물 짐승들이 먹는 음식이요

사람이 먹는 음식이 아니라

송충이가 솔잎 먹고 솔잎같이 되듯이

인간이 짐승 살 먹고 짐승같이 되는구나.

더러운 육 고기로 내 몸을 만들고는

종교란 치장으로 속계를 벗겠는가.

잡식성 영혼으로 산 짐승들 잡아먹고

잡식성 영혼으로 산 형제들 잡아먹는

도처에 폭력, 살인, 테러요 전쟁이라

어느 하루 비명소리 바람 잘날 없다 하고
죽음의 종소리가 원귀들을 일으킨다.

☞ 전 세계 인류 모두가 참회해야 합니다. 죽음의 종소리가 울리지 않도
록 모두가 회개하고 진실로 참회해야 합니다.

나는 소우주

☞ 질병의 근원은 음식습관에서 비롯됩니다.

☞ 악행의 근원은 육식습관에서 비롯됩니다.

☞ 불행의 근원은 마음그릇에서 비롯됩니다.

☞ 고통의 근원은 업에서 비롯됩니다. 그처럼

모든 살생의 근원은 육식습관에서 비롯됩니다.

몸 건강을 빙자하여 육식을 즐깁니다.

육식은 인류의 음식문화로 오늘날 종교처럼 전 세계에서 일반화 보편화 고착화되어 있습니다. 육식을 즐기는 행위가 죄가 될까요. 육식은 많은 살생을 불러옵니다.

사람은 소우주입니다. 몸속에 우주정기인 작은 하나님이 들어 있습니다. 육식의 기름 때로 작은 하나님(선량한 양심)은 덮어 버리니 전혀 죄의식을 느끼지 못합니다. 껍데기 종교가 일상 생활화되듯이 육식이 일상 생활화된 것인데 죄의식이 생길 이유가 없습니다. 조상들이 원시시대부터 산 짐승들을 죽여 잡아 먹어왔으니 그 살 기운이 온 몸에 스며들어 인간들의 심성을 잡식성 반야수로 바꾸어 놓아 버렸습니다.

초식동물들은 스스로 지킬 방어막이 갖추어져 있지 않습니다. 인간들과 상생을 하면서 살아왔기 때문에 인간들의 보호를 받아 왔습니다. 그 대신 인간들에 의해 살생을 당할 때 영혼에서 생기는 살 기운이 온몸에 퍼지게 됩니다. 신비한 정의신이 놀라 급속한 반응을 일으키는 작용반작용의 이치입니다. 그 살 기운은 끊임없이 인간의 몸속으로 스며들어 음 기운을 일으키고 인간들이 인간들을 공격하게 하고, 다치게 하고, 죽이게 하는 원혼들이 됩니다. 그것이 연이 되어 마귀, 마왕, 요괴, 좀비와 같은 사탄들이 도처에서 시시각각으로 나타났었고 나타나는 현상들입니다. 초식동물들의 살생과 얽힌 인과 연기 윤회입니다.

이미 조상 대대로 영혼은 반야수의 영혼, 몸은 짐승의 살로 악성 좀비들 생물 바이러스 인간 바이러스에 의해 겪어야 할 지옥고, 서서히 다가오는 병마의 고통, 이생에 살아서도 몸속에 스며든 짐승의 살 기운으로 인해 초래되는 모진 마음과 악한 마음, 죽어서도 무거운 습기로, 습한 음지를 떠돌아, 좋지 않은 운명으로 환생을 하게 되는 것이니 직접 눈으로 볼 수 없고 보이지 않으며 알지도 못하고 알 수도 없는 감추어진 극히 신비한 대자연 정의신의 처벌 작용입니다.

나를 움직이는 영혼은 우주정기의 일부입니다. 강력하고 신비한 그리고 거룩하고 성스러운 우주 에너지입니다. 만 생명, 만물을 창조하고 기르는 신비한 에너지는 우리 모두의 육신과 영혼에 잠재되어 있습니다. 우주정기는 고요하면서도 삼라만상을 은밀히 움직이게 하는 정중동(靜中動)은 볼 수도, 느낄 수도, 생각할 수도 없는 대자연 유일신입니다. 그 외 모든 신들은 인간들이 만든 가짜 신들이요 형상과 에너지가 없는 허망한 신들로 우주 삼라만상을 움직이지 못하고 신비한 우주정기를 만들어 내지 못하는 상상의 허상들입니다. 인간들이 만든 가짜 신들은 대자연의 어떠한 작용도 일으키지 못합니다. 바람조차, 비조차, 햇빛조차, 공기조차 만들어 내지 못하는 에너지 없는 허상들입니다. 그 흔한 씨앗 하나 만들지 못하며 꽃나무 한그루조차 키우지 못합니다. 이러한 상들에 영혼이 가고 그곳에 집착되어서는 안 됩니다. 진짜 명품은 오직 하나요 인간들이 만든 가짜 모조품은 널려 있습니다.

"인간은 사회적 동물이다."라고 했습니다. 어느 누구도 다른 사람의 도움 없이는 살아갈 수 없습니다. 대자연의 무한한 혜택을 받고 살아가듯이 다른 사람들의 무한한 혜택을 받고 살아가는 사회적 동물입니다. 내가 대자연의 혜택을 받았으면 대자연 신에게 감사하면서 무엇으로든 대자연의 빚을 갚아야 합니다. 내가 다른 사람들의 무한한 혜택을 받고 살았으면 다른 사람에게 감사하고 무엇이든 다른 사람들에게 받은 혜택 즉 신세진 빚을 갚아야 하는 것과 같은 천리입니다. 그것이 사람 각자가 존재하는 가치입니다. 각자가 무엇인가 생의 가치관을 가지고 나름대로 실천하면서 열심히 노력하며 살아야 인간입니다. 비록 대자연 정신과 같은 에너지를 만들어 만 생명에게 도움을 주지는 못할망정 대자연의 미물로써 나름대로 품은 양의 에너지를 화합과 상생의 밑거름이 되는 가치로 사용되어야 합니다. 그것은 나 자신도 모르는 보이지 않는 손이 다른 사람을 돕고 있는 것이 되며 진정 인간으로서 생각하는 동물이 되고 대자연 하나님 아버지의 진정한 자식이 되는 것입니다.

천재는 "1%의 영감과 99%의 노력"에 있다고 했습니다. 은근과 끈기를 가진 노력 없이는 무엇이든 이룰 수 없고 다른 사람들로부터 받은 은혜를 갚을 수 없습니다. 막연히 종교를 믿고 "하나님 덕분으로 살아간다. 모든 것이 하나님이 보살펴서 그러하다."는 허망된 생각은 버려야 합니다. 모두가 대자연 정의신과 다른 사람들로부터 일생 동안 도움 받은 많은 빚을 이생에서 청산하고 내생을 맞이해야 합니다.

정의신 하나님은 아무나 사랑하지 않습니다. 가정에서도 자식이 농땡이나 치고 일도 하지 않고 백수건달로 입만 나불거리고 무위도식하며 골치를 썩이면 부모가 버릴 수 없는 애물단지로 "자식이 원수다." 하고 싫어하듯이 정의신 하나님도 정의신을 내재한 인간들이 정신을 차리지 않고 인간 구실을 못 하고 있으면 결코 돌아보지 않습니다. 흔히 "무엇, 무엇다워야 한다."는 이치입니다. "무엇다워야 한다."는 뜻은 "역할을 다해야 한다, 기능을 다해야 한다."는 뜻과 같습니다.

학생은 학생다워야 하고
선생은 선생다워야 하고
성직자는 성직자다워야 하고
정치인은 정치인다워야 하고
인간은 인간다워야 하고
신은 신다워야 합니다.

학생이 학생답지 못하면 불량학생이나 놈팽이 같은 애가 될 것이고
선생이 선생답지 못하면 선생으로서 자격이 없는 선생이 될 것이고
성직자가 성직자답지 못하면 사이비 성직자가 될 것이고
정치인이 정치인답지 못하면 무능한 정치인 탐관오리나 될 것이고
인간이 인간답지 못하면 짐승이나 같은 것이 될 것이고
신이 신답지 못하면 가짜 신이요 신으로서 에너지가 없는 허망한 허상이 될 것입니다. 집에 TV, 에어컨, 냉장고, 전기밥솥이 기능을 제대로 못하면 폐기 처분해야 할 쓰레기가 될 것이고 자동차가 기능을 못해 굴러가

지 못하면 정비소에 끌고 가거나 폐차해야 합니다. 모든 것들은 나름대로 역할과 기능을 다해야 무엇인가 이루어지는 것이 자연의 이치요 섭리입니다. 그렇지 못하면 폐기물이요 쓰레기입니다. 아래 예수님 말씀에 인간이 인간답지 못하면 밖에 버려져 밟히는 쓰레기일 뿐이라 했습니다.

【마태복음 5장 13절】
『너희는 세상의 소금이니 소금이 만일 그 맛을 잃으면 무엇으로 짜게 하리요. 후에는 아무 쓸데없이 다만 밖에 버리어 사람에게 밟힐 뿐이로다』

인간을 포함한 모든 대자연의 미물들은 나름대로 가진 정의 에너지를 발휘하여 신의 자식으로서 기능을 다하고 상부상조하며 살아갑니다. 신이 힘을 발휘하는 것은 신력이라 하고 중생들이 나름대로 힘을 발휘하는 것은 능력이라고 합니다. 사람의 능력이 신기할 정도로 탁월하면 능력이 신에 통한다고 하여 신통력이라고 말합니다. 몸과 마음으로 혼신의 힘을 내는 것을 정신의 힘 즉 정신력이라고 합니다. 흔히 "정신이 대단하다, 정신으로 버틴다."라고 하면 대자연의 미물로써 있는 정의 힘을 다한다는 뜻입니다.

개미도 나름대로 정신을 발휘하여 개미집을 짓고 서로 유유상종으로 어우러져 열심히 땀 흘려 일하며 살고, 벌도 나름대로 정신을 발휘하여 벌집을 짓고 서로 유유상종으로 어우러져 열심히 땀 흘려 일하며 살고, 새도 나름대로 정신을 발휘하여 새집을 짓고 서로 유유상종으로 어우러져 열심히 땀 흘려 먹이를 찾아 일하며 살아갑니다. 이 세상 모든 중생들이 우주정기인 정의신을 받아 나름대로 정신을 발휘하여 집을 짓고 새끼를 키우고 유유상종으로 어울려 열심히 땀 흘려 일하면서 상부상조하며 살아갑니다. 모든 생명들이 정의신에 따른 능력을 가지고 있으며 그 주어진 능력을 최대한 발휘하는 것입니다. 모두가 할 수 있는 만큼 능력껏 열심히 근로하며 실천하면서 생을 이어가며 간접적으로 다른 중생들에게 보이지 않는 혜택을 주는 것이 바로 대자연 정신의 참뜻이요 천리에 순응하는 일입니다. 그럼으로써 다른 중생들에게 혜택을 받을 수 있는 자격이 갖추어지는 것입니다. 만물의 영장이라는 사람이 나름대로 정신을 발휘하여 열심히 일하지 않고 입으로 정당성을 빙자하며 타인의 혜택을 공짜로 누리는 것은 죄가 됩니다. 대자연의 이치요 섭리입니다.

지구촌 모든 생명과 물건들은 일시적으로 존재하는 습기에서 나온 가짜들입니다. 진여 진짜인 땅, 허공 그리고 대자연 정의신을 제외한 어떠한 것도 영원한 것은 없습니다. 정의신의 장난으로 모든 생명들과 물건들이 창조되어 윤회라는 반복 사이클을 타고 생기고 없어지고를 반복하는 것입니다.

대자연 정신력은 만 생명에게 한량없는 혜택을 주고 능력을 부여하여 살 수 있도록 배려하여도 표시가 없고 표시를 내지 않으며 한량없는 사랑과 자비 외에는 일체의 대가를 받지 않습니다. 성자란 이러한 사람에 가깝고 순수한 정신을 지닌 사람입니다. 성자의 정신이 바로 성령입니다.

☞ 3무한 중생들이 함부로 쉽게 성령을 부르짖습니다. 정토삼부경에 말세중생들이 고기를 먹고도 "성령을 얻어 천국에 간다." 하고 떠들어댄다고 했습니다.

328

【마태복음 6장 3절】

『오른손이 하는 것을 왼손이 모르게 하여 네 구제함이 은밀하게 하라』

정의신이 하는 일은 인간들이 알지 못하고 느끼지 못하고 깨닫지 못합니다. "의를 행하고 선을 행하는 일"도 고요하게 은밀하게 하여 다른 사람들이 알지 못하고 느끼지 못하도록 해야 하는 것이 자연의 이치에 부합되는 것으로 마태복음에서 말하는 것과 같습니다.

부처님과 예수님은 바로 우주의 진리를 철학적으로 비유적으로 설하신 것입니다. 우주 진리는 방대하고 신비하고 거룩하고 성스러워 인간들이 이해하고 행하기에는 너무나 초현실적이고 형이상학적이라 인간들은 진정한 참 신은 뒤에 팽개쳐두고 형형색색 이름으로 만든 가짜 신들을 앞에 세워 믿는다고 합니다. 일평생 동안 참 신의 한량없는 혜택은 팽개치고 모르쇠하면서 형상도 에너지도 없는 허망한 허상들을 만들어 놓고 "내 신이 진짜다." 하고 서로 분열, 갈등, 차별, 충돌을 일으킵니다.

오늘 지금 이 순간에도 공기를 마시고, 물을 마시고, 햇빛을 받고, 밥을 먹고, 일상 살아가는 모든 행위가 참 신인 정의신 그리고 지구촌 모든 사람들의 덕택이요 도움이라는 사실을 깨달아야 참다운 인간이 될 수 있습니다.

예수님은 "알면 행하라, 알면서도 행하지 않으면 죄니라."
무엇이든 실천이 따라야 합니다. 아무리 많은 종교적 지식을 가지고 대중들에게 설법하고 설교하여도 공부해서 알고 있으면 행이 따라야 하는 것이 지행합일 자연의 양면성 이치입니다. 안다고 말로만 하는 것은 알맹이 빠진 껍데기만 남을 뿐입니다. 말은 서론이고 실천은 본론입니다. 서론만 있고 본론이 빠지면 아무리 미사여구를 사용해서 대중들에게 설교하고 설법해도 무용이 됩니다. 오늘날 종교와 성직자들 그리고 우리 모두 회개하고 깨달아야 합니다.

【빌립보서 4장 9절】
『너희는 내게 배우고 받고 듣고 본 바를 행하라. 그리하면 하나님이 너희와 함께 계시리라』

식사 전에 하나님께 감사 기도합니다. "하나님 저희에게 일용할 양식을 주옵시고~" 그러한 기도도 역시 말로만 하는 형식적이고 허례허식입니다. 일용할 양식은 누가 주었습니까? 하나님뿐만 아니라 주변의 수많은 사람들의 땀과 노력이 어우러진 것입니다. 정의신 하나님은 오직 씨앗과 싹을 내고 열매를 맺을 수 있게 에너지를 제공해 주신 것이요(신의 무위적인 작용), 밭을 갈아 씨앗을 뿌리고, 키우고, 거두고, 가공하고, 포장하고, 운송한 것은 사람들입니다(인간의 유위적인 작용). 밥만 있어 먹을 수 없고 밥반찬, 숟가락, 젓가락, 밥그릇, 전기밥솥 모든 것들이 또한 마찬가지입니다. 많은 사람들로부터 무한한 혜택을 받고 있으면서 알지 못하고 느끼지 못하고 깨닫지 못하는 3무(무식, 무지, 무명)한 인간들입니다. 비록 형식적이고 의례적인 기도라도 대자연 정의신뿐만 아니라 간접적으로 혜택을 주는 일반 모든 사람들에게 감사해야 하는 기도 "저희에게 일용할 양식을 주신 하나님과 그리고 모든 분들에게 감사하나이다."라고 바꾸어야 합니다. 그리고 모든 사람들을 사랑해야 합니다. 형식적이고 의례적인 기도는 서론에 해당하며 모두에게 사랑과 자비를 직접 실천하는 일은 본론에 해당하며 그 결론으로 세상은 화합과 상생의 아름답고 평화로운 세상이 됩니다. 모두가 한 형제요 지구촌 한 가족입니다. 세상은 단계를 넘어 이루어지는 것은 아무것도 없습니다. 단계를 무시하는 행위는 무엇이든 어리석은 짓입니다.

같은 물을 샘에 있으면 샘물이라고 하고, 강에 있으면 강물이라고 하고, 웅덩이에 고여 있으면 고인물이라고 하고, 바다에 있으면 바닷물이라고 하고, 비가 내리면 빗물이라고 합니다. 같은 사람을 러시아에서 살면 러시아인이라 하고, 우크라이나에서 살면 우크라이나인이라고 하고, 한국에서 살면 한국인, 일본에서 살면 일본인, 중국에서 살면 중국인이라고 합니다. 물이 증발되어 허공으로 올라가면 러시아 물, 우크라이나 물, 중국 물, 한국 물, 일본 물로 나누어져 구분되어 증발되지 않습니다. 빗물이 되어 내릴 때도 러시아 물, 우크라이나 물 등 이렇게 구분되어 장소가 정해져 내리는 것이 아닙니다. 지구촌에 있는 모두가 한 물입니다. 그래서 예수가 "모두 한 빵으로 이루어진 형제"라고 했습니다.

한량없이 많은 지구촌 냇물들이 강으로 모여 강물이 되고 강물들이 흘러서 나중에는 바다로 흘러 하나가 됩니다. 한국 강물들, 중국 강물들, 일본 강물들, 러시아 강물들, 필리핀 강물들, 태국 강물들 등등이 흘러서 오랜 세월 후 태평양으로 흘러가 하나가 됩니다. 미국 강물들, 유럽 강물들 등등 모두가 흘러서 오랜 세월 후 대서양으로 흘러 하나가 됩니다. 인도양, 대서양, 태평양, 지중해 바닷물들 모두 합해져서 오랜 세월 후 유일 대양바다 하나가 됩니다. 오직 바다는 하나입니다. 사람들이 편의상 이름을 붙여 인도양, 대서양, 태평양, 지중해, 북해라고 부르는 것뿐입니다.

사람도 이와 같습니다. 내 자식 내 핏줄하고 각각의 냇물처럼 흐르지만 세월이 흘러 10세대가 지나면 강물처럼 되어 내 핏줄은 흐려지고 세월 따라 100세대가 지나면 바다처럼 내 핏줄은 완전히 사라지고 오직 바다처럼 하나가 됩니다. 그래서 내 자식 내 핏줄이라는 것은 없어지는 것이고 오직 지구촌 한 형제 한 바다가 되는 것입니다. 인간들이 육안으로 멀리 내다볼 줄 모르고 오직 눈앞의 현상에만 집착하니 내 자식, 내 핏줄, 내 것 네 것 하고 분별하는 것입니다. 대자연의 깊고 넓은 이치를 명상으로 생각해 보세요.

영웅은 생명을 살리는 사람입니다. 죽어 가는 생명을 살리는 사람이 영웅입니다. 영웅이란 하나의 소우주로서 대우주 정의신으로부터 부여받은 에너지를 모아 생명을 구하는 데 빛을 밝히는 사람을 말합니다. 진정 종교인은 하늘이 천리인 화합과 상생을 이루고 세상을 자비와 사랑으로 채우며 밝고 기쁨이 가득 찬 소우주 신 기운으로 온 누리 지구촌을 장식하는 사람이 진정 종교인이요 종교가 그곳에 존재해야 할 가치입니다.

생명을 살리는 것은 양(+)이요 생명을 죽이는 것은 음(-)입니다. 종교인은 양(+)이요 일반대중은 음(-)이 됩니다. 과거나 현재 종교인이나 비종교인 모두 음의 세계에서 똑같은 행위와 생을 유지하고 있으니 전 세계에서 나라마다 종교가 있고 종교인이 있으면서도 불구하고 끊임없이 악성 좀비들이 출몰하고 좀비들에 의한 사건 사고가 도처에 시시각각 일어나고 있습니다.

영웅이란 우주정기의 양 기운을 가득 채워 세상을 밝게 만드는 성령의 소유자로 세상의 태양입니다. 양의 불꽃이 이글거리고 지구촌을 온 누리를 햇빛으로 따사하게 감싸며 밝고 밝은 무한한 양의 에너지를 지닌 천사요 신과 같은 존재 바로 지구촌 영웅입니다. 만인의 구원자요 만 생명의 구원자입니다.

정복자나 독재자는 영혼에 음의 습기를 가득 품고 생명을 대규모로 끌고 가 모두 죽음의 구렁텅이에 몰아넣는 사람으로 영웅이 아니라 마왕입니다. 그들은 "노벨 잔인 상이나 노벨 학살 상"을 받아야 할 좀비괴수입니다. 많은 사람의 생명을 희생시키며 개인의 명예욕이나 권력 장수욕을 충족시키고 시키고자 하는 마귀들의 괴수입니다. 습한 음의 세계에서 습한 정 기운을 받아 7욕7정의 욕망을 채우려는 이들을 영웅이라고 칭하고 역사에 길이 남기는 한 끊임없이 전쟁은 되풀이되고 도처에서 시시각각 인간 좀비들이 마왕의 기치아래 출몰하게 될 것입니다. 피라미드 생태계 약육강식 현상으로 죽음의 종소리가 당신에게 혹은 당신들의 후손들에게 들릴 것입니다. 자업자득의 이치요 인과응보의 이치요 대자연의 섭리입니다. 악성 좀비들이 횡횡하는 곳 그곳에 사는 생명들 그 누구도 구원받지 못합니다.

사람들은 편 가르기 분열로 서로 개처럼 으르렁거리고 정쟁에 가담하여 싸우고 있습니다. 정의는 사라지고 오직 내 편, 네 편에 서서 서로 자기편이 아니면 대규모 집회를 열어 "대통령 물러가라." 하고 외칩니다. 대통령은 국민의 다수결 원칙으로 투표해서 국민이 선택했습니다. 당장 자기편이 아니라고 "물러나라." 하고 퇴진을 외치면 똑같은 현상이 역으로도 발생 되는 것입니다. 자기편 사람이 대통령이 되었다고 하면 상대편 또한 대규모집회를 열어 "물러나라."라고 서로 외치는 악순환이 되풀이되게 됩니다. 잘하고 못하고 본론에 해당하는 업적은 5년 임기 후에 결론이 나오는 것입니다. 무엇이든 실적이 되는 결과란 금세 짧은 세월에 가시적으로 나타나는 것이 아닙니다. 잘못되었다고 생각하는 것이 후일 좋은 결과가 될 수도 있고 잘했다고 한 것이 후일 후회하는 결과가 될 수도 있습니다. 모든 것은 그 가치가 먼 훗날 평가되고 판단될 것입니다. 참고 기다릴 줄 모르는 오탁한 영혼들이 세상을 어지럽게 만드는 것입니다.

"겁탁, 번뇌탁, 중생탁, 견탁, 식탁"의 오탁세상입니다.

정치판은 개판입니다. 서로가 으르렁거리고 싸우며 개인의 이익과 소속 집단의 이익 밥그릇 챙기기에 여념이 없으며 정의는 사라지고 편이 갈라져 싸우기에 화합과 상생이란 천리는 사라지고 말로는 "국민 민생"을 외치지만 본질은 국민들을 불안하게 합니다. 잡식성 반야수인 개의 전형적인 속성을 정치인들에게 엿볼 수 있습니다. 모두가 뇌에 짐승기름기인 습기 이끼를 끼워 떠오르는 영혼이 깨끗하고 밝지 못하니 곳곳에서 분열, 갈등, 충돌이 일어나는 현상이 한국 국회에서 뿐만 아니라 전 세계 도처에서 일어나고 있는 현상입니다.

☞ 모두가 파도에 실려 한배를 타고 먼 항로를 가고 있습니다. 배가 침몰하면 내 편 네 편이 없이 모두 같은 운명이 됩니다.

☞ 막연한 민생을 외치지 말고 차라리 "서로 화합하여 발전되고 아름다운 나라를 만들도록 노력하겠다, 혹은 서로 화합하여 국민의 뜻을 받들겠다."라고 하는 것이 오히려 구체적이고 옳은 슬로건일 것입니다.

모든 잡식성 육식성 생명들에게는 선과 악이 공존하고 있습니다. 선은 양의 정기요 악은 음의 정기입니다. 양의 정기를 쏟아 다른 사람들의 삶에 도움을 주고 세상을 밝고 아름답게 해야 하나 인간들은 잡식성 반야수로 변질되어 음의 정기를 쏟아 세상을 불안하고 어둡게 하고 있습니다.

양의 정기가 지구촌에 가득할 때는 마귀들이 사라지고 정복자 독재자들이 발을 붙이지 못하며 악성 좀비 인간 바이러스, 생물 바이러스들이 이 땅에서 사라지게 됩니다. 7욕이 가득한 음의 정기는 다른 사람들을 해치고 누르며 죄를 저질러 형제들을 슬프게 만듭니다. 예수님 십자가 앞에서 기도하고 찬송하고, 성모마리아 앞에서 가슴에 십자가를 긋고 미사를 보고, 불상 앞에서 절하고 염불하고 알라신에게 엎드려 기도하는 모든 행위는 다음과 같은 성스러운 약속의 표시로 하는 행위입니다.

"나는 거룩하고 성스러우신 위대한 신의 정신을 받들어 이 세상을 밝고 아름답게 만드는 한 알의 밀알이 되겠습니다."

그냥 개인의 복을 빌고, 자식의 합격을 빌고, 가정의 행운을 비는 그러한 목적으로 하는 행위는 위선에서 나오는 헛된 망상이요 서론에 해당하는 허례허식이며 본질이 빠진 부질없는 짓임을 깨달아야 합니다.

모든 인간은 선악이 뒤섞인 가짜 나를 가지고 살아갑니다. 원래 대자연 정의신이 부여했던 순수했던 혜안(慧眼)을 가진 무한한 선량한 마음의 나는 본능에 가려져 내면 깊숙이 묻어두고 육신의 욕망에 따르는 육안(肉眼)을 가진 복잡한 성품 가짜 나를 데리고 일생을 살다가 죽습니다. 가짜 나의 영혼은 욕구본능 습기가 가득한 음의 에너지로 색계에서 오직 우상을 찾아 상에 집착하여 사는 것입니다. 파도가 일면 고요한 바다가 있는데 고요한 바다는 알지 못하고 같이 파도를 타고 살며, 바람이 불면 고요하고 신비스러운 정의신이 있는데 바람을 타고 살아갑니다. 가짜 사람들이 가짜 신들을 만드는 것은 지극히 당연한 이치입니다. 진여 진짜 한량없는 양의 에너지를 지닌 정신은 뒤에 묻어두고 가짜 음신들을 모시고 사는 것입니다.

☞ 가짜 영혼을 가진 인간들이 알맹이 빠진 가짜 종교와 유유상종으로 어우러지는 것은 당연한 이치입니다. 욕망의 먹구름에 순수한 나가 가려진 가짜 인간들은 색계에서 외적인 면을 보고 외적인 현상과 어우러집니다. 부처, 예수는 공(空) 즉 성령, 무색계를 외쳤지만 옛날이나 오늘날의 종교는 외면을 중시하는 전부 색계종교입니다.

고요하고 신비하고 무량한 에너지를 가진 정신이 진짜 신이요 우주 삼라만상을 조화로 균형을 유지하고 순수양정의 에너지로 만 생명을 창조하여 한량없는 에너지 자비와 사랑을 온 누리에 펼치는 진정 위대한 신입니다. 바람 따라 세월 따라 생기는 각종 신들은 정의 에너지가 전혀 없으며 어떠한 역할도 하지 못하는 허망한 허상들이며 바람 따라 세월 따라 사라집니다. 어느 나라에서 사람들이 만든 신으로 예를 들면 "주피터"와 같은 로마신이 있었다면 로마제국이 멸망하면서 신은 사라져 버린 것입니다.

인간은 대자연 정신으로 창조된 소우주로 몸속에 선과 악이 공존하듯이 진짜와 가짜가 공존하고 있습니다. 대자연 정신의 에너지를 일부 받은 진여 순수한 참나를 가진 진짜영혼은 작은 하나님으로 한량없는 선을 품은 고요한 바다와 같습니다. 가짜가 세상을 뒤덮으면서 모두가 진짜인 양 알고 있는 세상입니다. 사고는 막히고 단절되어 "당신은 가짜요, 당신이 믿는 신도 가짜요, 당신 몸속에 있는 하나님을 찾으시오. 그러면 그 진짜 작은 정의신 관세음보살을 보게 되리라."라고 해도 아무도 믿지 않을 것입니다. 가짜 유사품 모조품들이 횡행하고 그 가운데 진품과 같은 유사품 사람도 있으나 하나같이 대자연의 미미한 에너지를 가진 미물들입니다.

☞ 본래의 나의 참 모습, 참나, 순수한 나를 찾는 것은 음의 습기가 전혀 없는 오직 양의기만 가득한 양정의신을 찾는 길이 부처, 예수의 참 길입니다.

【에베소서 5장 17절】
『어리석은 자가 되지 말고 오직 주의 뜻이 무엇인지 이해하라』

☞ 마귀, 귀신, 좀비들은 습한 음기가 가득 찬 음신들입니다.

인간을 포함한 모든 중생들은 습한 음기(악)와 양기(선)가 혼재되어 있습니다. 평소에는 음기가 더 많이 발동하며 욕구본능의 습에 빠져 살아갑니다.

습한 음기를 완전히 없애고 오직 양의 기운만 있는 사람은 양신이요 신선이며 불성(성령)을 가진 천사입니다. 양신은 사랑과 자비로 만 중생들을 보살피고 지구촌 온 누리를 밝고 아름답고 평화롭게 하는 마하반야의 지혜를 증득한 진여 진정한 선구자이며 불교에서는 부처나 관세음보살이라고 부릅니다. 관세음보살은 대자비로 만 중생의 소리를 듣고 보살피는 보살입니다. 그의 영혼은 대우주정신인 우주정기와 합일이 되어 죽어도 윤회의 법칙을 따르지 않고 중생의 몸을 받아 환생을 하지 않는 영생세계의 기운이 됩니다. 마치 냇물이나 강물이 바다로 흘러 하나가 되어 표시가 전혀 없는 하나의 바닷물이 되는 것과 같습니다.

☞ 대통령이 아무나 될 수 없듯이 성령이 아무에게나 주어지는 것이 아닙니다. 평생 종교를 믿고 기도하고 찬송하고 참선하고 명상한다고 얻어지는 것이 절대 아닙니다. 콩 심은 데 콩 나고 팥 심은 데 팥이 납니다. 결

코 콩 씨앗이 팥이 될 수 없고 팥 씨가 콩이 될 수 없습니다. 천지개벽이 되지 않는 한 "강은 강이요 산은 산"입니다. 타고난 근본형질은 바뀌지 않습니다. 무엇인가 깨달아 성실히 열심히 일생 동안 공부하고 노력하고 땀 흘려 의와 선을 끊임없이 실천하여 조금씩 나아가 밝고 가벼운 영혼이 되어 내생에 좋은 곳에 좋은 인연을 맺어 환생하도록 애쓰는 것만이 인간으로서 최선입니다.

【디모데전서 6장 18절】
『선한 일을 실천하고 선한 사업에 기부하고 나눠주기를 동정하는 자가 되게 하라. 이것이 장래에 자기를 위하여 좋은 터를 닦아 참된 생명을 취하는 것이니라』

☞ 아무나 성령, 아무나 천국, 아무나 깨달음, 아무나 신을 말하는 무명한 자들은 다른 중생들을 미혹하게 하고 성현들의 참뜻을 혼란스럽게 합니다.

☞ 감언이설이나 위장술에 정신을 빼앗겨서는 안 되고 넘어가서는 안 됩니다.

부처, 예수의 참 뜻
(대자연 정의신의 가르침)

종교는 믿는 것이 아닙니다. 믿는다는 말은 3무(무식, 무지, 무명)에서 나오는 말입니다. 막연히 믿고 스스로 마음에 그리는 절대 신에게 귀의하여 빌고 의지하는 것이 아닙니다. 세파에 시달리는 약한 마음, 의지 처를 찾는 약한 마음, 중병이 들어 죽기 전 환자가 할 수 있는 유일한 마음의 길이요 마지막 의지처일 뿐입니다. 부처는 팔만대장경이란 경전을 만들어 길고 어렵고 초현실적인 본론으로 설법하신 방대한 것들이 결국 결론으로 짧은 한마디 "대자비는 내 경전의 완성이다."입니다.

예수도 성경에 가르치신 모든 것들이 성경에 짧은 한마디 결론으로 "대사랑은 내 율법의 완성이다." 했습니다. 두 분 모두 하나같이 "의를 행하라 선을 행하라." 하셨는데 그분들이 뜻하신 행의 본론은 무한한 행입니다. 이 무한한 행을 설명하기 위해서 부처는 "반야심경, 금강경"을 만들어 어떠한 것이 대자비인지를 깊고 높은 대자연의 이치를 형이상학적으로 설하신 것입니다. "황허 강의 모래 수와 같이 헤아릴 수 없는 행, 동서남북 허공을 가히 측량할 수 없는 행"이 바로 그것입니다. 이러한 행은 방대하고 강대하며 고요하고 거룩하고 신비스러워 측정단위(kg, Ib, ton, kg/㎠, bar, Mpa etc.)를 만들어 인간이 측량할 수 없는 신 기운(神 氣運)과 같아 우주정기와 합치되는 것으로 일체의 사심이 없는 깨끗한 영혼에서 쏟아 나오는 무한한 영적에너지입니다. 이러한 한량없는 영적에너지 속에는 반야심경에서 가르치는 공(空) 개념, 금강경에서 가르치는 무위자연의 의미가 내포된 것으로 A. J. 크로닌 씨의 소설『천국의 열쇠』에서 주인공 신부와 함께 생사를 함께한 수녀가 주인공 신부를 보고 "신부님은 깨끗하고 아름다운 영혼을 가지셨습니다."라고 말한 치섬 신부의 상에 머무르지 않는 무한 사랑, 자비, 헌신과 같습니다.

　사람들이 아무리 불교대학, 가톨릭대학, 신학대학, 기타 종교 관련 대학을 졸업하고 공부를 하였다 하더라도 행함의 가치가 없으면 졸업장은 하나에 껍데기 치장에 불과하게 됩니다. 오늘날 모든 종교, 모든 종교인들이 일상에서 하는 예배, 예불, 기도, 찬송, 미사들은 행사에서 치르는 의식, 의례와 같은 것들은 허례허식이요 형식적인 치장에 지나지 않습니다. 예수가 "알면 행하라, 알고도 행하지 아니하면 죄니라." 하는 가르침은 부처의 무한 보시처럼 "행이 빠지면 이빨 빠진 입"이나 같다는 뜻입니다.

　☞ 지행합일(知行合一)이란 "알면 행하라."는 대자연 양면성법칙에 해당합니다. 신과 발과 같고 암수와 같은 것으로 하나가 빠지면 무의미하고 무가치하게 됩니다. 대자연의 이치와 섭리입니다.

　아무리 평생을 종교에 몸을 담았고 종교계의 권위를 가졌다 하더라도 깨끗한 영혼에서 무위자연으로 쏟아져 나오는 한량없는 자비와 사랑을 몸소 행하지 않았다면 대자연의 신비스러운 정신처럼 될 수 없습니다. 『무아상, 무인상, 무중생상』상에 머무르지 않고 실천하는 한량없는 행은 가히 인간이 측량할 수 없는 것으로 금강경에서 가르치듯 그 복덕이 무한하다 하며 방대하고 강력하며 거룩하고 고요하고도 신비스러운 우주 정의 에너지와 같은 것으로 세상을 움직이는 힘이 됩니다.

☞ 대자비 대사랑에는 대상이 없습니다. 대상의 분별이 없어 모든 생명들을 사랑하고 생명을 중시하는 우주의 고요한 정기입니다.

서울대학, 예일대학, 하버드대학 등 명문대학 졸업장은 서론 즉 시작에 불과합니다. 명문대학을 졸업하고 명문대학 출신답게 죽을 때까지 끊임없이 길고 긴 본론에 해당하는 생의 가치 창출이 없다면 그 졸업장들은 껍데기 치장에 불과하고 죽을 때 별 가치 없이 사라지는 짧은 결론만 남을 뿐입니다. 『서론 본론 결론』은 『나고 살고 죽고』와 같은 것으로 태어나 인간이 살아가면서 얼마나 가치 있는 삶을 살았느냐에 따라서 관 두껑 덮을 때 결론이 나오게 됩니다. 서론에 해당하는 태어나는 것과 결론에 해당하는 죽는 것은 짧은 순간이지만 본론에 해당하는 한생의 삶은 길고 긴 것으로 각자가 인간으로서 가치관을 가지고 가치 있는 삶을 살았을 때 죽고 난 후의 남긴 결론은 길이 빛이 나고 가치가 있게 됩니다.

☞ 부처님 예수님은 비록 서론 즉 시작은 짧고 미미했지만 "내 나중은 창대하리라." 하셨듯이 본론에 해당하는 길고 긴 고행과 수행을 걸쳐 결론에는 2천 년 지난 오늘날까지 그 가르침인 그분들의 흔적이 영원히 살아 있는 영생세계입니다. 그분들의 혼백 또한 습한 대기권을 벗어나 우주정기와 합일되어 더 이상 윤회의 길을 걷지 않게 된 영생세계로 가진 것입니다.

7욕7정의 습한 본능을 가진 인간은 예외 없이 부처, 예수가 뜻하신 행을 기대할 수 없으며 이룰 수 없습니다. 당장 건강한데도 불구하고 몸 건강을 우선 생각하고 육신의 안일과 평안이 그리고 탐욕과 정욕이 영혼을 지배하고 있습니다.

영혼은 하나같이 특정한 테두리에 갇힌 상태로 나와 내 가족이 잘 먹고,

잘 살고 편안하고 부족함이 없이 일생을 산다면 그것으로 만족하여야 하며 100년 동안 대자연의 무한한 혜택을 누리고 자연 따라 살다가 바람처럼 미련 없이 떠날 수 있다면『색계, 속계, 습계, 욕계, 업계, 사바세계, 윤회계, 무자비한 세계, 약육강식의 세계인 피라미드 세계』에서 필부중생으로서 좋은 결말을 가지는 것입니다.

석가여래와 예수가 가르친 초현실적, 형이상학적, 철학적 이론은 이미 이 책 다른 장에서 많이 설명했듯이 다음과 같은 현실적이요 형이하학적인 실천적 내용으로 집약될 수 있습니다.

7욕7정의 욕망 욕구를 버려라.
육신과 영혼을 깨끗이 하라.
모든 중생들을 사랑하라.
무한 사랑과 자비를 베풀어라.
희생 봉사하고 인욕, 인내, 근검, 절제, 겸손, 온유, 용기, 친절, 평화
그리고 모든 이와 화평하라.
계율을 철저히 지키고 이러한 것들이 성취될 때까지 수행 정진을 게을리하지 말라. 등입니다.

『두 분의 가르침』은 "가히 신도 측량할 수 없는 '방대하고 거룩하고 성스럽고 고요하며 신비스러운 정의 에너지 즉 정의신'을 그대들의 순수하고 천진무구한 본래의 영혼인 우주정기를 찾아라."라는 정의신교(精의 神敎) 즉 정교(精敎)입니다.

『우주정기』는 "만 생명, 만물을 창조하고 덕을 이루는 무한 자비와 무한

사랑이며 다채로운 세상을 화합과 조화, 평화와 기쁨을 만들어 내는 보이지 않고 만질 수도 느낄 수도 없는 고요한 양의 기(氣), 무한한 에너지"로 바로 그것이 천국, 극락과 같은 기운입니다. "무한 자비와 사랑의 꽃으로 장엄한 공선을 타고 온 누리의 생명들과 함께 타고 가꾸어 가는 인자"는 그 영혼의 아름다움이 거룩하고 신비스러워 고요한 우주에너지와 같아 천사요 신과 같은 성자입니다.

중생들이 바글거리는 "습 기운 음의 기가 지구촌을 지배하는 대기권을 넘어 진여진공으로 진입한 혼 기운은 그 기운이 우주 양의 기와 합일이 되어 더 이상 나고 죽고 하지 않는 불생불멸의 여래장"이 되는 영혼 그것이 "순수하고 천진무구한 나"로 천국, 극락과 같은 기운이며 무색계입니다.

이러한 천국과 극락은 "형식적이고 허례허식에 치우친 의식, 의례, 예불, 예배, 기도, 찬송, 미사, 세례, 등 어떠한 형태의 행위로도 이룰 수 없는 것입니다. 그러한 모든 행위는 서론인 껍데기 치장이요 외형을 추구하는 장식이며 본질인 기나긴 본론은 퇴색되고 사라진 이유로 과거나 현재 종교가 있으나 마나한 결론 즉 결과물들인 좋지 않은 현상"들이 일상에서 시시각각 도처에서 나타나는 것입니다. 그러한 허례허식은 쉽게 돈 버는 수단으로 이용되고 있는 현실입니다.

천국과 극락, 지옥은 특정한 장소를 말하는 것이 아닙니다. 어디에도 그러한 장소는 없습니다. "종교 믿고 천국 가세요." 하는 말은 천국이 무엇인지 개념 없이 하는 말입니다. 사람들이 흔히 쉽게 천국이라고 생각하는 것은 인생에서 성공, 출세, 부를 축적하고, 잘 먹고, 잘살고, 즐기고, 편안히 100세를 누리며 살면 그것이 천국이라고 생각합니다. 그렇다면 종교를 믿으면 성공하고, 출세하고, 부를 축적하고, 잘 먹고, 잘살고, 즐기고, 건강히 100세를 누리는 것이냐 하면 그렇지 않습니다. 그러한 천국은 육신의 순간적 천국일지 모르나 부처, 예수가 가르치는 영적인 천국이 아닙니다. 부처, 예수가 가르치는 천국은 형상이 없으며 추상적이요 형이상학적이요 초현실적이며 거룩하고 성스럽고 신비스러운 무색계 영생세계로 무거운 습기와 중력을 가진 색계에 빠진 잡식성 영혼들이 갈 수 있는 곳이 아닙니다.

물고기가 바닷속에서 살면서 물이 있는지 모르고 바다의 깊이와 넓이 그리고 무게를 모르고 살아가는 것처럼 사람이 육신을 땅에 두고 땅을 디디고 살면서 땅의 크기와 무게를 모르고 살며 영혼은 하늘에 두고 있으면서 허공의 크기와 넓이를 모르고 사는 것과 같습니다. 무한한 대자연의 혜택을 누리며 생을 유지하면서 그 혜택을 모르고 살아가는 미물들이 생각하는 동물이라고 진짜 신은 뒤에 두고 인간들이 만든 에너지 없는 허망한 가짜 신들을 앞에 내세워 "믿어라, 믿고 천국과 극락을 가라."라고 합니다. 그것을 이용하는 성직자들 모두가 죄인이 됩니다.

병정개미가 천국 극락을 간다고 하고 개가 왕왕거리며 천국이나 극락을 간다고 외치는 것을 본다고 가정하면 사람들은 모두 "무슨 소리야. 하하 웃기고 있네. 천국 극락이 무엇인지 개념도 없는 것들이."라고 할 것입니다. 똑같은 이치로 신선이나 천사가 있어 사람들이 천국이나 극락을 간다고 외치는 것을 들었을 때 "중생들이 무슨 소리를 하고 있어, 천국 극락이 무엇인지 알고 하는 소리야."라고 할 것입니다. 종교란 천국 혹은 극락을 가는 수단이 아닙니다. 한여름 잠시 온도가 40도만 올라가도 죽는다고 아우성치는 자연의 지배를 받고 사는 미물들로 대자연의 천리를 알지 못하고 천리에 순응하지 않고 있으니 천국과 극락은커녕 좀비 마귀들이 날뛰는 지옥 세상천지가 되는 것입니다.

무명하고 미혹한 중생들이

구일본군이 대동아 공영을 빙자하여 전쟁을 일으키고

자국민 보호를 빙자하여 이웃 나라를 침공하고

사회주의 낙원을 빙자하여 세뇌를 시켜 가두고

결혼을 빙자하여 간음을 하고

투자를 빙자하여 사기를 치고

국민 민생을 빙자하여 권력을 취하려 하고

종교를 빙자하여 금품을 수수하는

무엇을 빙자하는 모든 행위들은 정의신 앞에서 큰 죄악입니다. 처벌을 받거나 받게 됩니다.

【저자전서】

"너는 소우주요 소우주로서 가진 본래의 작은 하나님을 찾아라. 그 하나님은 대우주 정의신이 가진 에너지에 비해 비록 극히 작고 미미하나 한량없는 선한 영혼이요 무량한 자비와 사랑을 베풀 수 있는 잠재 에너지를 품고 있는 양정의 기운으로 대우주정기의 일부이니라, 그것이 참 그대의 모습이로다.

욕망의 습기가 가득한 가짜 모습을 벗어 버리고 순수 청정한 양정의 기운 에너지가 가득한 진여 참 그대의 모습이 예수요 부처이니라. 참모습을 찾아 너희에게 생명을 주시고 일생 동안 먹을 일용할 양식의 씨앗을 주신 대자연 정의신께 감사드리며 오직 그 신만 받들고 천리에 순응하며 살아야 하느니라.

가짜 인간들이 서로 옷을 달리 입고 서로 다른 이름을 붙여 차별화시킨 가짜 신들은 무명한 너희들을 미혹하게 하고 이용하는 수단일 뿐이로다."

☞ 부처님 예수님의 가르침 배경에는 대자연의 깊고 넓은 이치가 뒷받침되어 있습니다. 대자연의 진리가 곧 종교입니다.

☞ 나무와 꽃들이 땅속의 영양분과 습기를 받아 자라서 봄이 되면 신이 주신 양정의 에너지를 능력껏 발산하여 아름다운 열매와 꽃을 장엄하게 펼쳐 만 생명에게 양식을 제공하고 온 누리를 아름답게 합니다. 나무는 신이 주신 양정의 기를 내뿜어 산소를 배출하고 유해 탄산가스를 없애 주며 많은 생명들의 거처를 제공하고 먹이를 만들어 주며 여름에는 세상을 푸르게 초록으로 장식하고 가을에는 아름답게 채색된 단풍으로 모든 사람들에게 즐거움을 줍니다. 꽃들도 나비나 벌에게 양식을 제공하고 봄여름이면 아름다운 옷을 입어 모든 사람들에게 역시 즐거움을 주고 세상을 아름답게 합니다. 비록 많은 습기를 안고 살아가지만 하나같이 신이 주신 양정의 기운을 한껏 발휘하여 정의신의 뜻에 따르고 신의 은혜를 갚습니다. 비록 미물들이지만 성령과 불성을 가지고 있습니다.

사람도 비록 습기로 태어나 욕망의 습기를 가득히 안고 살아가지만 땀 흘려 열심히 일하고 신이 내린 양정의 기운을 능력껏 발산하여 이타 행(利他 行) 즉 다른 사람들을 돕고 이롭게 하며 지구촌을 아름답게 가꾸어 가는 것이 정의신의 뜻에 부합되는 것으로 그 속에서 성령과 불성을 엿볼 수 있습니다. 행하는 모든 중생들에게 비록 미물들이지만 나름대로 신의 모습을 볼 수 있으니 그 속에 참다운 참 종교가 있는 것입니다. 기도, 찬송,

예배와 같은 허례허식에는 껍데기 종교로 치장된 위선이요 정의신의 뜻과 전혀 화합되지 않으며 가짜 신들 허상은 진여 정의신을 모독하는 것입니다.

☞ 부처, 예수가 가르친 길은 어렵고 아득히 멀어 모두가 이해하지 못하고 알지 못하며 행하기 어려워 모두가 쉬운 길로 가는 것은 당연하며 그 길이 껍데기 외형 치장을 멋들어지게 곁들인 허례허식 형식적인 의례가 무명한 중생들에게 맞게 어울리는 방식이요 일반화 보편화된 오늘날 종교입니다.

☞ 부처, 예수의 뜻에 따라 세운 종교는 믿는 것이 아니요 의지하는 것도 아니요 나와 내가족의 복을 비는 수단도 아닙니다.

☞ 종교를 바르게 이해하고 바로 믿어 양의 에너지를 발휘하여 끊임없이 의와 선을 실천하는 참된 사람이 되어야 합니다. 그러한 일에는 종교가 필요하지 않습니다. 교회도, 성당도, 사찰도, 모스크도 어떠한 건물도 필요하지 않습니다.

목회자가 성직이란 직업인이 되어서는 안 됩니다. 직업인이란 항상 속된 재물과 밀착되어 있는 사람입니다. 목회자가 그러한 속된 재물과 밀착되어서는 안 됩니다. 탐욕이 가득한 검은 마음을 가진 속된 장로들과 어울려 그들의 욕구를 만족시키는데 하나님의 이름으로 공모하는 일은 크나큰 죄악입니다. 욕계는 어쩔 수 없이 비록 더럽더라도 성직자만은 비록 돈 못 버는 무능한 목사로 낙인 찍혀 교회에서 쫓겨나는 일이 있더라도 최소한 양심을 가지고 부정과 더러움을 멀리해야 합니다.

☞ 종교는 육식처럼 없어질 수 없는 하나의 생활문화가 되었습니다. 일

반 기업체 건물이나 종교 건물이 똑같은 자본주의 금전만능주의의 상징물이 되어서는 안 됩니다.

모두가 하나같이 돈독에 빠져 돈에 취해 있습니다. "돈이라면 양잿물도 마신다. 돈이 원수다. 돈이 최고다. 돈이면 만사형통이다. 매일 돈 타령만 한다. 돈만 벌 수 있다면 무슨 짓이든 못 하랴. 돈이면 다냐. 돈이 전부다. 돈만 보면 눈을 벌겋게 해서 설친다."라고 하는 속언도 생겼습니다. 돈으로 형제와 다투어 원수가 되고, 돈으로 부모 자식 간에도 원수가 되고, 돈 때문에 소중한 사람들의 생명을 죽이고 죽고 자살하고, 돈으로 모든 것을 해결하고 할 수 있는 오직 돈 판 세상입니다. 신자들 머릿수를 모두 돈으로 생각하고 돈으로 부처, 예수 각종 신들의 이름을 팔아먹고 사는 것을 넘어서 치부하는 말세 세상입니다. 부처님 팔상록(八相錄)에 "내 사후 2천 년 후에는 말세가 되어 나를 팔아먹고 살리라." 하고 예언도 하셨습니다. 예수님도 성경에 많은 유사한 예언을 해 두셨습니다. 전직 대통령, 국회의원, 정치인들, 고위직 공무원들이 먹고살 돈이 없어 뇌물수수, 이권개입 등 부정부패를 저지르고 있겠습니까?

돈은 금전 물질 만능 자본주의 사회의 타락한 한 단면입니다. "돈으로 귀신도 부린다, 태산이 티끌을 마다하지 않는다."는 황금만능시대를 비추어 하는 격언입니다. 돈은 탁한 중생들에게 절대적 가치요 절대적 신입니다. 만인이 열렬히 추구하는 것이요 거의 예외는 없습니다. 욕계에서 모두가 돈을 우상숭배하고 열렬히 추구하는데 성직자가 직업인이 되면 또한 혹이나 예외가 될 수 있겠습니까? 죄의식 없이 부처님 하나님의 거룩한 사업이라고 하고 앞으로는 불성 성령을 외치고 뒤로는 돈을 챙기는 이율배반적인 일을 양심의 거리낌 없이 할 수 있겠습니까? 명심하세요. 모두가 7욕7정(七慾七情)의 본능을 가지고 있다는 엄연한 사실과 특히 종교 건물에 막대한 돈을 투자한 속된 장로들과 속된 가족, 형제들이 함께 있다는 사실입니다.

☞ 욕심과 위선이 가득한 인간에게 돈과 권력, 종교는 아편과 같은 중독성을 가지고 있습니다.

물욕, 금전욕, 식욕, 성욕, 명예욕, 장수욕, 소유욕 그리고 희(喜), 노(怒), 애(哀), 낙(樂), 애(愛), 오(惡), 욕(欲)이 마음 깊숙이 자리 잡고 있습니다. 그 어떠한 미사여구도 어떠한 기도, 찬송, 예배, 예불도 부처, 예수님의 외침도 7욕7정 6진의 막강한 유혹신의 힘을 이겨 내지 못합니다.

성철스님은
"크게 깨달은 대비보살은 지옥에 자빠진 쓰레기로다."라고 했습니다.
지나친 비유적인 표현입니다. 왜 크게 깨달은 대비보살이 지옥에 떨어져 그곳에 자빠져 있을 수 있겠습니까? 대비보살은 대사랑 대자비를 베푸시는 관세음보살이요 천사요 정신과 같은 사람입니다. 그러한 분이 지옥에 갈 일도 없습니다. 크게 깨달은 대비보살 그러한 사람은 이 세상에 없다는 것을 비유적으로 강하게 말하신 것입니다. 모두가 하나같이 7욕6진의 유혹에 빠진 중생들로 위선에서 나오는 가식적이요 가치 없는 사랑 자비로 동정심을 유발하는 위선자들이요 진실로 실천적 행함이 없는 알맹이 빠진 가짜 영혼들로 각종지옥에 떨어지고 쓰레기로 남을 뿐이라는 것을 성철스님이 강력한 어조로 비유적으로 표현한 것입니다. 쓰레기라고 표현하신 것은 다시 축생의 몸을 받아 환생하는 탁한 영혼들을 비유한 것으로 지옥에 자빠질 쓰레기 같은 영혼들이라는 뜻입니다. 날카로운 송곳과 같은 말씀입니다.

한평생 육식을 즐긴 기름때 끼인 속가 영혼들이요 각종 상에 집착하여 온갖 욕정 욕구본능을 추구하며 살아온 중생들로 살생당한 원혼들의 살기운이 온몸에 가득히 스며들어 잡식성 반야수의 복잡한 심성이 된 인간들이 미미하게 한구석에 존재하는 찰나의 불성 즉 찰나의 성령을 찾아 사찰을 찾고 나와 내 가족이 잘되고 성공되게 비는 무식 무지 무명에서 나오는 모습이 너무나 한심하고 우습다는 내심의 강한 표현일지 모릅니다. 또한 불도(佛道)를 닦는다고 스님들이 된 사람들을 주변에서 지켜보실 때 영원히 중생의 탈에서 벗어날 수 없다는 생각이 들었을 것입니다. 천신 또한 하늘에서 미물들이 하는 모습들을 내려다보시면 조소하실 것입니다.

☞ 무식 무지 무명은 어리석음과 통합니다. 일생을 살면서 무슨 업을 지을지 아무도 예측할 수 없고 모르는 것이 바로 어리석음입니다.

☞ 인도에 있는 도사 행세하는 어느 선지자는 "신을 알아야 인간이다." 라고 하는데 그가 말하는 막연한 신은 어떠한 신이며 무명 중생들이 어떻게 알아야 하는지 답이 없는 어리석음에서 나오는 헛소리입니다. "진정 대자연의 천리를 알고 천리에 순응해야 인간이다."라고 해야 하며 천리가 곧 신묘한 정신의 뜻이요 대자연의 광대무비(廣大無比)한 이치이며 섭리입니다.

☞ 인간은 잡식성 동물임을 명심해야 합니다. 육식을 위해 수많은 짐승들의 생명을 죽여 왔고 죽이고 있으니 하나님 앞에 모두가 살생범임을 직시하고 명심해야 합니다. 현생에서도 살인범에 대해 국내법이 있어 엄하게 처벌하는데 하나님의 생명을 살생한 죄 또한 살생범으로 엄하게 처벌

받을 것입니다.

☞ 수천만 년 전 태초부터 인류는 육식으로 몸을 짐승의 육신으로 만들어 왔고 육식성 단백질, 호르몬과 DNA로 유전인자를 자자손손 전해 주었고 현세 살면서도 모두가 고기와 생선을 즐겨 먹는 잡식성 인간들입니다. 사기성, 폭력성, 공격성, 도발성, 잔인성의 씨앗을 영혼 밑바닥에 두고 7욕의 욕망과 욕정을 가득 품고 6진의 유혹을 따라 즐기며 살면서 종교를 만들어 성령을 쉽게 아무나 외치는 현실입니다.

☞ 소, 양, 염소젖으로 갓난 애기를 키우면서 배은망덕하게 잡아먹는 생각 없는 무자비한 동물임을 명심해야합니다.

흐름이 막히면 죽음

흐름이 이치에 대해서는 이미 책 2부 『육식 살생의 세계 대가는 무엇인가』에서 자세히 설명하였습니다.

흐름이 막히면 죽음입니다. 세상만사 이치는 흐름이요 흐름은 불생불멸한 지구가 멸망해도 사라지지 않는 진리 여래장이라고 했습니다.

몸에 피가 흐르며 동맥 정맥이 막혀 흐름이 막히면 곳곳에 사고가 터집니다. 뇌혈관이 막히면 "뇌경색, 뇌출혈, 몸의 혈관이 막히면 혈관수축, 혈관폐색, 수족냉증, 고혈압" 등 질병이 생기는 사고요, 음식이 대장에서 막히면 "장폐색, 변비" 등으로 장이 터져 죽거나 고통을 받는 사고입니다. 이것은 영혼에 대해서도 마찬가지입니다.

영혼도 육신처럼 흐름이 막히면 죽음입니다. 종교 세뇌교육, 다단계 세뇌교육, 사회주의사상 세뇌교육 등은 영혼의 흐름을 막아 영혼의 죽음에 이르게 합니다. 아무리 잘못된 사상, 개념, 이론이더라도 "100번 찍어 넘어가지 않는 나무가 없다."라는 속담대로 계속 반복 세뇌시키면 결국 가짜도 진짜로, 불의(不義)도 정의(正義)로 둔갑하게 되는 무서운 것이 영혼의 세뇌입니다. 육신의 막힘은 당사자 한 사람에 해당하지만 영혼의 세뇌는 본인을 포함한 주변 모든 사람에게 영향을 미치게 합니다. 육신의 막힘은 혼자서 고통 받고 죽으면 끝나지만 영혼의 막힘은 많은 사람 생명들에게 영향을 미치게 합니다.

세상의 이치와 자연의 섭리는 흐름입니다. 모든 것들이 흘러가고 흐르고 있으며 흐르지 않고 가만히 있는 것은 죽음입니다. 강물이 열심히 흐르고 있는데 갑자기 철옹성 같은 둑을 세워 흐름을 막아 버렸습니다.

강물은 "내가 전에는 흘러갔는데 왜 갑자기 막혀 흘러가지 않나."

강독은 "내가 흐르지 못하도록 막아 버렸지."

사상교육이나 세뇌교육이 흐름을 막아놓은 것입니다.

강물은 어느 날 갑자기 무엇에 의해 막혀 버린 것인지 깨닫지 못하고 막힌 상태가 진실인 양 알고 살아가고 있었습니다. 강물은 계속 상류에서 흘러 내려오는데도 불구하고 앞에서 철옹성 둑이 막혀 있으니 "영혼폐색현상"이 생긴 것입니다. 세월이 가면서 물은 고이고 고여 정체되고 결국 고인 물은 각종 오물, 쓰레기, 먼지로 오염되기 시작하여 부유물이 생기고 각종 박테리아 곰팡이 세균들이 번식하더니 썩기 시작했습니다.

누군가 강물에게 "야, 오래 고여 있으니 냄새도 나고 물에 무엇인가 잡 것들이 바글거리며 너희를 오염시키고 너희들은 폐수로 변하고 있어."

고인 물은 자꾸 흐르려고 애를 쓰지만 이미 둑에 막혀 있어 속수무책 막혀 있는 상태로 그것이 당연한 것으로 생각하고 불가항력 썩어 가면서 살아가고 있었습니다. 그러던 중에 누군가가 철옹성 둑에 조그마한 구멍을 내주니 그 구멍을 통해 물이 조금씩 흐르기 시작하였고 세월이 흐르자 구멍이 조금씩 커져 갔습니다. 점점 흐름이 세어지자 구멍은 점점 더 커지기 시작합니다.

오늘날 북한에서 한국 드라마, 한국 가요, K-pop 등이 구멍 내는 수단에 해당합니다.

강물은 무엇인가 느끼고 "야, 무엇인가 통하는 것 같다. 흐르고 있어. 움직이고 있는 것 같아."

외적 영향을 받아 사상의 변화가 서서히 생기기 시작했던 것입니다. 죽음에서 조금씩 깨어나 살아 움직이기 시작한 것입니다. 그러자 또 끊임없는 세뇌교육은 계속되어 살아나는 놈을 죽여 버립니다. 그리고 외부영향을 받지 않도록 철저한 단속을 합니다. "오직 유일신 ××, 오직 사회주의 국가" 등으로 흐름을 막아 놓습니다.

☞ 정신을 빼앗겨서는 안 됩니다. 세뇌를 당하여 정신을 빼앗겨 버리면 정의 에너지를 빼앗기는 것으로 영적 죽음이요 다른 사람의 꼭두각시 노릇을 하게 되는 허수아비가 됩니다.

작은 구멍은 오랜 세월이 흐르면서 풍화작용으로 커다란 구멍이 되어 둑을 무너뜨리게 할 수 있으며 강물은 옛날처럼 신나게 흐르고 흘러 넓고 넓은 바다로 달음질 칠 것입니다. 대자연 흐름의 이치요 섭리입니다. 막혔던 사고가 마침내 트이고 세뇌교육이 깨지기 시작하여 세뇌의 강력한 대못은 어느 순간 빠지게 되고 믿었던 모든 것이 붕괴됩니다. 모두의 영혼은 자유롭습니다. 어떠한 사상이나 이념에 매여 있어서는 안 됩니다. 모든 것들이 상에서 생긴 것이요 상에 집착이 되면 안 됩니다. 한곳에 집착된 영혼은 반드시 문제를 일으키고 분열과 갈등 충돌로 대량 살상과 죽음을 불러오게 합니다. 공산주의 맥스 레닌 사상, 공산주의 이념 그리고 오늘날 이슬람 원리주의자가 그 대표적인 예입니다.

천리는 화합과 상생입니다. 이웃과 서로 화합과 상생이라는 대자연 하나님 뜻에 따라 흘러간다면 천리에 순응하는 것으로 양의 기운이 주변을 돌아 과거 불행한 일은 다시 일어나지 않을 것입니다. 밝고 아름다운 양 기운으로 이웃 나라들과 교감이 이루어지면 여러 가지 복합적인 문제들도 대화로써 해결의 실마리를 찾을 수 있을 것입니다. 예수님 말씀대로 "내 이웃을 내 몸과 같이 사랑하라, 원수를 사랑하라."라는 실천은 비록 불가능하더라도 너무 과거에 얽매이지 않고 이웃 나라들과 친구가 되어 밝고 아름다운 미래를 만들어 가면 흐르는 강물에 배는 띄울 수 있을 것입니다. 얼어붙은 강물에는 배를 띄울 수 없습니다. 대수의 3대 법칙인 "에너지 상호 결합법칙, 분배법칙, 교환법칙"이 적용됩니다. 대자연의 작용반작용법칙, 인과 윤회의 법칙 모두 적용됩니다. "오월동주 와신상담(吳越同舟 臥薪嘗膽)"과 같은 음정이 가득한 에너지 충돌이 있어서는 안 됩니다.

☞ 반목과 분열은 파멸의 길이라고 부처님 예수님은 예언 해 두었습니다. 반목과 분열은 과거의 아픈 역사로 되돌아가게 하는 원인이 될 수 있습니다.

수억이나 되는 서로의 후손들 미래 생명이 걸리는 문제이며 오월동주 와신상담처럼 영원히 돌이킬 수 없는 비극적인 결과를 만들게 됩니다.
어떠한 경우이든 예수님 말씀대로 이웃 형제들과 화평해야 합니다.

서로 사이가 틀어져 반목한다면 얻을 것은 아무것도 없으며 "오월동주 와신상담이란 인과, 연기, 윤회의 3발통 수레바퀴" 소리만 요란하게 울릴 것입니다. 영원히 자손대대로 서로 돌이킬 수 없는 원수가 되는 불행과 파멸만 남을 뿐입니다. 인간의 복잡한 심성에는 반발심이라는 것이 작용합니다. 한쪽이 음의 기운을 내면 낼수록 반발작용으로 다른 쪽은 더욱더 음심이 깊어져 반감과 감정의 골만 깊어지고 적개심만 커져 민감한 현안들은 영원히 미제(未濟)로 남게 될 것이며 한순간에 참혹한 충돌과 전쟁이 일어날 수 있음을 명심해야 합니다. 잡식성 복잡한 반야수의 심성으로 좀비로 돌변하는 일은 한 순간입니다.

☞ 오늘날 오월동주 와신상담의 대표적인 예가 이스라엘 팔레스타인 분쟁입니다. 중동지역에서 가장 많이 발생하고 있습니다.

☞ 인류의 역사는 눈물과 피의 역사입니다.

기도, 찬송, 예배하는 가운데 피눈물 나는 전쟁의 역사는 앞으로도 이어지고 계속될 것입니다.

☞ 미국과 중국이 서로 화합하면 평화와 번영이 있을 것이나 충돌하면 파멸과 죽음만 있을 뿐입니다. 전쟁에는 승자는 없고 오직 패자만 있을 뿐입니다. 그 넓은 땅을 두고도 조그마한 대만섬을 정복하겠다고 합니다.

☞ 오늘날 일본 정치인들이 야스쿠니 신사를 참배합니다. 그것도 허례허식일 뿐입니다. 가짜들이 알맹이 없는 껍데기를 숭상하는 현상으로 지구촌 모든 중생들이 하나같이 형식에 집착하는 일들의 일종입니다.

☞ 만약 일본이 독도문제로 다시 한국과 충돌한다면 임진왜란, 조선 합병과 함께 일본은 더 이상 이웃 한국과 상종할 수 없는 3진 아웃이 될 것입니다.

서로 화합만이 복잡한 문제를 풀 수 있는 유일한 해결 길이 될 것입니다.

모든 생명들은 대자연 정신 하나님이 주신 것으로 그 누구도 빼앗아 갈 권한이 없으며 빼앗길 이유도 없습니다. 대자연이 정해 주신 체류기간 동안 무사히 살다가 가벼운 차림으로 하늘나라 머나먼 기약 없는 길을 떠나도록 해야 합니다.

유튜브를 보시면 개가 호랑이 새끼나 고양이에게 젖을 먹이고, 호랑이와 개가 같이 살아가고 사자 멧돼지가 사람하고 같이 살아가고 새가 사람과 같이 화합되어 살아가는데 인간끼리 화합되어 살지 못할 이유가 있을까요. 이들 짐승보다 못한 영혼들이 있을까요.

☞ 화합에는 반드시 대자연 정의신이 화답하게 됩니다.
☞ 지지고 볶고 싸우는 곳에는 결코 정의신은 돌아보지 않습니다.
☞ 화합과 상생은 천리에 순응하는 것이요 정의신 뜻에 따르는 것으로 대자연의 이치와 섭리에 부합되는 것입니다.
☞ 정의신 양의 에너지인 따뜻한 화합의 손길로 얼었던 얼음을 녹이면 물이 되어 마음대로 휘저을 수 있습니다. 단단하게 언 얼음은 아무리 때려도 꼼짝하지 않습니다. 냉동고에서 단단히 얼은 것들은 녹여야 요리를 할 수 있는 것입니다. 세상의 이치는 하나로 통합니다.

서로 마음이 얼어붙어 있으면 일체의 교감도 대화도 해결책도 나오지 않습니다. 손바닥이 마주쳐야 소리가 나고 소리도 화음이라야 합니다.
강물이 흐르면서 각종 장애물들을 헤치고 흘러서 바다나 호수로 흘러 하나가 됩니다. 무엇이든 흐름에는 장애가 따르는 것은 자연의 이치요 섭리입니다.

인간은 누구나 잘못을 저지를 수 있습니다. 스스로 저지른 잘못을 알고 참회하는 사람이 있는 반면에 잘못을 하고도 잘한 것으로 생각하는 사람도 있습니다. 복잡한 잡식성 인간의 심성이 그 원인입니다.

【로마서 12장 2절, 10절】

『하나님이 기뻐하시고 온전하신 뜻이 무엇인지 분별하도록 하라』

생각의 흐름이 막히면 영적으로 죽은 것입니다. 변비가 걸려 변이 막히면 장이 터져 죽고, 뇌의 핏줄이 막히면 핏줄이 터져 죽고, 기가 막히면 질식되어 죽습니다. 무엇이든 흐르지 않고 막히면 죽는 것이나 같습니다.

버스를 타고 가는 데는 목적이 있을 것입니다. 버스에 들어가서 목적지에 도착하면 내립니다. 대학에 들어가서 4년에 이르면 졸업을 합니다. 졸업 자체가 목적이 아닙니다. 그때부터 무엇인가 목적을 달성하기 위해 취업을 하거나 장사나 사업을 시작하거나 공부를 더하거나 합니다.

☞ 목적 없이 버스에서 내리면 바람이나 쉬고 구경이나 하고 시간 보내며 세월을 보내는 것이나 같습니다.

교회, 성당, 절에 모두가 즉흥적이고 우발적이고 충동적이고 의도적인 목적을 갖고 들어갑니다. 아무런 목적 없이 들어가는 사람들은 별생각이 없거나 맹목적으로 가는 사람들입니다. 종교 건물에 들어가는 사람들의 목적은 사람마다 다른 생각으로 형형색색 다를 것입니다. 누구는 장사에 도움이 되기 위해, 누구는 사교 목적으로, 누구는 남녀사교, 유희 오락으로, 누구는 호기심으로, 누구는 권유하니 마지못해, 누구는 착각과 환상으로, 누구는 진짜 천국에 가나하고 막연한 생각으로 갑니다.

그런데 들어가서 하나님의 말씀을 목사들로부터 듣고 배우고 버스에서 내리듯이 종교 건물에서 나옵니다. 나온 후 목적을 달성했는지 아니면 들고 배운 것을 토대로 새로운 목적을 위해서 무엇을 하는지는 알 수 없습니다. 그다음 주말이 되면 또 들어갔다가 나옵니다. 매주 들락날락 반복하는 현상이 장터에 매주 들락거리는 것이나 같습니다. 몇 번 들락날락하고 나면 어떤 사람은 형식적 행사치례처럼 다니는 반면에 어떤 사람은 그만 정신을 빠뜨리는 사람들이 있습니다. 갑자기 위선이 생겨 마치 성령이나 받은 것처럼 말과 행위가 신사처럼 점잖고 부드럽고 예의 바른 척하고 요조숙녀처럼 가식이 가득하며 식사 시마다 기도하고 새벽기도 밤 기도 등으로 외형 표출현상을 나타내기 시작합니다. 뇌에 바람이 들어간 것으로 그만 영혼이 폐색되고 다른 사람에게 바람 잡는 소리 뜬구름 잡는 소리를 하고는 합니다. 마치 무에 바람이 들어 먹을 수 없는 것과 같은 현상이 됩니다.

성령이 무엇이요 깨달음이 무엇이요, 지옥이 어디 있고 지옥이 어떠하며 천국은 어디 있고 어떠한 곳이요 하고 물으면 정답은 없습니다.

나름대로 미사여구를 사용하여 열심히 꾸미며 스스로 상상하는 대로 묘사를 하려고 하는 사람도 있습니다. 형식에 치중된 오늘날 종교의 실제 현상들입니다. 그 누구도 잘못되었음을 느끼지 못하고 알지 못합니다. 오늘날 그러한 것들이 진실이고 진리인 양 왜곡된 종교세계의 현실입니다.

나는 내 몸의 주인

　나는 내 몸의 주인입니다. 내가 의사가 되어야 하고 요양보호사가 되어야 합니다. 내 몸은 여러 소대원을 거느리고 있는 대부대입니다. 각 소대원들은 주인의 명령을 매일 사력을 다해서 수행하고 있습니다. 주인인 부대장의 일 거수 일 투족을 사령관 격인 뇌가 사전에 판단하여 소프트웨어 영혼으로 각 중대에게 즉각 전달하고 각 중대장은 각 소대에게 전투명령을 내려 주인인 부대장의 명령과 지시를 죽을 때까지 임무수행에 임하고 있습니다.

　내 몸의 대부대는 각 중대 소대 분대로 나누어져 서로 유기적인 관계로 연결되어 주인인 부대장과 생사고락을 같이하고 있습니다. 얼굴분대에는 눈, 귀, 코, 입, 머리 등으로 부대편성이 되어 있어 얼굴 소대에서도 소규모 내부단위 대원들인 이빨, 헛바닥, 입천장, 잇몸, 식도와 같은 소대원들이 있으며 몸통중대에는 오장육부 즉 간장, 심장, 비장, 폐, 신장(콩팥) 그리고 쓸개, 위장, 소장, 대장, 방광, 비뇨생식기관의 각종 중 소대가 편성이 되어 있으며 이들을 유기적으로 연결해 주는 통로로 중추신경계, 교감, 부교감 신경계 그리고 각종 분비물을 생산 지원부대 역할을 해 주는 내외 분비선과 이들 모든 부대원들에게 에너지 전투식량을 날라주는 혈관계와 주인의 부대장을 지탱해 주는 최측근 외인부대인 뼈, 팔다리, 근육 등등 모두가 하나같이 주인을 위해 존재하고 주인에게 의지하며 생사를 같이 하는 충정 어린 충신들입니다.

  주인이 무엇을 입에 넣게 되면 쉬면서 항상 전투준비에 임하고 있는 각 소대원들은 신경계 대원들의 신속한 감지로 사령관 뇌장군의 사전지시에 따라 통신병인 부교감신경계를 통해 식도에 지시를 내리고 통신 네트워크를 통해 위장, 간장, 비장, 신장, 교감신경계 전 부대원들이 전투준비에 들어갈 수 있도록 합니다. 주인인 부대장은 소대원들을 잘 돌아보고 보살펴야 할 의무와 책임이 있는데 젊은 시절에는 거의 모든 사람들이 그러하지 않고 폭음, 폭식, 육식, 자극적인 커피, 음주 그리고 약물 투입 등으로 부대원들을 놀라게 하거나 지치게 합니다. 부대원들에게 주는 기합도 정도껏 해야 합니다.

  특히 육식은 짐승들에게 있는 포화지방산 기름, 콜레스테롤, 육식성 호르몬 분비물, 고육식성 단백질 등은 몸속에서 전투대원들은 쉽게 처리하지 못해 몸속에서 잔류하여 보급로를 진흙탕으로 만들거나 각 장기들에 눌러붙어 내부 병사들의 움직임을 무겁고 힘들게 만듭니다. 그것들을 처리하기 위해 특수부대원들을 동원해야 합니다.

  주인이 무엇을 먹으면 선봉장인 위장군(胃腸軍)은 가진 모든 것을 내어 열심히 전투를 하고 예하 전 부대 장군(臟軍)들에게 전투지원요청을 합니다.

  "간장군(肝腸軍), 췌장군(膵臟軍), 비장군(脾臟軍), 심장군(心腸軍), 소장군(小腸軍), 대장군(大腸軍), 신장군(腎臟軍), 쓸개 담낭소대 모두 전투준비 하라."

  음식을 먹으면 일차적으로 수문장(守門 腸)인 구장(口腸)이 강력한 산성

침액으로 음식물속에 든 세균들을 죽이고 이빨소대원으로 일부 처리하게 해서 식도로 보내지게 되나 급하게 퍼먹는 음식물들은 대군이 되어 수문의 방어막을 그대로 뚫고 내려가니 떼거리로 밀려내려 오는 적군을 위장군(胃腸軍)은 고군분투해서 당장 막아내야 합니다.

『간장군』은 측방지원하며 위장군이 전투를 하여 성과를 내면 이들 전리품들을 처리합니다. 이상한 침입군이 침투하면 즉시 파괴하며 독소가 있는 놈들은 독소를 제거하며 위장군을 간접 지원합니다.

『췌장군』은 쓸개와 합세하여 위장군을 돕습니다. 췌장군은 인슐린을 분비하여 소화 중 혈당치를 조절하고, 소화효소를 내어 췌관 루트를 통해 십이지장에 전달하여 탄수화물, 단백질, 지방을 분해시켜 부대장과 각 장군(臟軍)들에게 보급로를 통해 전투에 필요한 에너지를 지원합니다. 췌장군의 활약이 두드러집니다. 췌장군은 적군 퇴치 시 혈당치를 조절하는 호르몬을 분비할 뿐 아니라 독한 소화액을 방출하여 들이닥치는 적군들을 무차별 녹다운시키는 명장입니다.

『비장군』은 깨끗한 에너지인 전투식량을 위장군에게 보내고 침투 병들을 물리치도록 호르몬을 분비하며 혈중에 있는 침투 게릴라들을 제거하고 타 장군들과 합세하여 위장군 후방을 지원합니다. 비장군은 항체 저항군을 길러 외부 침투 세균 게릴라들에게 저항할 면역군들을 양성하여 전투에 대비합니다.

『심장군』은 비장군이 처리한 피를 위장군에게 펌프로 이송시켜 전투역량을 올려야 합니다. 심장군도 보급 루트인 혈관을 통해 각 장군들에게 적시 보급품을 전달해야 합니다.

 과식을 하거나 이상한 것들을 마구잡이 입에다가 집어넣으면 이것들을 긴급히 처리해야 하니 뇌 사령관은 신경계 소대원들을 신속히 소집하여 정보를 모든 장수들과 소대원들에게 통신 네트워크를 통해서 전달하니 모두가 비상사태에 돌입하게 됩니다. 위장군은 간장, 쓸개, 비장, 담낭, 신장, 소장, 대장의 소대원들인 직장, 결장, 항문 예하 소대원들 및 타 부대원들에게 긴급사태를 알리고 지원요청을 하면 모든 소대원들이 바쁘게 땀을 흘리며 일사불란하게 전투에 가담하게 되고 사령탑에 보고하게 됩니다.

『위장군』: 지금 갑자기 침투 병들이 너무 많아. 바쁘다 바빠. 처리하는 데 정신이 없다. 모두 빨리빨리 움직여야 한다.

『간장군』: 신속한 저장된 전투식량 등을 공급하고 담즙(쓸개즙)산 지원부대를 파견하겠다. 독가스를 제거하고 해독시켜 운반을 해야 하니 너무 바쁘다. 묵묵히 전력을 다하여 전투에 임하고 있다.

『췌장군』: 지원군이 부족하다. 처리할 시간도 딸려 과로로 쓰러질 지경이다. 비축된 소화효소인 탄환을 무한 방출하여 십이지장군과 합동으로 위장군을 돕고 있다.

『비장군』: 아~ 침투 게릴라들이 너무 많아 감당이 어렵다. 계속 혈액을 걸러 보급로를 확보하고 있다. 누가 적혈구 적인지 백혈구 아군인지 구분하여 오래된 적혈구를 퇴치하고 있다. 지금 가지고 있는 항체로 외부 침입군 박테리아와 버티고 있는 중이다.

『심장군』: 아군인 깨끗하고 무세균 게릴라들을 박멸한 적혈구를 전 부대에 보내야 하니 최선을 다해서 펌프를 과부하 작동시키고 있다. 현재로는 비장군의 활약 덕분에 보급로인 혈관에 문제는 없다. 그러나 계속 짐승기름 같은 노폐물이 들어오면 폐장군과 통하는 보급로도 막히고 보급을 원활히 할 수 없으니 부대장에게 경고를 한다.

『쓸개 담낭군』: 부대원들의 사기를 올리기 위해 최선 후방지원을 하고 있다. 전방부대원들을 돕기 위해 간장군이 보낸 군수품(담즙)을 저장하고 위장군이 방출한 지나친 독한 액을 담즙으로 중화시켜 위장군을 돕고 있다.

『소장군』: 부대원들에게 소화효소를 발동시켜 패잔병 처리를 독려하고 전리품(영양분)을 흡수 위장군 십이지장군과 합동으로 돕는 데 여념이 없다. 십이지장군의 점액을 도움받아 자체 방어에도 만전을 기한다. 처리된 패잔병들을 대장군에게 열심히 보내고 있다.

『폐장군』: 우리 부대원들(인두, 후두, 기관지)도 전쟁터에서 발생하는 부상병들의 탁한 공기와 피를 맑게 걸러 심장군에게 공급하고 혈관소대에게 산소를 공급하여 숨을 쉴 수 있도록 하고 있다.

교감신경, 부교감신경, 말초신경 부대원들도 정신이 없다. 여기저기 통신을 해야 하니 갑자기 밀어닥친 물량 세례에 감당을 못해 혈압이 올라가고 심장군에게 충격을 주고 폐장군에게도 스트레스를 주며 부교감신경계와 협력하여 자율적으로 정신을 차리려고 백방으로 노력하고 있다.

『중추신경계』: 주인장이 과식 폭식을 하더라도 고약한 음식, 독한 독주나 약물은 마시지 말아야지. 독한 액들을 내려 보내니 우리들은 독가스에 취해서 어지럽고 빈혈이 나 정신을 못 차리고 퍼지고 있는 실정이다. 비록 비장군, 심장군이 맹활약을 하지만 역부족인 것 같다.

치열한 전투 끝에 선봉장 위장군을 위시하여 부대원들이 땀 흘려 처리한 패잔병들 즉 음식물 찌꺼기들은 소장군으로 전달되어 분해 처리되고 남은 찌꺼기들을 대장군에게 바쁘게 인계됩니다.

『대장군』: 예하 부대인 장신경계, 교감 부교감 신경계, 척수신경계와 합동으로 부대의 균형과 세력을 유지시키려고 노력하고 있으며 비상사태에 대응하고 있다. 위에서 처리되어 내려온 영양분들을 신속히 흡수시켜 전 부대에 전달한다. 예하 맹장, 결장, 직장 소대원들에게도 비상점검을 시키고 보내진 찌꺼기 시체들을 결장, 직장을 통해 오래 저장해 두지 말고 항문을 통해 신속히 배설 처리하도록 지시했다. 음식물 찌꺼기 시체들이 오래 쌓이면 유독가스로 모두가 질식될 수 있다.

『방광군』: 아무리 바빠도 주인장이 흘려보낸 각종 약물, 국물, 음료수, 커피 등을 쓸개 담낭군과 합동으로 분리수거 처리해서 배설시켜야 한다. 주인장이 육식을 좋아하고 폭식, 육식을 해대니 분해할 힘이 모자라 뭉쳐져서 담석이란 병이 생길 지경이다. 신속히 특수부대 지원요청을 해야 한다.

모두가 쉴 틈 없이 외부 적들과 끊임없이 대응해야 하니 오랜 세월 후에는 결국 퍼지게 되고 에너지가 점점 소멸되어 피로현상이 누적되어 기능을 상실하게 되니 나라는 주인장은 기능 부실로 인한 소화불량, 위통을 느끼자 약물 투약이란 비상조치를 합니다. 모두가 비실거리는 틈을 타 활동을 개시하는 것들이 바로 내부 잠복 게릴라 유해 세균과 바이러스들입니다. 그들은 분해 처리되지 않은 남은 짐승기름, 지방, 단백질을 주영양분 즉 에너지원으로 삼아 힘을 얻어 군대의 구석구석 세포에 게릴라들을 침투시켜 새끼를 번식시키고 조직을 파괴하기 시작합니다.

갑자기 약해진 저항 균들의 틈을 타 감기 독감 바이러스라도 침범하면 지쳐 있는 면역 항체군들은 불꽃 튀는 치열한 전투로 나라는 주인의 몸은 점점 열로 뜨거워지기 시작합니다. 적군도 살아남으려고 필사적인 투쟁을 하니 몸속 모든 장(臟)군들은 항체 면역군 지원에 모든 에너지를 소비시키니 나라는 주인은 음식도 제대로 맛이 없어지고 먹어도 소화도 제대로 시키지 못하게 됩니다. 오직 치열한 전투에서 발생되는 후유증인 뜨거운 열과 기침, 콧물, 가래에 시달려야 합니다. 나라는 주인은 결국 약물 주입으로 감기 바이러스뿐만 아니라 면역군들조차 일시적으로 잠재워 버리는 임시 약물처방을 합니다. 임시 휴전상태로 만들어 감기가 나아진 것같이 생각되지만 약발이 떨어지면 곧 다시 바이러스들은 살아나 설치기 시작하니 외부 게릴라들은 쉽게 물러서지 않습니다. 그들은 냉한 성질이 있어 조금이라도 냉한 음식이나 찬바람을 넣어주면 활개를 쳐서 다시 치열한 전투가 개시되어 몸은 다시 고열이 나기 시작합니다. 연속해서 뜨거운 물질로 체내를 장시간 덥혀 게릴라들을 내부에서 질식시키거나 약골로 만들어 외부로 몰아내어야만 합니다.

"나"라는 주인이 부대원들을 혹사시키면 부대원들은 살기 위해 발버둥치게 됩니다. 그들도 모두 하나같이 자체 에너지를 가진 생명들입니다. 그들은 모두가 하나같이 주인 부대장에게 종속된 부하요 노예들입니다. 그렇지만 그 부하들이 병들거나 기능을 상실하면 주인 또한 생명을 부지할 수 없는 공동 운명체입니다. 부대장이 살아야 부대원들도 살 수 있으니 똘똘 뭉쳐 부대장을 살리려고 유기적으로 연합하여 동분서주하지만 멍청한 부대장은 무명하여 몸속에서 무슨 일이 일어나는지 알지 못하고 아무것이나 퍼 넣고 있습니다. 육식의 포화지방산은 탁하고 쉽게 씻기지 않고 몸속 특수부대원들도 처리가 힘든 것들로 짐승기름기, 호르몬 분비물, 고지방, 고단백질, 콜레스테롤, 비위생적인 음식물들 그리고 독한 술, 커피, 약물 등 각종 유해 물질들로 장기간에 걸쳐서 체내에 투입하면 장기(臟器)에 막힘 현상, 피로현상, 이상붕괴현상이 빠르게 일어납니다. 체내에서 장군들이 특공대와 연합하여 힘들여 분해 처리한 짐승기름, 호르몬, 지방, 단백질을 주인의 인체 세포에 무한히 공급하니 "나"라는 주인은 비만으로 살이 찌고 똥배가 나오고 지방간이 형성되며 과도한 인슐린 처리로 당뇨가 생기며 장군들의 보급로인 혈관은 진흙탕 기름때로 막혀 고혈압, 뇌졸중, 뇌출혈, 뇌경색, 심근경색, 심장질환, 심혈관질환, 수족냉증, 담석증, 신부전증, 관상동맥, 각종 암 등 기타 희귀병 형형색색의 병들이 주인도 모르게 생기게 됩니다. 여러 가지 방식으로 경고장을 받아 고통받고 죽어 가는 다른 사람들을 주변에서 보지만 당장 나에게 닥치지 않으면 모두가 강 건너 불 보듯 합니다.

사령관인 뇌장군, 선봉장인 위장군을 위시하여 기타 예하 장수들 기능이 쇠퇴하면 활동은 줄어들고 체내 항체는 제대로 형성되지 않으며 저항군인 면역균들의 세력은 약골이 되어 세균 바이러스 잠복 게릴라들이 약체가 된 장군(臟軍)들을 포함하여 부대원들을 무차별 공격하게 되니 "나"라는 주인은 소경이라 세월이 흘러 어느 순간 주인은 예기치 못한 병고로 죽음을 맞이하게 되면서 충성스러웠던 전부대원은 부대장 잘못 만난 탓으로 그만 모두 전멸당하게 됩니다.

항상 깨끗하고 위생적인 음식으로 체내에 흐름을 주어 씻겨내어,

체내에 쌓이지 않게 하여 악성 바이러스 세균 같은 게릴라들의 잠복 근거지를 제거하고,

더러운 오물들과 음식물 속에 섞여 있는 유해물질들을 빨리 처리하게 하여 배출시키고,

게릴라들에게 영양분이 될 수 있는 단것, 육식성 포화지방산 기름, 과다

367

단백질, 지방 등이 공급되지 않도록 주의해야 하고,

모든 장(臟)군들이 가볍고 편하게 쉬어 가면서 전투를 하도록 배려해 주어야 하며,

열심히 제 기능을 발휘하여 외부 침략 세력에 대항할 수 있는 능력을 배양시키고,

유사시 적들의 침입에 주인을 사수할 수 있도록 철저한 무장이 되도록 해야 몸속 평화가 유지될 수 있습니다. 그래야만 나라는 육신은 소속 부대원들과 함께 동거동락(同居同樂) 100세 생로건사(生老健死) 할 수 있는 것입니다.

누구나 "몸에 좋다, 건강에 좋다." 하면 무엇이든 우선 귀가 솔깃합니다. 모두가 예외 없이 몸 건강을 우선 생각하기 때문입니다. 그러나 무엇이 진정 몸 건강을 위한 것인지 알지 못합니다.

특히 나이가 들면 체내에 피로현상이 생기지 않도록 적당히 먹고, 적당히 운동하고, 소화, 배설이 용이한 음식들 위생적인 음식들로 체내 흐름을 용이하게 하는 음식들을 먹어야 합니다. 부대원들에게 일시적으로 기합을 주는 것은 통할 수 있으나 매일매일 계속 기합을 넣으면 모두가 피로에 쓰러지는 피로현상, 풍화작용이 발생하여 머지않아 병사(病死)라는 결론이 나오게 됩니다.

늙어서 충치로 이빨은 손실되고 침투한 적은 이빨 소대가 없어 막아내지 못합니다. 오직 위장군에게 맡겨야 하니 소화불량이 생기고 씹을 수 없으니 제대로 먹지도 못하게 됩니다. 저주스러운 충치 세균을 박멸해야 하는 것이 인생의 지상과제로 단순히 물리적인 양치질로만 퇴치가 어렵

습니다. 물리적인 수단과 화학적인 수단을 모두 동원해야 합니다. 화학적인 수단은 일주일 혹은 2주일에 한 번씩 독한 가글액으로 입안을 소독해야 합니다. 가글액에는 에프 킬라와 같은 알코올 성분이 들어 있어 충치 좀비들을 없애 버리는 역할을 합니다.

오장육부도 적군이 몰려 내려오면 물리적인 수단과 화학적, 생물학적 수단으로 전쟁을 치르게 됩니다. 물리적인 수단은 각부 연동운동이요, 화학적인 수단은 강한 산, 점액, 호르몬, 깨끗한 혈액, 산소요 생물학적 수단은 면역균들의 활약입니다.

☞ 세상의 이치는 흐름입니다. 몸속에서도 흐름이 막히지 않도록 음식을 가려서 조심해서 먹어야 합니다. 육식을 즐기는 사람에게 아무리 육식을 피해야 한다고 해도 흐름이 통하지 않습니다. 알코올중독자, 니코틴 중독자, 도박중독자, 낚시광 등 무엇이든지 빠져 있는 사람은 흐름이 통하지 않는 것과 같습니다. 종교도 마찬가지입니다.

『살생, 육식을 삼가야』를 집필하게 된 동기는 무엇인가요?

책을 만들게 된 동기는

첫째 옛날이나 오늘날 전 세계 사람들이 너무나 많은 가축을 죽이는 것이 얼마나 큰 죄업인지를 알지 못하는 것이고,

둘째 그 살생한 고기를 먹는 것이 인간으로서 할 수 없는 대자연의 섭리 하나님의 뜻을 거역하는 것이고,

셋째 가축을 죽여 그 살을 맛으로 먹어 그 살생의 기운이 인간의 몸속에서 일어난다는 것을 깨닫게 하는 것이고,

넷째 그 육식의 야수적인 기운으로 내 몸의 정력을 돋우어 강간, 음행과 폭력, 사고와 전쟁을 끊임없이 일으키게 하는 원인이 됨을 깨닫게 하는 것이고,

다섯째 육식의 포화지방산 기름이 인간의 몸에서 분해, 반응하여 육류성 단백질로 몸과 뇌의 세포를 만들어 오염된 몸과 뇌 세포를 형성하고 자손에게 유전적 장애를 일으킴을 알게 하는 것이고,

여섯째 육류성 포화지방산 단백질과 지방이 암세포의 직접적인 영양분이 되어 각종 암과 성인병을 유발하고,

일곱째 육식을 위한 가축들이 배출하는 배설 오염물, 가축들이 소비하는 양식(풀과 곡식)이 자연의 재해를 초래하고 지하수를 오염시키며,

여덟째 가축들로부터 생기는 각종 악성 바이러스들이 인류의 파멸을 초래할 것이며,

아홉째 가축들의 전염병으로 가축들을 생매장하는 그 절규와 원성이 이 대기를 흔들어 그 원혼의 복수가 끊임없이 발생되어 대기에 음 기운이 돌아 형제끼리, 부모자식끼리, 국가사이, 종교 사이에 충돌과 저주가 일어남을 전 세계 중생들에게 알리고자 하는 것이고,

열째 사족이 달린 태생계의 가축은 곧바로 과거 생에서 많은 살생과 육식을 하고 죄업을 지어 죽은 인간의 후손임을 알리게 하는 것입니다. 이상 10가지가 그 동기입니다.

비슷한 장르의 책들과는 다르게 이 책만이 가진 차별화된 특징이 있다면?

이 책을 가진 특징은

첫째 오늘날 전 세계에서 국가마다, 부족마다 종교를 만들어 종교를 믿는다 하는 그 자체가 허구이고 거짓이며 위선과 독선, 무명한 중생들을 혹세무민하는 죄업을 전 세계 성직자들 및 일반 사람들에게 깨닫게 해 주고자 하는 이유로 예수님, 성경, 불경 그리고 대자연의 이치와 섭리를 예

로 들어 설명한 것입니다.

둘째 대자연 하나님은 모든 생물, 동물, 사람들에게 각자 먹고 짧은 생을 살아가야 할 음식을 정해 준 것이니 식물은 땅으로부터 영양분과 수분을 먹게 하고, 벌, 나비 곤충 등은 나무의 수액, 풀, 나뭇잎, 꽃가루를 먹게 하고,

작은 어류는 미생물을 먹게 하고, 큰 고기는 약한 고기를 잡아먹게 하고,

야수는 약한 짐승을 잡아먹게 하고, 초식동물과 사람은 각종 열매와 채소를 먹게 하여 살도록 하였으나,

인간만이 야수처럼 약한 짐승을 야수처럼 잡아먹으니 하나님의 저주와 벌이 끊이지 않으며,

셋째 살아서는 본능의 음습에 빠져 각종 죄업을 지으며, 죽는 순간에는 음의 기운이 빠져나가 그 영혼은 지옥에 떨어짐을 알리는 것입니다.

넷째 만물의 본질을 창조하는 대자연의 이치와 섭리(대자연은 만 원소의 生이요, 대자연 하늘은 德을 펼치고, 대자연 땅은 德을 이루니), 대자연이 창조한 만물의 원소 즉 본질을 이용하여 인간은 만물건의 형상을 만들어 내는 것(인간은 만물을 이루는 成)임을 깨닫게 하고 절대 신의 존재 여부를 떠나 대자연의 섭리인 상생과 화합의 이치와 섭리를 깨닫게 하고자 하는 것입니다.

독자들에게 전하는 말이 있다면 한 말씀 해 주십시오.

일반 독자분들이 어렵고도 많은 불경과 어려운 성경을 읽지 못하고 읽고 이해조차 힘드니 이 책 한 권으로 부처님, 예수님 말씀과 그분들이 전하고자 하는 가르침이 무엇인지 알 수 있으며 오늘날 종교가 하는 역할이 무엇이며 왜 종교가 필요한지, 종교 자체의 필요성에 대해 한번 생각해 주시기 바랍니다. 이슬람 종교인들의 테러, 살상, 무자비, 종교인들끼리 분열, 배척, 위선, 독선, 아집, 착각, 환상, 거짓 등이 나에게도 없는지, 우리에게도 미래가 안전한지를 생각해 보세요.

육식 살생의 세계 대가는 무엇인가요?

모든 집짐승, 들짐승, 날짐승의 몸속에는 무해 유해 바이러스들이 살고 있습니다.

그들은 판도라 상자입니다. 육식을 줄여 판도라 상자를 open하는 것을 줄여야 합니다.

앞으로 인류가 바이러스로부터 살길입니다.

[출처]『살생 육식을 삼가야』- 저자와의 인터뷰

끝맺음

이 세상 살아가면서 생기는 모든 근심, 걱정은 구름처럼 흩어지고 다시 구름처럼 모입니다. 사람들의 근심 걱정은 대자연의 섭리에 따라 끊임없이 생기고 흩어지고 합니다. 파도가 일다가 잔잔해지고 또 파도로 요동을 칩니다. 모든 사람들은 대자연의 지배를 받는 미물들입니다.

잡식성 반야수가 된 인간들은 가축들을 죽여 잡아먹는 육식 생활을 넘어서 맛으로 혹은 맛에 대한 호기심으로 생명들을 가리지 않고 마구잡이 죽여 맛을 봅니다. 소, 양, 말, 돼지, 닭, 염소, 토끼들은 기본이고, 각종 애벌레, 곤충, 쥐, 박쥐. 전갈, 지네, 뱀, 바퀴벌레, 개, 고양이, 멧돼지, 고라니, 조류, 거북이, 상어, 고래, 해물, 생선, 그것도 모자라 내장, 눈알, 머리, 족발, 꼬리, 똥집, 잉태된 짐승의 알, 새끼, 그것도 모자라 짐승의 피도 마시며, 몸에 좋다고 하고 "보양식이다." 하면 무엇이든 닥치는 대로 가리지 않고 먹어 치우고 있습니다. 그렇게 해서 육신과 육신의 정욕을 돋우고 살아가면서 생기는 보이지 않는 무서운 인과응보에 대해서는 모두가 소경이요 무명이니 알지 못하고 먼 하늘나라 이야기가 됩니다. 모두가 악성 좀비들 즉 악성 바이러스와 악성 인간 좀비들의 매개체들입니다.

인과응보로써 일어나는 모든 사건, 사고, 고통, 운명과 숙명 그리고 파멸은 절대 피할 수 없는 죄업의 대가입니다. "마음의 평안과 번뇌"는 대자연의 상대성법칙으로 대자연의 지배를 받는 모든 사람들에게 끊임없이 일어나는 것입니다. 결단코 명상으로도 극복될 수 없으며 예배, 예불, 기

374

도와 찬송, 염불과 참선으로도 극복이 될 수 없습니다.

"성스럽다 누가 깨달았다." 하지 말고 짧은 인생 대자연의 섭리에 따라 구름타고 자연 따라 흐르다가 바람처럼 사라지면 됩니다(일반 대중들). 어떤 사람은 굳이 강물 타고 바다로 가겠다고 하면 그렇게 살다가 가면 됩니다(수행자나 성직자들).

오늘날 2천 5백 년 전 석가모니 시절이나 2천 년 전 예수가 살던 시절이나 똑같습니다. 달라진 것은 하나도 없습니다. 달라졌다고 한다면 교회나 성당, 사찰들이 우후죽순처럼 생겨났고 다른 유사 종교들이 난립되어 있는 것뿐입니다.

깨달음이란 거룩함이란 없습니다. 있다고 한다면 금강경 부처님의 말씀대로 말이 있는 것입니다. 그것은 말로써 표현할 수 있는 것이 아닌 무위 자연입니다.

성직자란 "종교를 직업으로 가진 사람"이란 뜻으로 풀이됩니다. 성직자가 결코 직업이나 생업의 수단이 되어서는 안 됩니다. 생계가 그곳에 매달려 있어서는 안 됩니다. 종교는 사고파는 상품이 아니요 학원 강사처럼 가르쳐 주고 대가를 받는 그러한 속된 것도 아닙니다.

무엇이 천국이고 지옥은 어떠한 것인지 개념을 살펴보시기 바랍니다. 아무렇게나 천국 지옥을 말하지 말고 "있다 없다."를 논하지 말아야 하며 불경과 성경을 통한 그 개념을 깊이 명상하여 생각해 보아야 합니다.

인류는 오랜 세월 살생당한 짐승의 살을 양식으로 취해 왔습니다. 인간의 영체는 살생당한 짐승의 살로 완전히 오염되어 있습니다. 형상은 사람이지만 육신은 짐승에 가깝습니다. 영혼 또한 잡식성 동물 그것입니다.

육식은 이미 전 인류의 음식문화가 되었습니다. 전 인류는 이미 오랜 세월 육식으로 인한 잡식성 동물이 되었습니다. 태초의 순수한 인을 내린 영혼이 아니라 수천만 년 굴러다니면서 때 묻은 영혼으로 180도 원시 환본(元始還本)시켜 정화시킬 수 없게 되었습니다. 부처, 예수가 나타나시어 시도하셨지만 실패했습니다.

인류 모두가 짐승들을 잡아 죽여 맛으로 먹고 즐기고 살다가 정해진 생을 마치고 자연 따라가면 됩니다. 종교란 허구한 것이요 "구원받는다, 나는 선택되었다."라는 생각은 환상이요 착각일 뿐입니다. 선과 악이 공존하는 인간들에게 선은 위선으로 변질되어 늑대의 탈을 쓰고 형형색색의 말과 행동으로 속세는 어지럽고 참담할 뿐입니다.

현생에서 각종 사건 사고 전쟁 등은 겪어야 하고 당해야 할 숙명입니다. 운명은 바꿀 수 있지만 숙명은 바꿀 수 없습니다. 인간 마귀들 및 악성 바이러스의 시시각각 출몰은 피할 수 없는 현실임을 깨달아야 합니다. 믿음이란 거짓, 환상, 착각일 뿐이며 결단코 그 누구도 구원받을 수 없고 구제될 수 없으며 때가 되면 많은 업을 안고 사라져야 할 습한 업보중생(業報衆生)들입니다. 모두가 대자연의 습한 미물들이며 악성 바이러스의 전파자요 매개체들입니다.

☞ 사람은 누구나 착각과 환상에 젖어 살고 있습니다. 스스로 한번 돌아

보고 착각과 환상에 빠져 있지 않는지 생각해 보아야 합니다. 한번 세뇌교육이 되어 버리면 좀처럼 착각과 환상으로부터 벗어날 수 없게 됩니다. 한번 스스로 높은 둑을 쌓아 버리면 스스로 무너뜨리지 않는 이상 그 누구도 무너뜨릴 수 없습니다. 쉽게 마귀가 틈을 타고 다른 사람의 꼭두각시 허수아비가 됩니다.

전쟁의 종류와 목적에는 정복전쟁, 영토분쟁, 종교분쟁, 인종갈등 4가지로 함축할 수 있으며 모두가 인간 스스로 만들어 스스로 그 속에 속박되어 참혹하고 참담한 결과를 만들어 냅니다. 인종갈등에 있어서 서로 다른 인종은 사람이란 하나의 가지에 대자연의 내외적 작용으로 서로 다른 모습으로 파생되어 형형색색 갈라진 것뿐입니다. 모두가 똑같은 하나의 사람입니다. 똑같은 개가 여러 모양으로 파생되어 형형색색의 모양과 크기를 가진 개로 파생되어 갈라진 것과 같은 이치입니다. 모두가 똑같은 하나의 개입니다. 종교도 대자연 하나의 진리 아래 사람들이 외형만 서로 다르게 하여 파생되어 갈라진 것뿐입니다. 모두가 똑같은 하나의 진리 속에 있습니다.

이 세상에 공부를 잘하는 학생들도 있는 반면 못하는 학생들도 있어야 합니다. 대자연의 양면성 이치입니다. 공부 못하는 학생들을 싫어하고 미워하고 체벌을 가해서는 안 됩니다. 공부 잘하는 학생만 있다고 한다면 세상은 파멸에 이르게 됩니다. 부자가 있으면 가난한 사람도 반드시 있습니다. 가난하다고 업신여기고 천시하고 체벌을 가해서는 안 됩니다. 세상 모든 사람들은 대자연의 "양면성 이치와 섭리"를 반드시 생각하며 살아야 합니다. 사람마다 모두 근기가 다르듯이 가야 할 길도 다릅니다. 공부를 강요하는 대신 인성을 높여 공동사회에 이바지할 수 있도록 하는 일이 바람직합니다.

☞ 대자연의 이치와 섭리를 벗어나는 것은 반드시 그 인과응보가 따릅니다.

사람들이 상상하는 인간을 닮은 신은 존재하지 않습니다.
사람들이 상상하는 그러한 천국과 극락은 존재하지 않습니다.
예수도 부처도 신이 아니요 인간입니다.
깨끗한 영혼의 소유자요 대각자입니다.

육식을 오래 하면 마음은 거칠어지고 들뜨게 되며 쉽게 감성 작용이 일어나 내부, 외부 잡음파에 빠르게 반응합니다. 마음이 들떠 감정의 변화를 제어하기 어렵게 되고 발과 손 그리고 말이 떨리는 현상도 생기게 됩니다.

새해가 되었습니다. 새해 "복 많이 받으세요."라고 사탕발림 인사를 합니다.

복을 받으려면 복을 지어야 합니다. "가는 것이 있어야 오는 것이 있고, 베풀어야 받는 것도 있는 것"이 대자연의 양면성법칙이요 천리(天理)입니다. 항상 "음과 양, 남과 여"가 붙어 다니듯이 "give and take"는 붙어 다닙니다. "작용반작용의 법칙"입니다.

맑고 깨끗하고 위생적인 음식을 먹고 육신의 일부인 대뇌, 소뇌 간뇌 그리고 소중한 장기들과 영혼을 깨끗하게 유지하도록 노력해야 합니다. 탁한 음식, 육식성 포화지방, 육식성 기름진 음식, 향미증진제 등 화학조미

료 MSG 기타 각종 첨가물이 들어 있는 비위생적인 음식을 삼가야 합니다. 병은 먹은 것들이 원인이 되어 후일 서서히 나타나게 됩니다. 짧은 인생 육체적으로 정신적으로 건강하게 살다가 가야 하겠지요. 나이가 들어서는 생로병사(生老病死)가 아닌 생로건사(生老健死)가 중요합니다. 마지막까지 건강하게 살다가 고통 없이 떠나야 하겠지요.

어떤 사람들은 말합니다. "야! 무슨 헛소리야. 맛있게 먹고 즐기고 살다가 죽으면 그만이지." 하고 쉽게 말합니다. 젊은 시절에는 곧 나이가 들어 노인이 된다는 사실을 망각하고 살아갑니다. 미래에 일어날 일을 미리 생각하고 사는 사람은 없습니다. 생로병사가 곧 자기 앞에 닥친다는 사실은 아무도 생각하지 않습니다. 자기 앞에 당하지 않으면 이웃 동네 불구경하는 것이나 같은 이치입니다. 그래서 종교란 허구한 것이요 본래의 취지와 전도된 허례허식인 형식에만 그치고 성직 종사자들의 생계 수단으로 전락되고 세속화되어 버린 것입니다.

모든 일의 성취에는 오랜 세월이 걸립니다. 서서히 이루어지는 대자연의 이치요 섭리입니다. 서서히 이루어지는 과정은 일부 느낄 수 있을지언정 스스로 알지 못합니다. 그래서 "인내와 끈기"라는 미덕이 필요합니다. 번개처럼 이루어지는 것은 로또복권 당첨밖에 없습니다.

아래는 이룰 수 없는 불가능한 3대 소원이지만 신의 뜻임으로 기도라도 해야 합니다.

인류를 본래의 모습으로 되돌리게 해 주소서.

부처, 예수의 참뜻을 되찾게 해 주소서.

모든 생명들과 화합 상생되게 하여 온 누리를 밝고 아름다운 지구촌으로 만들게 해 주소서.

　종교의 세계는 무색계입니다. 사람들이 사는 세계는 유색계입니다. 옛날이나 오늘날 모두 "종교를 믿는다." 하면서 유색계에 바글거리고 있습니다. 그것은 무색계인 종교 본질이 세속화되어 성직자들이 유색계와 야합시켜 버린 현상입니다.

　☞ 말만 비단같이 하는 사람은 항상 조심하고 경계해야 합니다.
　☞ 나이가 들수록 대뇌, 소뇌에 잡다한 쓰레기를 기억시켜서는 안 됩니다. 신비한 뇌를 쓰레기 오물통으로 만들어서는 절대 안 됩니다. 포맷은 못하더라고 가능한 한 최대로 씻어내어 버리고 여생을 살다가 대자연 곁으로 가야 합니다.
　☞ 모든 사람들은 죽으면 육신은 한줌의 가루로 땅에 버려지고, 영혼은 한숨의 기운으로 허공에 흩어지는 대자연의 미물들입니다. 대자연의 미물들이 대자연 하나님의 뜻을 거역하고 살고 있음을 명심해야 합니다. 지구온난화현상, 엘리뇨현상이 가속화됩니다.

　우리 모두가 이 책과 다른 두 권의 시리즈 책을 읽어 보시고 어두운 세상의 등불이 될 수 있기를 바랍니다.

　감사합니다.

저서

《살생 육식을 삼가야》
《육식 살생의 세계 대가는 무엇인가》

육식의 세계

ⓒ 최한식, 2023

초판 1쇄 발행 2023년 6월 28일

지은이	최한식
펴낸이	이기봉
편집	좋은땅 편집팀
펴낸곳	도서출판 좋은땅
주소	서울특별시 마포구 양화로12길 26 지월드빌딩 (서교동 395-7)
전화	02)374-8616~7
팩스	02)374-8614
이메일	gworldbook@naver.com
홈페이지	www.g-world.co.kr

ISBN 979-11-388-2008-0 (03290)